团体心理游戏案例精编

杨敏毅 鞠瑞利 著

上海科学普及出版社

······序

　　学校心理健康教育正经历由一门课程或学科向整个学校教育教学全面渗透的转变。从开始的面向部分学生的个别辅导逐步转向促进全体学生发展的团体辅导，从单一的矫治性辅导逐步过渡为集预防、优化、发展为一体的多元化辅导。"倡导以人为本，以班级为核心，促进全体学生全面发展的心理辅导模式""每个教师都应成为心理健康教育工作者"的理念正逐步被广大教育工作者所认同。在这样的教育背景下，教师们非常渴望有一套"班级团体心理活动设计"的指导用书，可以帮助他们轻松有效地掌握和运用团体心理学的原理，把心理健康教育与德育工作紧密结合，与教育、教学有机融合，提高班级管理和德育工作的实效性。本书可以说是应运而生。

　　上海市七宝中学的心理健康教育一直是走在前列的，学校也是由我主持的教育部"十五"重点课题"团体心理辅导理论的应用与推广"和上海市哲学社会科学"十五"规划课题"团体心理训练的推广与应用研究"的实验学校。在进行"高中生发展性团体心理辅导训练设计研究"课题中，该校取得了令人瞩目的研究成果。这些成果是作者多年的苦心钻研和大量实践的结晶。本书作

者巧妙地将团体心理辅导的理念、技术与班级管理、团队活动融合一起，设计出大量生动、有意义的心理游戏，受到学生、教师及家长的青睐。

通过心理游戏能有针对性地指导解决中学生群体中存在的自我意识、学习潜能、情绪调控、沟通交往、生存意志、心灵成长等方面的困惑，有效地帮助班主任解决在班集体建设中面对的如环境适应、成功激励、合作竞争、感恩责任、创新拓展等难题。

作者在长期实践的基础上对熟练操作的100余个心理游戏加以精选和提炼，编制成以下八个单元："环境适应""沟通交往""竞争合作""自我意识""创新实践""意志责任""学习管理""心灵成长"。每一单元由8个游戏组成，每个游戏活动均有活动名称、活动目的、活动时间、活动道具、活动场地、活动程序、注意事项、活动扫描八个方面的详细介绍，其中活动扫描中又包括活动点评、活动案例、学生感言三部分内容。

本书中的心理游戏活动不仅能用于"教师心理成长工作坊""学生心理成长训练营""家长心理成长沙龙"等培训，也可以广泛用于"班级主题班会""团队活动训练"等活动。这是一本在坚实的心理学理论指导下，建立在长期实践经验基础上的有针对性、操作性、指导性的心理健康教育用书，不但适用于广大的教育工作者，同时也对社区、企业及其他有关部门和单位开展团体活动具有很大的参考价值。我非常高兴作者能把自己花费多年心血总结出来的成果贡献出来与大家分享，也企盼着它对推进学生素质教育和构建和谐社会做出贡献。

上海高校心理咨询研究会会长
教育部中小学心理健康教育咨询委员会副主任
孙时进
2006年1月

......再版前言

2006年3月《学校团体心理游戏教程与案例》一书在上海科学普及出版社正式出版,本书自出版以来一直受到广大读者的青睐,成为很多学校教师在组织学生团体心理游戏活动时首选的重要参考书,被大家亲切地称为"小蓝书",因为当时本书的封面以蓝色为主调,并以小32开开本呈现。

当年在新书发布时,有一老师问:"你们在书中这么详细地表述了游戏设计与活动操作的内容,把自己积累的操作经验毫无保留地奉献给读者,那你们自己还留下什么呢?"当时我们的回答是:"毫无保留的付出,会让自己有再探索的动力。"

2010年10月希望出版社获得我们的授权,对此书做了修改,以《团体心理游戏设计与案例》为书名第二次出版。在修改中,我们对每个游戏活动增加了"教师感言"部分。因为第一次撰写时,我们只是设计出64个由教师主持、学生参与的游戏活动,所以,游戏最后只有学生的体验感言。经过多年实践后,我们发现这样的游戏,不仅可以用于学生活动,也可以用于教师培训。所以,我们自然地补充了教师们结合自己的学习、工作、生活等方面而写

出的真实感言。第二版又获得了读者们的好评,出版社也多次加印。经历了15年,本书在图书市场上仍然有读者需求。为此我们感到无比欣慰,真心感谢广大读者的厚爱。

2020年11月,我们非常有幸地接到上海科学普及出版社蒋惠雍社长的电话,她提议将本书进行修订再版,在充实内容、优化形式、提升内涵的基础上,更好地体现时代感和社会性,让修订后的新书进一步符合读者的阅读习惯,满足大家的学习需要。我们一拍即合,立马行动。我们将此次再版的书名定为《团体心理游戏案例精编》,意在原有的基础上做精心的补充和精细的修改,让经典再赋新意。

我们将每节中的游戏栏目调整为"活动目标""活动准备""活动过程""活动扫描""温馨提示",保持原有的经典游戏操作部分,重点增加了"专家心理评析",让本书的结构更简明、更合理。15年前我们的出版初衷是撰写一本团体心理游戏操作的指导手册,仅想告诉读者:怎样设计心理游戏?如何操作心理游戏?心理游戏对学生有何帮助?没有涉及心理游戏的原理与理论。现在修订增加"专家心理评析",就是对每个游戏在心理层面上做分析和建议,把游戏活动与心理效应、心理理论、心理实验的相关内容加以关联,让一本纯操作性的教材类指导书变成既有活动操作设计,又有心理学理论解读的实用参考书。尽管不是每个游戏都有相对应的理论或实验支持,但我们可以在游戏设计的理念、方法、形式上提出新建议,启发广大读者做出新思考,在游戏活动运用的深度及宽度上有新的提升。

另外,我们也想告诉读者朋友,15年前我们只是努力工作、善于思考、积极探索、乐于研究的心理教师。今天,经过多年实践的探索、创新与进取,我们在专业上日益成熟。我们非常渴望能够站在职业发展的高度,对书中的内容加以修改、完善和提升,实现不断推出贡献社会、服务读者的好作品的愿望。我们期待广大读者的再一次认可,也希望听到更多的专业建议。

最后,我们再次感谢蒋惠雍社长的提议与支持,为经典书籍注入了新生的活力,更好服务于广大读者。感谢美编的尽力付出,让书的装帧设计更加赏心悦目,富有阅读美感。

杨敏毅　鞠瑞利

2021年6月

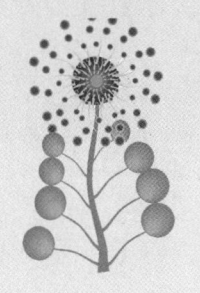

目录

第一篇 环境适应篇

1. 有缘相识 /3
2. 寻人行动 /8
3. 个性名片 /13
4. 松鼠搬家 /17
5. 多元排队 /21
6. 体验放松 /25
7. 蜈蚣翻身 /30
8. 寻找归属 /34

第二篇 沟通交往篇

1. 变形虫 /41
2. 我说你画 /45
3. 盲人之旅 /50
4. 最佳配图 /55
5. 我说你剪 /60
6. 风雨同行 /64
7. 找领袖 /68

8. 人体拷贝 /73

第三篇　竞争合作篇

1. 啄木鸟行动 /81
2. 广告设计 /85
3. 圈之魅力 /90
4. 解开心结 /94
5. 同舟共济 /99
6. 造房子 /103
7. 巧渡小河 /108
8. 穿越沼泽地 /112

第四篇　自我意识篇

1. 画自画像 /119
2. 百花园 /123
3. 音乐与意象 /128
4. 我要…… /132
5. 留舍最爱 /138
6. 价值拍卖 /143
7. 背后留言 /148
8. 搜索目标 /153

第五篇　创新实践篇

1. 卖梳子 /159
2. 遵从指导 /164

3. 心中的塔 /169

4. 传球夺秒 /174

5. 比比谁高 /178

6. 高空飞蛋 /182

7. 畅想拼图 /186

8. 平面魔方 /190

第六篇　意志责任篇

1. 举手仪式 /197

2. 突出重围 /201

3. 护蛋行动 /205

4. 手指力量 /209

5. 祝福花篮 /213

6. 接受现实 /217

7. 承担责任 /221

8. 信任后仰 /225

第七篇　学习管理篇

1. 时间分割 /231

2. 于无声处 /235

3. 时装秀 /239

4. 用途无限 /243

5. 资源共享 /247

6. 寻找变化 /252

7. 一分钟价值 /257

8. 集思广益 /261

第八篇　心灵成长篇

1. 走出舒适区　/269

2. 收获糖弹　/273

3. 看我走过来　/277

4. 规则意义　/281

5. 寻宝记　/287

6. 心灵电波　/291

7. 感恩父母　/295

8. 命运之牌　/299

第一篇 环境适应篇

　　进入新的学习环境，面对新的校园、新的老师、新的同学，你的内心是兴奋、好奇、憧憬、期待？还是有一些忐忑不安？特别是面对陌生的同学、老师时，你是感觉轻松自如呢？还是感觉孤独、隔膜，甚至有点不适？能面对现实并以积极的态度适应环境，保持情绪的稳定，保持乐观、良好的心境状态，这是中学生心理健康的一个重要指标。

　　由于环境的改变、学习要求的提高、青春期的发育，以及心理准备的不足，使许多同学进入新的学校后在认知、情绪、行为等方面出现了迷茫、困惑、痛苦等情况。一些社交活动能力较差的同学，在入学几个月后尚不能与班里其他同学相熟，出现了适应不良表现，由于彼此不了解，在各种活动中常常陷入孤立无助的境地。

　　如果老师们不能及时发现学生的问题，重视并给予正确的引导、纠正，帮他们尽快适应新环境，这将会在很大程度上影响学生正常的学习生活，甚至影响其身心的健康发展。

　　适应是个体积极改变自己生存的环境，改变自己原有的状态，以获得需要和满足的过程。适应能力是人类战胜自然，改造社会，改变自己的必备素质。"物竞天择，适者生存"，这是一条不以人的意志为转移的规律。周围的环境是不断变化的，我们必须不断调节自己的行为，才能适应这种变化。

　　本单元针对适应新环境设计了非常有趣的心理游戏。它是帮你在新的环境里快速与人相识的法宝，如果你好好利用，相信你能较快地融入新集体，适应新环境。

1. 有缘相识

活动目标

1. 通过游戏让学生体验主动交往的乐趣。
2. 在交流中发现同学间的共同爱好,寻找志同道合的朋友。

活动准备

1. 活动时间大约需要20分钟。
2. 活动场地以室内为宜。
3. 准备多种颜色的正方形纸若干,每张纸分别剪成四小块彼此能相互吻合的形状。
4. 选择欢乐的乐曲做背景音乐。

活动过程

1. 在背景音乐的欢快气氛下,主持人要求每个参与者到场地中央的盘子里选取一张自己喜欢的纸片。

2. 根据自己所选纸片的颜色与形状，到群体中寻找能与此图形吻合的"有缘人"。

3. 找到了"有缘人"后，两人坐在一起，相互介绍自己，通过交谈找出彼此间三个以上的共同点。

4. 全班交流分享。

温馨提示

1. 此游戏适合在相互陌生的群体中进行。

2. 纸片设计时，可以4张相互吻合拼成一个正方形，就会出现一人同时可以与两人相吻合的情况，主持人可以要求首先相遇的图形吻合人为"有缘人"，也可以要求只要是图形能吻合的人都为"有缘人"。

3. "有缘人"可以是颜色相同形状吻合，也可以是颜色不同但形状吻合的人，由学生自己理解决定。

4. 游戏还可以继续深入，在两个"有缘人"的基础上，继续寻找与图形吻合的另两个"有缘人"。四个"有缘人"互相交谈，寻找彼此间存在的三个共同点。

 活动扫描

活动实录

主持人准备了48张小纸片。每4张可以拼成一个正方形，共有12种颜色。今天参加游戏一共有42个学员，每人领取1张后，还剩余6张小纸片。这些纸片可能是被挑剩的，颜色不好看，如黑色的、白色的等，也可能是被人漏选的。纸片多于参加人数，是为了给参与者自由选择的余地，同时也为寻找"有缘人"设置了难度，有人会找不到相互吻合的图形。

每个人凭着手中的纸片在群体中寻找自己的"有缘人"，一对找到了……五对找到了……三分钟后只剩下了四个人未找到纸片形状吻合的"有缘人"。其他成对的"有缘人"在一起寻找着彼此的"三个共同点"，他们四个人显得孤零零的。主持人暗示他们，想一想还有什么办法可以找到自己的"另一半"？

其中一个跑到群体中,快速地与人核对着,最后他发现自己可以与一个已找到"另一半"人的吻合,在他的主动要求下,他被吸收成"有缘人",脸上露出幸福的笑容。

见有人找到了归属,给剩下的三人带来了希望和信心。其中两人不约而同地跑到圈中央,在剩余的纸片中寻找起来。不多久,他们发现圈中有两张纸片可以相互吻合,立刻一人取回一张,"啊,我们是'有缘人'",兴奋地跑回座位。

最后剩余的那个人,默默地坐在自己的座位上,静静地等待着主持人发布新的游戏指令……主持人走到他身边问:"还有办法找到自己的'有缘人'吗?"他的回答是:"我想大概命中注定我是一个人。"这是一个性格内向、人际交往有困惑的人,如果游戏就此结束,对他没有任何帮助,反而会强化他的自卑感。

主持人原本想创设一个小小的情境,让人主动交往,快乐交流,没想到真有人把自己不主动造成的结果归结为"命中注定"。对于这样的案例,需要主持人在游戏中通过暗示启发或直接帮助当事人找到"有缘人",让他体验交往的快乐,从而有信心去学习交往技巧。

活动点评

一群陌生人相遇在一起,如何主动介绍自己、认识他人,"有缘相识"游戏利用小道具一张不规则的纸片,让你跨出主动交往的第一步。不管他是谁,不管他在哪里,凭着手中的小纸片,努力去寻找。相信我们的相遇是一种缘分,所以当彼此找到图形吻合的"有缘人"时特别高兴,开心地坐在一起交谈,挖掘着彼此间的共同点。陌生感没有了,人与人的距离拉近了。当发现彼此有这样、那样的相似时,特别兴奋、特别珍视。

主持人要求"有缘人"与大家一起分享共同点,他们总是自告奋勇,迫不及待。在分享受到大家的认可时,更是开心不已。原本一个陌生的群体,由于找到了"有缘人",而变得融洽与温馨。

学生感言

- 以前交友往往凭第一印象,对有好感的人才会进一步深入了解。这在无形中就戴了副有色眼镜,把陌生人当作商品来划分了。这个游戏告诉我们,在交友前的一个最基本的"规则"——一视同仁。两个陌生人因"有缘"而相识，似乎给邂逅带来一份美感。我想以这样的心态交朋友，才能真心交到好朋友。

用一张小纸片去寻找"有缘人"，我们感觉游戏的设计比较新颖。在一群陌生人中，寻找"有缘人"，使彼此从不认识到相互认识，了解彼此的名字、爱好、特长等，这种方式使人感到很自然，很亲切。

● 一张小小的纸片，牵动着一颗颗充满好奇、充满期待的心。随着老师撒开色彩斑斓的纸片，大家开始寻找自己的"有缘人"，随之而来的更是激动和喜悦。

我们两两交谈，发掘彼此的共同点。令大家惊奇的是，我与我的"有缘人"竟然是同年同月同日出生，真是不可思议啊……

通过这个游戏，让我感觉到，我和身边的每个人都有可能存在着一种默契。只是我们未曾发现，本来么，相识就是一种缘分。让我们珍惜身边的点点滴滴吧！

● 小小的卡片让我和一个新疆班的同学坐到一起，并有机会互相交流。认识对方，对我来说，是一件很兴奋的事。我们虽然生活在一个校园里，但以前的我们是擦肩而过的陌生人，今天成为朋友，不禁感叹这是个神奇的游戏。

老师说："有缘人"就是拿到图形互补纸片的两个人。这让我想到，在现实生活中，处处有着这样的"卡片"，那可能是一个微笑，一个无意的"碰撞"，这都是一种缘分，让陌生的人们在茫茫人海中相遇。好好把握，好好珍惜，这会是一段美丽的友谊。

专家心理评析

游戏巧妙地利用道具——各种纸片，让一群熟悉或不熟悉的人，根据纸片中的信息，如颜色、形状等，找到与自己拥有相同信息的人，彼此不熟悉的人就这么自然而迅速地走在了一起。

通过拼图和交流，在轻松的氛围中找到了"有缘人"，陌生与尴尬的氛围自然消去。游戏活动给学生一个思路，具有相同颜色、相同图形的人是"有缘人"，带着这份惊喜主动地去寻找、交流。慢慢地让学生明白，在现实生活中，我们可以利用各种相同特点为交流信息，主动寻找"有缘人"，如同样的身高、同样的爱好、同一个月出生，等等，思路打开了就会发现与人主动交流并不是难事。这个游戏可以用于学生融入新环境的训练,也可以用于提高学生人际交往能力的团体辅导。

"有缘人"就是有缘分的人,那什么是缘分呢?《辞海》解释"缘分"是因缘、机缘,"缘"原为梵语,经典解释为"原因",它常常和"因"一起合称为"因缘"。缘分是佛教概念,很深奥,是因果律的一种。但现在常常被用作人与人关系的解释。在合适的时间、合适的心情,恰好碰到觉得合适的一个人,那就是缘分。心理学家说:"所谓有缘分,无非是两个人的电离子相互配合得好,令两人的大脑产生舒服的感觉。"缘分是人平等精神的体现,它要求"有缘人"撇开地位、等级、学历、财富等世俗观念,超然物外地共同创造美好的精神境界。

游戏设计为寻找交往朋友借用了"有缘人"的说法,在此只是想表达"此时此刻我们是有关联的人"的意思,让学生感觉这样的巧合似乎是必然的存在,一定要把握当下、珍惜友情。

2. 寻人行动

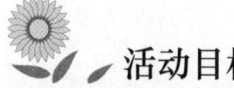 **活动目标**

1. 通过"寻人"游戏,学习主动交往。
2. 学生在交往中介绍自己、了解他人,发现共同的兴趣爱好。

 **活动准备**

1. 活动时间大约需要25分钟。
2. 活动场地室内、室外均可。
3. 准备"寻人信息卡"和笔。

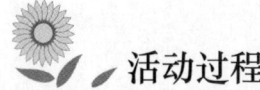 **活动过程**

1. "寻人行动"要求学生根据"寻人信息卡"上的信息,在10分钟内找到具有该特征的人简单交流后请对方签名。
2. 大家交流"寻人信息卡",看看谁的签名最多。主持人邀请有代表性的学生进行全班交流,如签名最多的和某一特征签名最少的。

3. 交流完毕后,主持人在全班梳理信息,请具有同一特征的人站立一排相互介绍与交流。

温馨提示

1. 本游戏适合在陌生群体中进行,通过游戏学会主动交往与沟通。但也可以在同班学生中进行,通过"寻人"游戏,强化同学间的进一步了解。

2. 在一个栏目中可以签不止一个人的名字,看看谁签的名字多。主持人要对签名人进行确认,防止杂乱、虚假的信息。

3. 符合同一特征的学生相互交流后,派一名代表作全班分享。

4. "寻人信息卡"中的信息根据学生的实际特点可以增减。

寻人信息卡

序号	特 征	签名	序号	特 征	签名
1	穿36码的鞋		17	戴眼镜	
2	会打乒乓球		18	补过牙	
3	有白发		19	穿黑色袜子	
4	喜欢听古典音乐		20	喜欢唱周杰伦的歌	
5	到过北京		21	喜欢上网聊天	
6	骑自行车上学		22	当过志愿者	
7	身高170厘米		23	网络游戏高手	
8	妈妈是教师		24	有住院开刀的经历	
9	校运动会获过奖		25	体重54千克	
10	读过韩寒的书		26	喜欢红色	
11	捐过款		27	喜欢爬山	
12	理想当医生		28	不是本地人	
13	四月出生		29	爱养小动物	
14	色盲、色弱者		30	想报考外地大学	
15	学科课代表		31	理科为强项	
16	擅长游泳		32	崇拜贝克汉姆	

# 活动扫描

活动实录

经过半个学期相处的高一年级同学,彼此间虽有一点了解,不仅能叫出对方的名字,还了解其学习、交往的状态。但如何做进一步的交流,特别是了解彼此的内心感受和曾经的经历,"寻人行动"提供了一个很好的机会。

班上有一个男生叫小威,因为学习成绩不理想,所以平时表现为情绪低落,缺乏自信。在"寻人"游戏中,不少同学的"信息卡"上"当过志愿者""为贫困学生捐过钱物""未来理想当医生""校运动会获过奖"等栏目中都留下了小威同学的签名。主持人根据这一情况,对小威同学进行肯定与鼓励,"一个有爱心的人、有理想的人、有竞争意识和能力的人,就具备了挑战自我、应对困难、获取成功的素质,相信你一定能够进步和成功"。同学们也从签名中,看到了小威学习成绩之外的行为和品质。同学与老师的肯定,让小威获得了自信。

活动点评

这一活动不论对陌生的群体还是已经相处一段时间的同学来说,都会有新的收获。通过游戏不熟悉的开始相互了解,已熟悉的有了进一步的交流。对融洽人际关系,增进团体交流有很好的促进作用。

"寻人信息卡"中设计的信息,有些是通过观察就能找到当事人的,如:戴眼镜、穿黑色袜子。有的需要简单交流后确认的,如:穿36码的鞋、身高175厘米、有白发。更多是需要做深入交谈才能获得的信息,如:喜欢听古典音乐、为贫困学生捐过钱物、未来理想当医生、有住院开刀的经历。主持人根据学生获得的签名情况,可以了解其交流的深度与广度。在提问签名者的同时,可以进一步确认其交流获取信息的正确性和技巧方法。

运用"寻人信息卡"去完成"签名"任务,是比较单一的交流,即我与你。最后把具有同一特征的所有同学集中在一起进行相互交流时,是比较广泛的交流,即我与你们。共同的特征、共同的爱好把大家联系在一起,在群体的交流中体验了快乐。

学生感言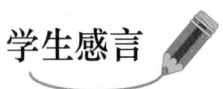

● 刚拿到"寻人信息卡",看看这些千奇百怪的特征,一时真的无从下手。脑子里第一个浮现的就是寻找自己认识的人,填完后才知道,这是远远不够的。

腼腆的性格导致我害怕与陌生人交谈。但如果你不勇敢跨出第一步,总希望别人主动来找你,这是一种奢望。带着害羞与胆怯,我走到了第一个不认识的人身边,经过我们相互的沟通和交换,我发觉其实这并不很困难,于是有了第二个,第三个……

我的"寻人信息卡"上的空白处被五颜六色、不同笔迹的名字所取代,心里有一种莫名的成就感和一种算是友情的东西在缓缓地蔓延。

通过这个游戏,我认识到,一个人身边陌生人的数目远大于熟人。所以,我们不应该因为害羞、胆怯而使自己局限于狭小的人际关系群中。

跨出勇敢的第一步,总会带来意想不到的回报。主动与陌生人沟通,会拥有更多的朋友。

● 一开始我只找认识的人签名,可后来为了填满空格,就放下顾虑"厚着脸皮"向陌生人讨签名。虽然彼此都不认识,但没有关系,大家都是十分愿意帮忙的,甚至互相打闹,使用一点点"暴力"逼着他人签字,真的像老朋友一样。

一个微笑、一个签名、一个特色,联系着我们的友好。其实交个朋友并不难,只要肯跨出第一步。

专家心理评析

游戏设计了一张"寻人信息卡",让学生在最短的时间内找到具有这些信息的人并签名,而且是越多越好。"寻人信息卡"的设计要根据学生的具体情况而定,在获取签名的同时了解对方的特点,而不是仅仅为获得签字。信息卡上的信息应该包含了多个方面,特别是既要有显性信息,又要有隐性信息,这样可以让学生在寻找签名时做到观察与交流相结合。有学生在活动后反馈说:"要在最短的时间内获到最多的签名,我采取了一看、二问、三调查的办法。外显信息以看为主,个人特长信息以问为主,隐私信息以调查为主。"游戏的交流分享环节非常重要。在分享时,不仅让学生看到自己取得"签名"的数量,更重要的是了解了场内同学的特点与特征,从而跨入了解他人的门槛,主动找到志趣相投的朋友。

本游戏操作中有两处比较精彩:"寻找"与"签名"。因为"寻找"意味着主动出击,激发学生动起来,跨出去进行交往。"签名"就意味着行动落地,可检验可比较。学生在无形中被推动着主动参与,积极投入。这就是设计的高妙之处,"教育无痕"的境界在此体现。

另外"寻人信息卡"的内容可以深化,根据活动的需要设计成不同主题的,比如"寻找我敬重的人""寻找最可爱的人""寻找我最难忘的人""寻找我想感恩的人""寻找我梦想的地方",等等,将游戏的主题注入不同的内涵,增加游戏内容的宽度,拓展游戏主题的深度。

3. 个性名片

活动目标

1. 把自己最想与他人交流的信息简洁明了地公布出来,学会推荐自己。
2. 通过"个性名片"的交流,了解他人,尽快的彼此熟悉。

活动准备

1. 活动时间需要20～25分钟。
2. 活动场地室内、室外均可以。
3. 准备每人1个胸卡、彩色笔若干。

活动过程

1. 主持人发给每个学生一个空白的胸卡,彩色笔放场地中央公用。
2. 在5分钟时间内,每个学生为自己设计一张"个性名片",插入胸卡内。
3. "个性名片"要求:
- 不少于5条个人信息;

- 除文字外可用图形等多种形式表示；
- 可以使用多种颜色的笔。

4. 小组交流，集体分享。

温馨提示

1. 5条个人信息可以是具体的，也可以是抽象、含蓄的，但要求是个性化的。

2. 主持人发现典型案例要进行交流并重点提问，深入挖掘个性特质，帮助当事人进一步了解自己。

这一游戏安排在彼此不熟悉的群体中进行效果特别好，推荐自己、了解他人，陌生人群较快熟悉起来。

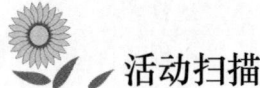 活动扫描

活动实录

在小小的胸卡纸上，做一张"个性名片"，真该好好想一想。5分钟内大家都在认真思考着，5条信息如何反映自己的个性特征。我们可以来看三名学生的"个性名片"：

实例1：● 爱笑的女孩　● 永远有梦　● 最爱绿色　● 冰激凌大王
　　　● 来自江南水乡

实例2：● 网名——冰山一角　● 灌蓝高手　● 土生土长　● 开朗热情
　　　● 壮如牛

实例3：● 大名陈东冻　● 高一学生　● 101（千克）　● 爱好理科
　　　● 与老爸称兄道弟

以上三人的"个性名片"，虽然个性差异蛮大的，但都反映了每个人的兴趣特长、体征特点、人际关系等重要信息。

活动点评

一群彼此不熟悉的学生坐在一起，如何在短时间内推荐自己、了解他人，设

计、交流"个性名片"是一个好方法。

假如我们脖子上挂着的胸卡,除了名字这一符号,其他什么也没有。彼此了解的仅仅是一个符号、一个称呼。但假如我们为自己设计一张"个性名片",把自己的特点公布出来,介绍给大家,就可以让别人记住自己,了解自己。在别人了解自己的同时,自己也很快记住了他们,这不是很好吗?在交流的过程中,我们发现身边还有不少情投意合的朋友。

"个性名片"上写些什么信息呢?不妨可以从以下几方面考虑:

- 姓名—昵称—网名—绰号;
- 特长—爱好—兴趣—嗜好;
- 崇拜的人—欣赏的人—敬重的人—厌恶的人—痛恨的人;
- 理想—目标—经历—志向;
- 对自己的比喻—体型—外貌—身高—体重—肤色;
- 联系方式—家庭电话—手机号—QQ号—班级—学号。

把自己最想让别人知道并想与他人交流的信息简洁明了地公布在小小的卡片上,可以用直白的语言也可以诗句来表达;可以用单色的线条也可以用彩色画面来展现的。总之,一张小小的"个性名片",就是你人际交往的"通行证"。

学生感言

- 我不善于表现自己,在陌生人面前不太愿意多说话,更不会在大家面前自我介绍。这是我有生以来第一次,主动向别人介绍自己的情况,所以刚开始时无从着手,不知道介绍自己的哪些方面。看到别人都能自然介绍,我也硬着头皮说了自己的情况,说完后,心里很开心,我做了一件自己认为了不起的事。

- 这个游戏很有意思,因为通过"个性名片"的交流,让我看到了富有个性的每个人。因为"我"是包括了"公开的我"和"隐蔽的我",自己不说,又有谁知道呢?我们小组衡宇同学的"名片"上写着:"愿听不愿说,愿想不愿动,愿写不愿唱,愿独不愿合,愿静不愿闹。"经过他本人解释,我们知道他的性格是内向的,有时虽然不愿多发表意见,其实还是蛮有想法的。遇到这样的同学,我们要鼓励他把自己的想法说出来,并且对他要多尊重、多信任。

专家心理评析

顾名思义,名片是以个人名字为主体(包括身份、职业、特长、处世、品行或志向)的介绍卡片。但本游戏要求学生设计的不是工作名片,而是心理名片。活动中,既要求学生制作一张有效的"心理名片",又要寻找时机,恰到好处地向对方出示你的"心理名片",真正达到沟通交流的作用。

心理学中有一个效应,叫"名片效应"。它是指在交际中,如果表明自己与对方的态度和价值观相同,就会使对方感觉到你与他有更多的相似性。恰当地使用"心理名片",可以尽快促成人际关系的建立,掌握"心理名片"的应用艺术,对于人际交往以及处理人际关系具有很大的实用价值。

活动设计中,主持人要求学生制作的"心理名片"能体现个性化和艺术性,充分显示对学生个性的尊重,也让学生更好地表达自己。名片设计中要求学生表达5个信息,通过5个信息,让他人了解一个真实的你。表现形式也不拘泥文字表述,可以是数字符号,也可以是艺术画,可以用黑笔,也可以用彩笔,总之,让学生在随心所欲中呈现独一无二的自己。

五花八门的"心理名片",体现了学生个性的丰富性和真实性。有这样一个案例:"我用画面表现'个性名片'。远景是座大山,左上角是光芒四射的太阳,空中飞翔的是白鸽,近处是一条清澈的小河,河中倒影着青青的垂柳。小组交流时,大家都好奇地问我,画中包含了哪些个人信息?我解释说:飞翔的白鸽是我,贪图安逸,无须远走高飞。清澈的小河和青青的垂柳是我的性格,细腻、柔和、敏感。远处的大山与炽热的太阳代表我渴望爱的力量与温暖。"

4. 松鼠搬家

活动目标

1. 让学生在游戏中体验竞争和被淘汰的残酷,感受合作的力量。
2. 开拓思维,在竞争中体验双赢的快乐。

活动准备

1. 活动时间大约需要10分钟。
2. 活动场地室内、室外均可以。

活动过程

1. 学生每三人为一组,其中两人扮"樵夫"双手举起对撑搭成一个"小木屋",另一个人扮"小松鼠",蹲在"小木屋"里。
2. 根据主持人的口令进行变化,如:
"松鼠搬家"——扮"小松鼠"的学生调换至其他"小木屋"中居住。
"樵夫砍柴"——搭建"小木屋"的两个"樵夫"分开,寻找新的"樵夫"搭建成新的"小木屋"。

"森林大火"——"小松鼠"可以变成"樵夫","樵夫"可以变成"小松鼠",最终新的"小松鼠"居住在新的"小木屋"中。

3. 主持人可以不断变化着发出口令,大家做出相应的变化。在活动一开始安排2只无家可归的"小松鼠"充当竞争的角色,这样在变化中必然会有新的"小松鼠"或"樵夫"被淘汰出来。

4. 集体分享活动的感悟。

温馨提示

1. 要有足够大的活动空间,便于"小松鼠""樵夫"跑动。

2. 本活动是人数越多效果越好,出现无家可归的"小松鼠"和没有"小松鼠"的"小木屋"均被认为是淘汰。

3. 主持人要关注多次被淘汰的"小松鼠"和"樵夫",可以请他们表演节目或交流被淘汰的心理感受与原因。

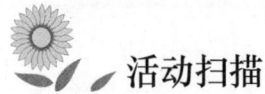 活动扫描

活动实录

游戏开始了,两只无家可归的"小松鼠"小红与小黄时刻准备寻找新的"家",但是"松鼠搬家""樵夫砍柴""森林大火"一轮下来,小红还是没有找到"家"。她一个人呆呆地站在中央,怪可怜的。望着小红大家感到既欣慰又担心。欣慰的是在每次的竞争中,自己都如愿地找到了新的"家",担心的是小红为什么总是找不到"家"。第二轮游戏开始了,小红看准一个机会刚想往里钻,却被另一只捷足先登的"小松鼠"挤了出来,小红摔倒了,她躺在地上好久没有起来……主持人以为她受伤了,赶紧跑过去将她扶起,关心地问:"伤着了吗?"

"没有。"小红轻声地答道,眼泪流了出来。

主持人感到惊讶,场上气氛是一片笑声,小红为什么是这般痛苦的表情。

主持人将小红拉到身边,有力的手搭在她肩膀上,轻轻地说:"没关系,我们

可以找到'家'。"

游戏在继续进行，主持人与小红一起快速地搭起一个"小木屋"，并主动出击套上一只"小松鼠"，"松鼠之家"建成了，小红的脸上露出了微笑。

在集体分享感受时，主持人请小红谈谈自己的感受，她不好意思地说："谢谢老师，我找到了'家'的感觉。"

事后主持人了解到小红的情况，她是个性格内向、比较自卑的孩子，平时与人交往很少。开始让她成为无家可归的"小松鼠"，她就感到紧张和担心。激烈的竞争游戏使她一时无法适应，"呆呆地站在中央"令她更加焦虑与自卑。另一只"小松鼠"把她挤出"小木屋"的时候，让她感到委屈和绝望，所以眼泪禁不住流了下来。主持人的帮助，不仅使她找到了"家"，更重要的是找到了自信和自尊。

活动点评

"松鼠搬家"游戏是在快乐的笑声中进行，在激烈动荡的"森林大火"中，机灵的"小松鼠"很快找到了新的家，勤劳的"樵夫"不仅搭好了新"屋"，还热情地呼唤着"小松鼠"进"屋"，形成了和谐的"松鼠之家"。假如"小松鼠"和"樵夫"没有主动交往的意识，没有积极合作的态度，没有有效竞争的能力，被淘汰是必然的。活动一开始主持人安排了两只无家可归的"小松鼠"，所以按一间木屋一只"小松鼠"来安排，一定有"小松鼠"或"樵夫"被淘汰出来，但主持人发现有的"小木屋"里住着两只"小松鼠"，是强行登门还是友情邀请，请出两只"小松鼠"问个明白。原来一只"小松鼠"无家可归时，温馨的"松鼠之家"热情地邀请其加盟，"主人"接纳与包容的态度，使"小松鼠"感动万分。

虽然游戏规则中要求是一间"小木屋"中住一只"小松鼠"，但出现了一屋住双鼠的情形，主持人不要否定而要肯定，欣赏这种突破规则，开放思路的态度，提倡这种"在竞争中合作，在合作中竞争"的精神。活动一方面让大家感受竞争的压力和残酷，另一方面也体验了合作的温馨与快乐。

学生感言

● "松鼠搬家"这个游戏，通过"换房子"，让我感到既紧张又愉快，活动中人人参与，个个心情舒畅。遇到"森林大火"的"小松鼠"，要搬到新的"小木屋"里去，当看到有一只找不到"小木屋"的"小松鼠"时，作为"小松鼠"的我，本来是可以抢到"小木屋"的,但我却本能地原地不动,站在"小木屋"外边,我想把"小木屋"让给这只"小松鼠",但有的"大松鼠"却把已在屋里的"小松鼠"推了出来,两种情景形成强烈反差。我想"大松鼠"有生存能力,应该把"小木屋"让给不能自立的"小松鼠",现实中我的做人原则也是这样。

● 虽然游戏开始之前就有不少人已经商量好,互相调换"小木屋"或"小松鼠"。但是游戏一开始就全乱了,很多人不知所措。这是考验一个人的适应能力和竞争意识的游戏。当你处于一个陌生的环境时,就相当于是一只离开了家的"小松鼠",必须去寻找一个新家。你必须学会在没有任何人帮助的情况下,靠自己个人的力量尽可能快地去适应新环境,找到可遮风避雨的家。这对任何一个人来说都是考验,要做到这一点是十分不容易的,所以,我们要学会适应环境。

专家心理评析

"小松鼠"安逸地蹲在"小木屋"里,似乎一切都是平静、和谐和温暖的。游戏设计中的"森林大火",打破了现实的平静。多次"森林大火"的动荡给"小松鼠"和"樵夫"带来了混乱、不安和焦虑。但动荡之后,一切又会回复新的平衡,但也出现分化。有的"小松鼠"失去了温暖的家,有的樵夫失去了"筑屋"的岗位。

游戏让学生们体验了现实的残酷,学习是艰辛的,竞争是痛苦的,安于一隅的心态与行为,无法应对当下的挑战。其实,游戏给我们带来思考:

1. 角色转化的意识。在游戏中,学生们可以有"小松鼠"和"樵夫"两个角色体验,不同角色应该有不同的权利与义务。自己在不同角色转化中体验的是主动的快乐,还是被动的无奈。希望学生们能够把握机会,体验角色,将来可以有更好的能力承担不同角色。

2. 主动应对的意识。在每一次的"森林大火"发生后,带来的是强力的动荡,具有主动迎接变化的意识和能力,就可以在激烈的变化中,获得新的平衡,而不是被无奈地淘汰。

3. 接受现实的心态。由于各种原因,有时可能会遭遇困境与挫折,接受现实,随遇而安也是一种良好的应对方法。在成长的过程中,不可能一帆风顺,但有勇气、有目标、有韧性的人,可以获得最终的成功。

在机会面前人人是平等的,但每个人把握机会的能力并不相同。希望"森林大火"是生活的历练,经过历练的学生们能获得经验的财富。

5. 多元排队

活动目标

1. 通过"多元排队",让学生认识一个客观、真实的自我。
2. 根据自己在"多元排队"中所处的不同位置,明确自己的客观地位,消除对自己过高或过低的评价。
3. 通过活动让学生学会悦纳自己、欣赏他人,扬长补短。

活动准备

1. 活动时间大约需要20分钟。
2. 活动场地室内、室外均可。

活动过程

1. 全体学生围成一个圆圈,大家面向圆心站立。
2. 主持人宣布排队开始,大家根据某一特征要求调整自己的位置。在调整过程中,不允许用语言交流。

第一次：请大家按个子高矮排队，高个子排在主持人左边，按顺时针方向从高到矮依次排列；

第二次：请大家按出生月、日的顺序排队，1月1日出生的排在主持人左边，按顺时针方向从小至大依次排列；

第三次：请大家按体重排队，体重较重的排在主持人的左边，按顺时针方向由重至轻依次排列。

每次排完队后，都通过说出自己的身高，出生月、日和体重来检查是否有人排错了队，排错者需说明理由，大家一起帮助澄清。

温馨提示

1. 要强调排队中不允许用语言交流，否则会失去游戏的意义。对排错队的学员，要耐心启发其分析自己排错队的主观原因，而不是简单地说出客观原因。对出错者的理由既不轻信，也不过度深究。

2. 主持人要敏锐地抓住"多元排队"中，典型的案例进行剖析。如过矮、过胖、过瘦、过高及错位严重的等情况。

 活动扫描

活动实录

在一次学校心理协会发展会员的面试活动中，主持人安排"多元排队"的游戏。50个彼此陌生的学生，在不允许用语言交流的情况下，寻找自己的位置。大部分学生以热情开朗、积极主动的态度完成着游戏的要求。但主持人发现一个文静的女孩子，她不是主动排入队伍，而是怯生生地站在一旁，不能用语言交流，她就没有其他的交流方式了。按身高，按体重，按出生月、日排队她都错了。当主持人问她为什么没能找到自己准确的位置时，她的回答令人吃惊："我只知道自己的身高、体重、出生日，我从未问过别人，他人的个人资料与我有什么相干。"这是一个典型的人际交往有障碍的学生，一次简单的游戏让她的个性暴露无遗。

活动点评

这是每个学生都可以轻松参与的活动,不需要与人合作,也没有竞争的压力,只要你了解自己,又能与他人作简单的交流就行。"多元排队"从身高到体重,再到出生月、日,是由浅入深的逐步递进,因为面对一个陌生的群体,想要找到自己的恰当位置,可通过观察、询问、交流等方式。游戏规定不允许用语言交流,给你设置了障碍,但努力一下完全是可以突破的,这决定于你的交往态度与技巧。有的人很快找到了自己的准确位置,因为他知己知彼;也有的人一次次地站错了位置,被请出了队列,因为他总是以"想当然""凭感觉""我以为""大概吧"来做主观判断。游戏告诉我们,要找到自己的位置,开放自己与人交往很重要。

在"多元排队"活动中,学生们对自己所处的位置有满意的,也有不满意的。消极心态的人总是以自己的短处与他人的长处比,越比越泄气,越比越自卑。积极心态的人是悦纳自己、欣赏他人,扬长补短。

学生感言

● 按个子的高矮排队,口令一出,大家就听到一声哀叹,原来是个子最矮的林玲(化名)同学发出的。这时主持人问林玲为什么哀叹,是不是因为个子矮而自卑。她承认了,大家都感觉到她很不高兴。当时我想:这个游戏有点残酷。然后在心里快速地盘算:接下来可能会按胖瘦、年龄等标准来排队,还在暗自庆幸,自己应该不会当众出丑。主持人要求每个人对林玲同学说一句安慰的话。

"个子矮小意味着你浓缩了人世间的精华。"

"做衣服可以省料子,节省开支。"

"小巧玲珑,小鸟依人。"

…………

当时我说的是:"天塌下来有高个子顶。"但我们说这些时,林玲同学始终只是淡淡的表情。

直到高大、健壮的主持人说"我真希望我就是你"时,我们一下子感觉到被打动的不只是林玲,因为每个人的表情都变得柔和了,我现在写下这些文字时依然能感受到当时那种温暖人心的感动。安慰别人也能给自己带来快乐。

林玲同学在谈感受时说:"别人在安慰我时,仅仅只是安慰,让我去接受现实,但主持人的话让我感觉到我的缺陷其实并不是糟糕到一无是处。"

从刚才的不快到现在的释然,只是因为一句话,这就是语言的力量。

● 在主持人问我"为什么没有找到准确位置"时,我脱口就说:"我做了手势,是他们理解错了。"主持人又问了我前后的同学,他们说:"因为我做的手势是,2与4,所以他们认为是24日。"所以16日与28日的同学分别排在了我的前后。主持人再一次问我:"真是他们误解你了吗?"其实我已经清楚,自己是有责任的,因为我的手势不明确,我先伸手2,再伸手4,想表示两个4,即4月4日。但究竟有几个人能明白呢?看来自己的表达不清楚是最主要的责任。以后我知道,遇事要首先从自己身上找原因。

专家心理评析

"排队"在我们的现实生活中是一个司空见惯的现象。每一次的"排队"总有不同的目的趋势,如排队购物、排队看病、排队上车,排队也意味着是一种达成目标的行动。你是否听说过心理学中的"排队效应"?那是一种营销方式,有从众心理的人,他们发现某一商品有人排队购买,就会引起他的关注和好奇。如果这商品有很多人在排队购买,他就认为此商品一定是深受众人喜欢的好东西,所以他就会盲目地参与排队。"排队效应"可以让一个普通的商品在众人的哄抬下快速地销售出去。但"多元排队"游戏则是利用大家熟悉的"排队"现象,让学生通过对自己所处位置的比较,从而获得优势还是劣势、自卑还是自信的感受。

按"身高""体重""出生日期"分别排队,看似很简单,但因为游戏中限定不能用言语交流,就增加了难度。针对不用感觉类型(视觉类、听觉类、触觉类)的学生,需要强化多渠道的沟通方式。

"多元排队"游戏,对不同学生会产生不同的心理冲击和考验,有些结果给人带来的是自我否定的体验,如"我太矮""我太高""我太瘦""我太胖"等,但游戏的目的是让学生在"多元"排队中体会到,任何一个人都不可能"十全十美",要学会客观评价自我,不自卑,不自负,自信地做到扬长避短或者扬长补短。

另外,"多元排队"的内容也可以有更多的扩展,如学习能力、运动技能、才艺表现等方面,让学生通过"多元排队",感受到多元评价的意义,激发追求综合发展的信心。

6. 体验放松

活动目标

1. 让学生学会释放紧张的情绪，懂得松弛之道。
2. 让学生集体体验放松的感觉，掌握自我放松的要领和技巧。

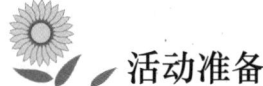

活动准备

1. 活动时间大约需要30分钟。
2. 活动场地要求在室内进行。
3. 准备放松音乐。

活动过程

1. 热身"过电"游戏。

全体同学以围圈站立，伸出左手手心向下，伸出右手食指向上与相邻同学的左手手心接触。老师随机喊一些数字，当喊到尾数是7的数字时（如27、37、47、107……），学生要设法左手抓，右手逃，以体验紧张的感觉。

2. 播放放松音乐，让学生进行肢体放松体验。放松的顺序依次为手臂部、头部、躯干部、腿部，主持人则提示学生如何放松。

（1）手臂部的放松。伸出右手，握紧拳，紧张右前臂；伸出左手，握紧拳，紧张左前臂；双臂伸直，两手同时握紧拳，紧张手和臂部。

（2）头部放松。皱起前额部肌肉，像老人的额头那样皱起，皱起眉头；皱起鼻子和脸颊，可咬紧牙关，使嘴角尽量向两边咧，鼓起两腮，仿佛在极痛苦状态下使劲一样。

（3）躯干部的放松。耸起双肩，紧张肩部肌肉；挺起胸部，紧张胸部肌肉；拱起背部，紧张背部肌肉；屏住呼吸，紧张腹部肌肉。

（4）腿部的放松。伸出右腿，右腿向前用力像在蹬一堵墙，紧张右腿；伸出左腿，左腿向前用力像在蹬一堵墙，紧张左腿。

3. 让学生进行想象放松。

主持人的指导语：

我仰卧在水清沙白的海滩上，沙子细而柔软。我躺在温暖的沙滩上，感到舒服，能感受阳光的温暖，身边听到海浪声音，感到温暖而舒适。微风吹来，使我有说不出的舒畅感觉。微风带走我的思想，只剩下一片金黄的阳光。海浪不停地拍打海岸，思维随着节奏飘荡，涌上来又退下去。温暖的海风吹来，又离去，带走了心中的思绪。我感到细沙柔软、阳光温暖、海风轻缓，只有蓝色天空和大海笼罩我的心。阳光照着我全身，身体感到暖洋洋。阳光照着我的头，感到温暖与沉重。

轻松暖流，流进右肩，感到温暖沉重。呼吸变慢、变深。轻松暖流，流进我右手，感到温暖沉重。呼吸变慢、变深。轻松暖流，又流回我右臂，感到温暖沉重。又流进我后背，感到温暖沉重，从后背转到脖子，脖子感到温暖沉重。

我的呼吸变慢、变深。轻松暖流，流进左肩，感到温暖沉重。呼吸变慢、变深。轻松暖流，流进了左手，感到温暖沉重。呼吸变慢、变深。轻松暖流，又流回左臂感到温暖沉重。

我呼吸变慢、变轻松。心跳也慢，越有力。轻松暖流，流进右腿，感到温暖沉重。呼吸变慢、变深。轻松暖流，流进右脚，感到温暖沉重。呼吸变慢、变深。轻松暖流，又流回右腿，感到温暖沉重。

呼吸变慢、越来越深、越来越轻松。轻松暖流，流进腹部，感到温暖轻松，流到胃部，感到温暖轻松，最后流到心脏，感到温暖轻松。整个身体变得平静。心里安静极了,已经感觉不到周围的一切,四周好像没有任何东西,我安然躺卧在大自然中,非常自在。

静默几分钟后结束。

4.学生分享放松体验的感觉。

温馨提示

1.放松的环境要保持安静,光线不要太亮,尽量减少其他无关刺激。

2.学生可以找到任意一个放松的姿势,使自己处于放松、不紧张的状态,可以靠在沙发上,可以坐在椅子上,也可以躺在地板上。

3.放松时,学生闭上眼睛并配合深慢均匀呼吸。

4.放松训练不是一朝一夕能够奏效的,必须经过数周乃至几个月的练习,方能收到明显的效果。因此,要持之以恒地坚持训练。

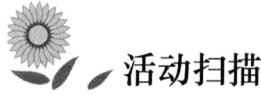

活动实录

有一个学生,平时很容易紧张,特别是上课遇到老师提问或考试时,紧张得特别厉害。他参加完放松训练后,感觉特别好,原来自己可以不用那么紧张。在主持人详细的指导下,他大致掌握了放松的要领,他很希望通过一段时间的训练来降低自己紧张的程度。他想每天放学后到心理松弛室来放松,一来是这里的环境比较安静,二来也是想让主持人督促他每天坚持做放松训练,因为他担心自己意志力不够,坚持不了几天就放弃了。主持人答应了他的请求。在后面的一段时间里,这名同学几乎每天都来做放松训练,只有一次他因生病没有按时来。最初的几天,他做完了放松训练,感觉都很好,可一到教室,他又觉得比较容易紧张,这时候他有点怀疑放松训练到底管不管用。主持人及时消除了他的疑虑,告诉他放松训练至少需要几个星期甚至数月的练习,这也是一个锻炼意志的过程。一旦达到了一种境界,放松就是一件很轻松的事,到那时,就不用去刻意做放松训练了,因为你的心境已经平和下来,情绪已经放松了。坚持

了一个多月,这名同学容易紧张的情况有了极大的改善。考试时不再像以前那样紧张,基本上能正常发挥了。他很高兴,他说他要把这种放松训练介绍给他的一个同样容易紧张的好朋友。

活动点评

紧张和疲劳是现代许多人的感觉,对中学生而言,他们在繁重的学业压力下,情绪容易紧张焦虑。学会放松,不仅可以松弛自己紧张的神经,而且也是一个人生活所应持有的态度。放松技术有很多种,它们对调节情绪都是比较有效的,效果大小因人而异,主要取决于是否真能掌握要领。要领主要有两个:

◎ 在整个放松过程中要始终保持深慢而均匀的呼吸。

◎ 要能体验随着想象有股暖流在身体内运动。显然,要掌握好两个要领必须经过多次练习和反复体会。

放松前的紧张动作是为了体验放松的感觉,这种感觉越强记忆就越牢固。当感觉清晰地铭刻于记忆中或时间紧张后,便可去掉紧张部分而只做放松部分。放松训练对增强机体的能量水准,消除消极情绪,促成积极的心理状态,有重要作用。考试焦虑患者可以从中得到明显的收益。

附:一分钟放松技巧。

(1) 想象"快乐"。咧开你的嘴笑一笑,并想象自己脸上正洋溢着幸福的笑容。你的嘴在笑,你的眼睛也在笑。你对自己说:"我很好。"在想到快乐时,人们就不会感到压力。

(2) 如果想象快乐有点难度,就想象一个你爱的人,尽情想象自己有多么爱那个人。让你的心里充满爱。人的心里不可能同时存在爱和怕这两种强烈的情感,这是一个不容置疑的事实。

(3) 镇静下来,缓慢进行深呼吸。把紧张呼出,让镇静充满肺部,呼气并微笑。

(4) 听音乐。

(5) 蒸发压力(热水淋浴、桑拿)。

(6) 养宠物。

(7) 大笑。

(8) 按摩。

学生感言

- 可能是平时学习太紧张了,我已经好久没有这种放松的感觉了,想象着自己躺在海边的沙滩上,听着海浪的声音,感觉舒服极了。看来,只要掌握了一定的操作要领,放松并不是很难的事情,关键是要养成经常放松的一种习惯。

- 刚开始做游戏的时候,我还没什么感觉,后来,我好像进入了状态,我能随着主持人的提示语进行放松。到后来,我感觉自己整个身体都松弛了下来。真想不到,语言暗示竟然有这么神奇的力量。看来,在平时,就应该经常用语言暗示自己不要紧张,时间长了,也就真的不紧张了。

专家心理评析

紧张是随着学习、生活等压力,个体自然而然感受到的心理体验,紧张会造成人体的紧绷,心理的焦灼,严重时会造成思维和行为的偏差。

面对紧张如何放松,这是需要我们采取主动的方法进行应对的。每个人面对压力的态度不同,应对压力的能力也不同。面对紧张我们该怎么办呢?办法一定是从两个方面寻找:一是预防紧张焦虑情绪的产生,二是消除紧张带来的负面影响。"体验放松"游戏,是让学生学会如何调适紧张情绪和放松紧绷肢体,事实证明这是一个简单易操作的有效方法。

学生们面对竞争激烈、快节奏、高效率的学习生活,不可避免地会产生压力而紧张,甚至焦虑。精神紧张一般分为弱的、适度的和加强的三种。适度的紧张对学生的学习生活没有害处,常常能够成为激发他们积极向上的动力。但过度的精神紧张,会带来负面影响,需要特别关注。从心理学的角度来看,人若长期、反复地处于超生理强度的紧张状态中,就容易急躁、激动、恼怒,严重者会导致大脑神经功能紊乱,有损于身体健康。因此,要引导学生克服紧张的心理,设法把自己从紧张的情绪中解脱出来。对于过度紧张而造成焦虑症的学生,建议接受医学治疗和心理辅导相结合的方式解决。

7. 蜈蚣翻身

活动目标

1. 训练学生身体的灵活性、柔韧性、协调性。
2. 让学生体验竞争与合作给自己带来的压力与快乐。

活动准备

1. 活动时间大约需要20分钟。
2. 活动场地以室外为宜。

活动过程

1. 将全班学生分成两大队,推荐产生两位队长,二路纵队排好。
2. 全队成员把双手搭在前面同学的双肩上,组成一条"大蜈蚣",练习"大蜈蚣"跑动,看看彼此是否协调。
3. 接下来开始做"蜈蚣翻身"比赛,要求第一名成员依次从二三人拉手处,三四人拉手处……一直到队伍最后两名的拉手处钻过去,第二名成员、第三位成员……跟随前面的成员一直到钻完所有的拉手孔。

4. 完成"蜈蚣翻身"用时最少的队为胜。

温馨提示

1. 活动要有一定的空间,使得"蜈蚣"可以"蠕动"起来。
2. 要使整条"蜈蚣"顺利"翻身",每个成员都要快速"翻身"和"蠕动"。

主持人宣布游戏规则后,各队练习5分钟后便可以开始正式比赛。

活动实录

主持人首先把全班学生随机分成两大组,要求每组推荐一名组长。由于组员是被动形成的,所以彼此合作的主动性不强。A组是高同学自荐担任组长,B组在推选不出组长的情况下,由主持人指定翁同学担任组长。A组和B组经过5分钟练习,"蜈蚣翻身"比赛开始了,只见两条"蜈蚣"都完成了"翻身",但速度都不快,甚至还出现了中途卡住不动的情况。原因是前面的同学钻得比较顺利,跑得很快,后面的同学来不及转身而出现跟不上。在这种时候,有的同学无法自我解脱而抱怨,有的同学看到别人卡住而焦急。

前面的同学要反复钻过二十几个"孔",最后一个同学只需要自己"翻身"即可。所以每个人的工作强度是不同的,但在一个团队中,积极合作的意义是相同的。A组王同学较胖,体重达100千克,平时走路就不轻松,转个身就很费力,在游戏中更是显得笨拙。开始时他是排在队伍中间,所以"蜈蚣"就翻不了身,有人嫌弃他,嘲讽他,他非常难过。

第二轮活动,主持人首先在全班找出两个"领导人"小凌和小峰,由他们通过"双向选择"的机制选拔组员,建立大组。在游戏前,组长与组员进行沟通,确立彼此的信任关系。由小凌和小峰分别到主持人处领取任务,回组进行动员和布置,训练5分钟参加比赛。小凌觉得自己要指挥25个人,感到有点困难,他又招聘了2名助手,"三个臭皮匠顶个诸葛亮",他们3人分别站在1号、8号、

16号位置,便于控制"蜈蚣"的身体"蠕动"。体重100千克的王同学是小凌的好朋友,他自然就在小凌组,考虑到王同学灵活性差的特点,把他排在25号位,告诉他一定要主动顺着队伍快速移动。把翻身困难的矛盾转化成移动,对王同学、对大组来说都是高招。由于小凌组长的领导有方,全组同学通力合作,一条"大蜈蚣"轻松地完成了"翻身"过程。

最后主持人又尝试了按性别分组的操作,男生组与女生组进行了一次比赛。由于女生们身体的灵活性、柔韧性较好,"蜈蚣翻身"的速度明显比男生组要快。

活动点评

在这个游戏中,涉及20个以上队员的协作,所以组长的号召力尤为重要。组长的组织能力关系到整个队的成功与否。一条"大蜈蚣"要快速"蠕动翻身",不仅需要每个人都有灵敏转动的技巧,还要有全队成员的默契配合。

主持人宣布完游戏规则后,组长带领组员练习5分钟。在练习过程中,就会形成相互理解、相互认同、相互学习的团队氛围。要有意识地让队员们重视合作过程的体验,而不是比赛结果的获得。为了增强合作与竞争的体验,可以按多元分组法分组,开展组与组之间的竞赛。如男女组对抗赛、随机组对抗赛、自愿组合组对抗赛等。从对抗赛的结果中分析成员结构与输赢,合作程度与输赢,主动性与输赢的关系,找出取得游戏成功的关键因素。

学生感言

- 这个游戏能培养大家的合作性,让我们为共同的目标努力,然后一起品尝胜利的欢乐。主持人在这一点上可谓用心良苦,而同学们也十分配合。在游戏过程中,大家你一句我一句讨论得不亦乐乎。只是同学们显然太聪明了,竟把"翻身"变成了"穿墙",继而又把"穿墙"变成了"百米赛跑"。在游戏中,我们都认真积极配合,希望自己所在团队能够获胜。

- 游戏考验团体合作性和个人的灵敏度。首先,每个人之间的距离要适中,这样可以让钻的人更快地通过。手要伸高,免得把人撞倒。其次,高矮胖瘦编排也要适当。还有当一个人倒下之后,怎样才能让后一个人在第一时间知道呢?这就是考验我们每个人的临阵应变能力。

后来,大家找到突破点,然后钻游戏规则的空子。先是一排人全部一前一后站开,游戏变成了转身赛跑。过了一会儿,我们队又改进方法,一前一后都向里边转,面对面,就好像拱桥一样,每个人往前跑即可,大大提高了"翻身"速度。

专家心理评析

查阅资料得知,蜈蚣为陆生节肢动物,身体由许多体节组成,每一节上均长有步足,故为多足生物,又称"百足虫"。生长在不同地域的蜈蚣长有的足数不同,有35对、45对、191对。据说俄罗斯阿尔泰地区阿尔泰生物保护区发现一种新型蜈蚣,此种蜈蚣的代表性特征就是多足,可拥有多达750条腿。这么多腿要同时快速地行动,需要有非常强大的传导系统和极其灵敏的配合功能。

游戏运用"蜈蚣"这一特点,进行群体合作性训练,有趣而美妙。组成"蜈蚣"的人数可多可少,非常灵活。想让"大蜈蚣"快速蠕动,需要每个人的积极参与和主动配合。要让"大蜈蚣翻身"更是有难度的挑战,不仅要在合作中完成"蜈蚣翻身",还要开展各"蜈蚣"之间翻身速度的竞赛,那就更增添了活动的刺激性。学生们在紧张刺激的游戏活动中,体验合作的神奇与竞争的美妙。在一次次的练习中,"大蜈蚣"的翻身速度越来越快,构成"大蜈蚣"的身体变得越来越柔韧。在大家的思考探索中,有了新的突破。

游戏的目的是让学生们在参与中体验,在体验中感悟,在主持人的指点下,学生们真切地体会到了主动参与,积极配合的快乐。

8. 寻找归属

活动目标

1. 让学生从了解自己开始,逐渐关注同伴,最后融入团体,体验归属感。
2. 在活动中自然产生"领袖人物",发现个人特长与潜质。

活动准备

1. 活动时间大约需要20分钟。
2. 活动场地室内、室外均可以。
3. 准备12生肖面具各一个。

活动过程

每个人都有一个属相,自己的属相是什么,自己清楚。但你是否知道,在我们这个群体中,谁的属相与自己相同?我们群体中又究竟有多少种属相呢?下面我们一起来做游戏:寻找归属。

1. 不用语言交流,通过肢体语言找到与自己属相相同的人。

2. 所有学生先都蹲下,同一属相的学生用肢体语言集体表演所属相动物的典型特征,如果大家看明白了,鼓掌表示认同,他们就可以站立起来,派一名代表到主持人处领取"生肖面具"。直到所有的人都站立起来。

3. 戴上"生肖面具"的学生排在第一位,其余同属相的学生均排在其后。通过成语(或俗语)接龙壮大自己的队伍。如龙马精神,属龙的与属马的就连成一体。

4. 最后看看,自己的归属找到了吗？是一个还是一批,是一群还是全体？

温馨提示

1. 强调不允许用语言交流,只能用肢体语言。

2. 在表演所属相动物的典型特征时,一定要强调集体表演,在全体学生鼓掌认同后才可以站立起来并领取"生肖面具"。

3. 在用成语或俗语壮大队伍时,一定要按序连接,最后可以清楚地看到所有的学生均连为一体,如遇到生肖不全连接困难时,主持人要引导大家通过多种方式完成连接。

4. 此游戏不适合同龄人团体做(因为只有一个属相),年龄结构越复杂效果越好。

活动实录

除了让学生参与外,"寻找归属"游戏也很适合在家长或教师等群体中开展。在家长沙龙上,主持人安排了该游戏,效果较好。

由于家长的年龄差别较大,所以40个家长中包括了10种生肖,可谓是"品种齐全"。有几个热心的"领导",所以很快出现了10个生肖的方阵。在进行集体表演时,由于彼此不熟悉,加之年龄的关系,表演放不开,活动出现僵局。在这种情况下,主持人要耐心启发,动员小组成员商议、排练,在充分准备的基础上作集体亮相。对成功的表演以热烈的掌声表示认可与鼓励,家长们体验了团队精神与成就感。在一组突破的基础上,要求每一组都能积极尝试,在一次次

的欢笑中,家长们圆满地完成了表演任务。

由于家长的文化水平有限,所以在成语(或俗语)接龙壮大队伍时,他们大量选用的不是成语而是俗语,这也没有关系,最主要的是要让大家想办法把10个方阵连成一体,找到团体的归属感。

活动点评

每个人都有一个属相,充满好奇地去寻找与自己属相相同的人。这是一个人人都愿意参加的快乐游戏。

由于没有设组长,所以,开始时大家只知道找一个与自己属相相同的人,不知道如何集中所有同一属相的人,往往会出现同一属相的人分散成几拨的情况。这时"领袖人物"会自然产生,他们会去召集所有同一属相的人,并带领全体成员用肢体语言表演属相动物的典型动作。这样的"领袖人物"最终受到同伴的信任与尊重。

在集体表演时,不少小组会表现出非常有创意的群体动作,受到大家的一致好评。如舞龙、母鸡与小鸡、奔马、眼睛蛇等。通过群体表演,每个人在团体中不仅找到归属而且扮演了适当的角色。通过成语(或俗语)接龙,把小团体的归属感扩大到整个团队中。所以,最后当所有的人都连在一起时,大家感到非常惊讶与兴奋。

成语、俗语参考:

龙腾马跃、龙马精神、龙潭虎穴、龙争虎斗、兔死狗烹、鸡兔同笼、牛鬼蛇神、牛头马面、虎头蛇尾、虎踞龙盘、声色犬马、羊落虎口、"挂羊头,卖狗肉"、"山中无老虎,猴子称大王"、鸡犬不宁、马马虎虎、鸡鸣狗盗、车水马龙、犬马之劳、风马牛不相及、归马放牛、藏龙卧虎、猪狗不如、降龙伏虎、"宁为鸡首,不为牛后"、杀鸡骇猴、画虎不成反类犬。

学生感言

- "寻找归属"的游戏,让我深刻体会到了人与人之间的交流除了语言外,还可以依靠许多其他方法,比如:动作、神态、眼神等。

因为我们都是同龄人,所以大家的属相基本相同,主持人采取了一个办法,把12种生肖分别写在纸上,每人抽一张,我抽到的是"狗"。我们大家都保持不说话,通过肢体语言,找同类。我伸出舌头,两手放在胸前,做出小狗的样子,很快便找到了同类。其他同学也有通过手指,表达在生肖中的排位,也很快找到了伙伴。

主持人要求"同类"一起商量一下,通过集体造型,让其他同学认可。每个生肖组的"同类"的表演都很出色。

● 游戏要你用心去领会别人通过肢体语言所表达的意思,猜出他们所属的生肖动物——或是圆鼻大耳的猪,或是吐火戏球的龙,或是竖耳轻跳的兔……表演者尽量抓住其特征让他人猜,而猜的人也是尽量地领悟表演者的用意,并成功地将答案回馈给表演者。当掌声响起的时候,你成功了,也体会到了游戏的名字——"寻找归属"的含义。

专家心理评析

美国著名心理学家马斯洛在1943年提出"需要层次理论",他认为,"归属和爱的需要"是人的重要心理需要,只有满足了这一需要,人们才有可能"自我实现"。大量的心理学研究也表明,每个人都害怕孤独和寂寞,希望自己归属于某一个或多个群体。有归属感的人,他们可以在归属的家庭、单位、团队中得到温暖,获得朋友的帮助和亲情的关爱,从而消除孤独和寂寞感,获得安全感。缺乏归属感的人,常常会对自己从事的工作没有激情缺乏责任感,交往圈狭窄缺少朋友,业余生活单调缺乏兴趣爱好。

另外还有一个概念叫"学校归属感",是指学生在学校环境中得到老师和同学们的接受、尊重和支持的感觉。如果学生对自己所就读的学校有归属感的话,在思想上、感情上和心理上就会认同和投入,就乐于参与学校活动并愿意承担责任和义务。所以,培养学生的"学校归属感"是一项非常重要的工作。

本游戏根据"归属感"的概念,利用每个人都有的属相对人进行归类,学生们可以自然地、没有例外地进入到归属圈。非常好地体现了游戏"无门槛"参与的设计意图。因为如果游戏中设置了一定的难度,就会造成有人因擅长而表现为积极参与,有人因能力较弱而表现为消极拒绝。团体游戏中需要体现人人参与的公平性,就需要提供每个人都有进入的可能性。利用十二生肖做"归属",还有一个好处,就是每一属相的团队可以做生动的表演,从而发挥群体的想象力和表现力,通过团体肢体表达,可以很好地促进团队成员之间的融合度。

第二篇　沟通交往篇

你想拥有良好的人缘吗？你想做一个与人沟通的高手吗？要实现这一愿望，你就必须掌握一些沟通规律和技巧。你也许会说，拥有好人缘只要跟人以诚相待、相互尊重就可以了。其实沟通除了需要真诚、尊重、宽容等品质外，还需要很高的沟通技巧，这里面还有很多很高深的学问呢！

心理学家研究发现，如果一个人长期缺乏与别人的积极交往，缺乏稳定而良好的人际关系，这个人往往可能有明显的性格缺陷。如在青少年心理咨询中发现，绝大多数青少年的心理危机都与缺乏正常的人际交往和良好的人际关系相联系。愉快、广泛和深刻的心理交往有助于个性发展与健康。

怎样才能建立良好的人际关系呢，沟通是第一步。只有与其他人进行有效的沟通，你才能了解周围人的性格品德，你才能与他人和平相处，才能了解对方的内心世界，才能使自己在日常生活中不至于经常碰壁。

曾看过这样的一篇文章：有一对父子闹矛盾，多年互不往来。儿子在其妻子的劝说下去和父亲沟通并对他说一句"我爱你"，多年的隔阂瞬间消除。第二天父亲心脏病突发而亡，临终前他的嘴角缀着笑容，而儿子也庆幸未让父亲带着遗憾去世。沟通，让多年的隔阂瞬间消去，让父亲含笑离去，让儿子了却了遗憾，可见沟通的威力有多大。

有关人际沟通技巧的书不计其数，但看完后往往很容易遗忘，而亲身体验了本单元的游戏，可以体验到沟通的技巧，悟出交往的真谛，并且终身受用！

1. 变形虫

活动目标

1. 通过"变形虫"游戏,让学生体验沟通的必要性。
2. 通过小组交流,感悟人际交往理解、合作、认同的重要性。
3. 在体验和分享中,让学生学习人际交往技巧,提高人际交往的能力。

活动准备

1. 活动时间大约需要20分钟。
2. 活动场地以室外为宜。
3. 准备13米的长绳一根、5个眼罩为一套,需要若干套。

活动过程

1. 主持人先把13米长的绳子两头相连结成一个大绳圈,这样的大绳圈准备2～3个。
2. 全体学生分成若干组,每组5人。每次可以有2～3组同时进行游戏比赛。

3. 每组5名学生分别戴上眼罩,主持人把事先准备好的大绳圈分别交给他们。

4. 根据主持人发出的变形指令,如正三角形、正四边形、正五边形……5名学生通过合作完成,用时最少的组为胜。

5. 在合作变形的过程中,各小组成员不允许用语言交流。

温馨提示

1. 长绳的长度以5个人伸直双臂的总长度多5米为宜,不要太短,也不能太长,否则都会影响游戏的难度。

2. 一般以2～3个小组同时开展竞赛为宜,这样可以节省时间。

3. 在"变形"过程中,要求绳子充分展开,不可以收缩部分绳子,减短边长,降低难度。

 活动扫描

活动实录

5个学生蒙上眼睛开始了艰难的"变形虫"游戏,但在旁观者中常常会听到议论声,有暗示的、有提醒的、有指责的、有嘲笑的,现场比较热闹。主持人如何控制好场面,听听"当事人"与"旁观者"的心里话就明白。

学生A: 蒙上眼睛什么也看不见,对要完成的任务心中无底——很茫然。

学生B: 我一直在等待有人告诉我们该怎么办?但一片乱糟糟的,缺乏有效沟通,我真不知怎么办?——很着急。

学生C: 我很想说话,就首先发问,得到了回应——很高兴。

学生D: 我做了两遍,发现沟通很重要。所以我就不停地与大家交流,虽然眼睛看不到,但彼此的合作使我们很快成功。听到大家给出鼓励的掌声——很兴奋。

学生E: 我在旁边看这些"蒙眼人"瞎走瞎变,各个都在按自己的意图行事,缺乏中心"指挥员",不知道何时才能成功——很着急。

学生F：我看他们真笨,不动脑筋,正三角形、正四边形、正五边形是几个点、几条边也不找找规律,全乱套——很无奈。

主持人点评：看来真是"当局者迷,旁观者清",但我们不妨试想一下,当你蒙上眼睛,又不能讲话交流,小组成员是谁,他在哪里,他想干什么都不清楚时,如何才能完成一个集体的任务呢？一个再聪明的人也难以完成啊！所以组员之间需要交流,学会真诚；需要合作,学会放弃；需要理解,学会宽容；需要认同,学会赞美；需要思考,学会机智。相信在探索中可以找到默契和信任,在信任中获得合作和成功。

活动点评

由于整个游戏要求参与者不能用语言交流,所以一个组要顺利完成变形过程,需要有"领导者",通过自发产生的"领导者"进行统一管理,才能从无序逐步到有序。在游戏中存在"领导"与"服从"两种角色。学生之间需要有一个协调、服从、合作的过程,主持人需要有充分的耐心等待"变形"过程的完成。周边同学也要保持安静,不要大声提醒和暗示,当"变形"成功时,集体鼓掌给予鼓励。

学生感言

- 我们在室外做了一个游戏——"变形虫"。在游戏中,每个同学必须戴上眼罩,听主持人的口令,把手中的绳子变成一个个不同的形状。大家被蒙上了眼睛,首先要辨别自己的准确位置,然后将自己的位置告诉同伴,最后通过大家的默契配合完成任务。

  游戏告诉我们,在与人的交流时需要正确、清晰、明确的语言。语言表达是否清晰不仅关系到游戏的胜负,而且在日常生活也很重要。同时游戏也增强了同学之间的交流,让大家明白彼此交流需要信任。我们在欢笑之余学到了很多。

- 我们戴上眼罩,5人一组,在主持人的指令下变化出各种各样的形状。其间我们没有了视觉,只能依靠听觉和触觉来完成每一个任务。失去了视觉真是感到"心有余而力不足",这是以前从未有过的感觉。但小组成员还是在组长的指挥下,齐心协力,有条不紊地完成了任务。团队精神是完成这个游戏最好的方法。

别小看这游戏,只有真正亲身体验之后,才能会有真切的体会——团队是如此的重要。

专家心理评析

参与游戏的学生被蒙上了眼睛,既看不见又不能用语言交流,旁观的人也不得作任何的提示,按主持人的要求,多人合作完成"变形"任务是件很困难的事。现实的情况是这样的:一边是游戏参与者的积极努力,但效果甚微。另一边是旁观者为"抓瞎"的游戏者着急,恨不得帮他们早点儿成形。但事实是旁观者一番热情的指手画脚没有被游戏者的接受和感激,反而是讨厌与拒绝。

游戏参与者在无序中思考,在思考中实践,虽然无法用语言交流,但自发产生的"领导者"机智地用肢体接触每个参与者,暗示他们按要求行动。场上慢慢地出现了由多个中心的无序变为一个中心的有序局面。变形的规律也渐渐明朗:一个人两手合并表示是一个点,两手分开代表两个点;两个点可以形成一条线,一个人可以成为一条边。假如要变出一个正三角形,五个人中只需要三个点,必然出现两组两人重叠的情况。假如要变出一个六边形,需要四个人每人一个点,一人出两个点,共六个点构成,调整六条边为等长即可。根据主持人的指令,场上很快变出了三、四、五边形。依次打开每个人的双手,又顺利地变出了六、七、八、九、十边形。围观的学生由衷地给出肯定的掌声,这给了蒙眼的参与者极大的鼓励。

游戏设计者刻意阻断了人际沟通的两大通道,即观察与交流。如何突破思维?如何破解难题?需要思考的时间,需要探索的尝试,这就是获得成功该付出的成本。

2. 我说你画

活动目标

1. 让学生学会全局思维、清晰表述、准确回应。
2. 让学生学会多角度找原因,主动承担责任。
3. 体验有效的信息沟通要素包括准确表达、用心聆听、思考质疑、澄清确定等。

活动准备

1. 活动时间需要10～15分钟。
2. 活动场所以室内为宜。
3. 准备两张样图,每人一张16开白纸和一支笔。

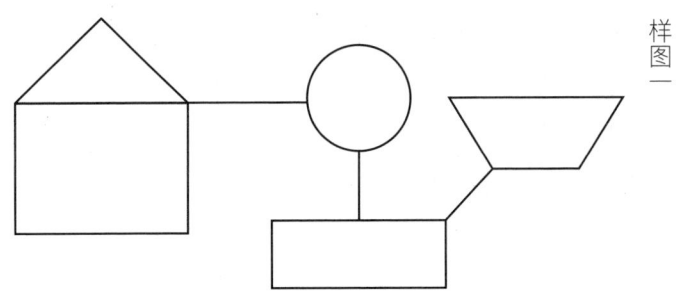

样图一

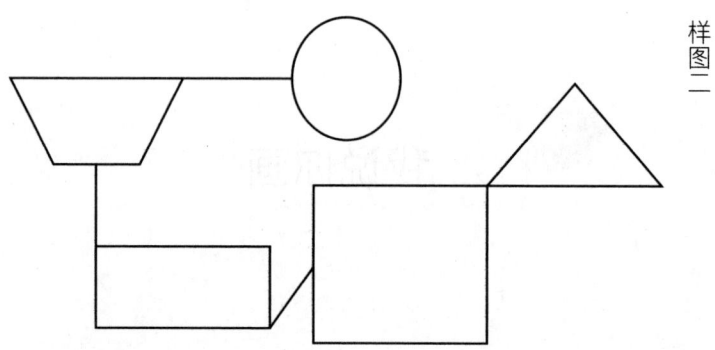

样图二

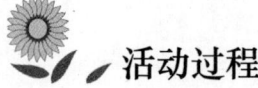 活动过程

1. 第一轮：请一名自愿者上台担任"传达者"，其余学生都作为"倾听者"，"传达者"看样图一两分钟，背对全体"倾听者"，下达画图指令。

2. "倾听者"们根据"传达者"的指令画出样图上的图形，"倾听者"不许提问。

3. 根据"倾听者"的图，"传达者"和"倾听者"谈各自的感受。

4. 第二轮：再请一名自愿者上台，看着样图二，面对"倾听者"们传达画图指令，其中允许"倾听者"不断提问，看看这一轮的结果如何。

5. 请"传达者"和"倾听者"谈各自的感受，并比较两轮过程与结果的差异。

温馨提示

1. 第一轮与第二轮两张样图构成基本图形一致，但位置关系有所区别。

2. 两轮中的"传达者"可以为同一人，也可以为不同人。

3. 邀请"倾听者"谈感受时要选择有代表性的，如画得较准确的和特别离谱的，这样便于分析出造成不同结果的多种因素，从而找到改进的主要原因。

 活动扫描

活动实录

高一16班的钱同学,上学期自荐要求当班干部,结果当上了班长。他积极性很高,想了不少点子,想在班上大干一场,但不知为什么工作没有实效,同学们对他也很有意见。前段时间班级改选班长,他落选了。

在"我说你画"游戏中,他主动要求担任"传达者",结果出现了表达不清,"倾听者"无法理解其指令的意图,没有完成"传达者"的工作。在与"倾听者"的交流中,钱同学也发现了自己的问题。第一,传达意图不明确,对样图一中几个几何图形的比例关系、位置关系没有搞清楚,表述时语言不精练,指令不明确。由于背对"倾听者"无法进行对话沟通,所以自以为说清楚了,其实根本是一片糊涂。第二,过于自信,听不进别人的批评意见,所以不但工作没有成效而且同学关系也不理想。

在第二轮推选自愿者时钱同学又主动要求当"传达者",在主持人的同意下,他努力地思考和积极尝试着有效沟通的要素。看到"倾听者"们在自己的引导下准确地画出与样图二相同的图形时,高兴地说:"谢谢同学们,我找到落选的原因,我还会再参加班长竞选的。"

活动点评

主持人把游戏的大致过程与要求解说完后,就有不少的自愿者要求担任"传达者",特别是当"传达者"2分钟看完样图一后,都觉得比较简单。主持人问:"你能够准确地把信息传达给全体'倾听者'吗?""没问题!"——"传达者"总是自信地回答。

当"传达者"一个个指令发出后,教室里渐渐地开始不安起来,可以听到越来越多的议论声、抱怨声、责备声。有人说:"自己都搞不清楚,还说什么,越说越糊涂了。"甚至有人干脆放下笔放弃接受指令了。

"传达者"也不知道为什么会表达不清楚,很少有人能够画出与样图一完全相同的图形。

通过"传达者"与"倾听者"的交流,发现理解、表述、质疑、回应都是有效沟通的基本要素。

第二轮中"传达者"与"倾听者"尝试和体验了有效沟通,"倾听者"们画出的图形与样图二基本相同,结果令双方满意。

学生感言

- 看到大家都画出的结果"离题万里",我很惊讶。感觉自己已经说得很清楚了,为什么他们都不明白呢?原因究竟在哪里?在不准交流和沟通的情况下,对我发出的指令,每个人都根据自己的理解画图,当然就"千差万别"了。看来,除了自己表述不够清楚,没有沟通是关键。

- 我做第二个"传达者",因为主持人允许我与大家沟通,所以,我一边讲一边示范,并不时询问:"大家听清楚了吗?有问题需要提问吗?"在大家的一次次提问中,发现自己讲得不够准确,于是不断改进自己的表述。由于我与大家及时沟通,他们自然明白了我的意图,画得越来越准确。我除了用语言交流外,还运用眼神交流,发现他们有疑惑便及时解答。我还不停地在他们中间巡视,观察指导,及时纠正。当我把所有指令宣布完毕,大家交出的"画图"准确无误,"倾听者"与"传达者"都开心地笑了。

专家心理评析

游戏"我说你画"模拟了教师课堂教学的场景,老师让学生按要求画出几个几何图形的组合图,看似简单的过程,结果让人大跌眼镜,几乎没有一个学生是按照老师意愿的结果呈现图形。为什么会是这样?老师与学生的感受截然不同,老师认为自己说得非常清楚,学生觉得有很多疑惑想问,但不能问,只能自由地发挥想象,所以,结果就变成了"五花八门"的多样化。教师"居高临下",仅凭"说话霸权"和"专制行为"施教,不仅是无效的甚至是负效的,常常造成学生人在咫尺,心却往往离我们很远很远!

在这个游戏中,其实出现一个心理学概念:"双向沟通"。双向沟通是双方的沟通,双向的互动。单向沟通是指自上而下,或自下而上,或都是一方向另一方传递信息的沟通,是一方主动,另一方被动式的沟通。只有双向沟通才是有效沟通。游戏第一轮就是"单项沟通"的过程,游戏第二轮中呈现了"双向沟通",所以两次的结果完全不同。

教师提问学生,可以是双向沟通,也可以是多向沟通。多向的沟通有利于信息传递的准确性。在教学中除了师生之间的交流,学生之间的互动也是有益的。教师与众多学生之间的点线关系,为师生、生生之间提供了多向、网状的信息沟通,这有利于教学效果的提升。教师能边讲、边观察学生的反应,随时倾听学生的意见、质疑和新的想法,那么,学生就会学得积极主动。课堂教学中,通过师生不断的相互交流,才能碰撞出智慧的火花,才能促进教学改革、提高教学效率。

3. 盲人之旅

 **活动目标**

1. 通过"盲人"与"拐棍"角色的体验,理解自助与他助同等重要。
2. 游戏让学生感受到了信任与被信任、爱与被爱的幸福与快乐。

 **活动准备**

1. 活动时间大约需要40分钟。
2. 活动场地室内与室外结合。
3. 准备每人一只眼罩,设计地形复杂的盲道。

 **活动过程**

1. 每个人戴上眼罩扮演一个盲人,先在室内独自一人穿越障碍旅程,体验盲人的无助、艰辛,甚至恐惧。
2. 让一半人继续扮演盲人,另一半人扮演帮助盲人的"拐棍",由"拐棍"帮助盲人完成室外有障碍的旅行。完成后交换角色重新体验。

3. 所有学生均扮演盲人,并让两个盲人一组相互帮助到室外走过一段障碍旅程。

4. 全体学生交流自己在不同情况下扮演不同角色的感受。

温馨提示

1. 本方案设计了三种情况的"盲人"之旅,根据实际情况可以选择其中的一种。

2. 障碍盲道的设计,应该有跨越、钻圈、下蹲、上攀、走独木桥、上下楼梯等多种障碍。

3. "盲人"旅行过程中不允许用语言交流,最好配置适当的背景音乐。

4. 在角色互换的旅行中,"盲人"与"拐棍"最好不要选择同一人,以陌生的对象为好。

活动实录

在背景音乐中,主持人朗诵:

大千世界充满着精彩,诱惑着每个人去索取、去享受、去追求……

大千世界也充满着苦难,迫使着每个人去面对、去承受、去改变……

在茫茫人海之中,有谁能与你同行、与你分担忧愁、与你分享快乐,不妨去找一找,不妨去试一试,体验一下自助与他助、信任与被信任、爱与被爱的幸福与快乐。

"盲人之旅"开始了,燕子与阿云成了一对,燕子扮"盲人",阿云做"拐棍"。一路上,阿云非常精心地帮助着燕子,前面要下楼梯了,阿云走在燕子的前面,让燕子的一只手搭在自己的肩上,另一只手放在楼梯的扶手上,缓慢地,但也非常顺利地前进着。当走到楼梯拐弯处难度突然加大了,楼梯中央挡着一个呼拉圈,圈后又横着一根木棍。阿云好不容易让燕子钻过了呼拉圈,但那根不高不低横着的木棍怎么办?跨过去太高、钻过去又太低,阿云一咬牙,把燕子抱了起来，当燕子的双脚再一次落地时，已经越过了木棍。燕子非常感激阿云，虽然不能用语言交流，但彼此的信任感深深地建立起来。阿云与燕子是穿越障碍最快的一对。

在分享时，燕子拉着阿云的手说，当你把我抱起来的时候，我真的很感动。多少年了，没人这样抱过我，何况是一个与我年龄、体力相仿的女孩，我真不知道是什么力量让你把我抱了起来。阿云笑着说："我也不知道，自己哪来这么大的劲。但当时眼看着挡在前面的木棍，我想一定要帮助你通过，也许是责任心吧。"

主持人问阿云："我看你一路上对燕子照顾得特别好，不是搂着她的腰前进，就是走在她的前方引路，凡是有可以扶手的地方，你总是让燕子的手去感受和把握。你是怎样学会这一点的？"燕子说："是妈妈教给我的。记得在小学二年级，我的眼睛出了问题，在治疗期间，医生把我的眼睛包了起来，我做了十天的'盲人'，当时情绪低落，非常烦躁不安，是妈妈精心的照顾，使我感受到温暖与信心。妈妈不仅细心照顾我、安慰我，而且尽可能让我独立、自信。所以今天做这个游戏时，我就想到了妈妈，也想到曾是'盲人'的我。"

活动点评

这是一次前所未有的角色体验，许多人掀开眼罩的第一句话都是："谢谢你！"作为一个"盲人"体会到了在障碍面前的无助、无奈，甚至恐惧。内心特别希望得到帮助与支持，"拐棍"的出现是"盲人"期待的。但如何做好"拐棍"也不是简单的事，因为许多"拐棍"自己能看到前面的障碍，就以为"没什么，我肯定可以顺利通过"。带着一份自信和勇气，领着"盲人"快速前进。无法体会"盲人"为什么如此犹豫不前。仔细想想，还不是没有从他人的角度出发考虑问题。

"盲人"对眼前的一切一无所知，但心存戒备，对"拐棍"的引导还不是十分信任，所以步履蹒跚，无法坦然。

通过"盲人"与"拐棍"角色互换的体验，反思自己在帮助他人与信任他人中的不足，在活动中，进一步体验了信任与被信任的欣慰与快乐，所以"谢谢你！"是由衷的表达。

● 当我看到一个同学被蒙住了双眼，看她手足无措，一副很无助的样子的

时候,我觉得她好可怜,十分同情她,想着平日里能睁着眼睛走路是多么幸福。于是,我就毫不犹豫地去搀扶她,告诉自己一定要尽可能地帮助她走路,做好她的"拐棍"。

随后遇到了很多突如其来的阻碍,我就想着:如何让她安全通过。看她胆小害怕的样子,我几乎就要抱着她走,心想我能替她完成多好。

- 我扮演的是"盲人"的角色,当时心想不就是走楼梯吗,不要人扶我自己也能走得很好。但真的走起来,心里还是充满了恐惧,每下一节台阶都颤颤巍巍。旁边的"拐棍"并没有很用力地拉着我,而是轻轻捏捏我的右手暗示我右转,或轻轻拍拍我的头让我低下头,或揽着我的腰让我转弯,在慌乱无助的旅途中,同伴点滴的指点,让我感到无比温暖,当眼罩摘下后,我深情地拥抱了我的"拐棍",感慨万千,内心充满难以言表的感激之情。

- 第一轮的游戏我作为"拐棍",还是进行得比较顺利,每过一个障碍物,我都会提醒我的同伴。看到别组的"拐棍"有好的引导方法,我也会模仿。在第一轮的游戏中,我自认为我完成得很好。

在第二轮中,我做"盲人"。蒙上眼睛后,眼前是一片黑暗,仿佛世界成了浮影,一切都是空白。脑海中即刻掠过一个念头:假如我真是一个盲人,是否有勇气在这黑暗的世界中生存。就在彷徨的时候,一双温暖的手搀扶着我。顿时,感到一种说不出的激动和勇气在心中涌动,鼓励自己去尝试做盲人的感受。现在,我才真正意识到,原来这个游戏并不是那么简单。特别是作为一个"盲人",你不知道你的"拐棍"究竟是谁,两人又没有丝毫交流,要做到百分之百的相信她,并按照她的指引前进,真是一件非常困难的事情。回过头来再想想当时被我牵引的"盲人",发现原来她也非常不容易,如果没有她十分的信任,我们的任务是绝对不可能完成得这么好的。

专家心理评析

大家一定都听说过"盲人摸象"的故事。有四个盲人,他们从来没有见过大象,不知道大象长得怎么样,于是就决定去摸摸大象。第一个人摸到了大象的鼻子,他说:"哦,大象就像一条弯弯的管子。"第二个人摸到了大象的尾巴,他说:"哦,大象像条细细的棍子。"第三个人摸到了大象的身体,他说:"我知道了,大象像一堵墙。"第四个人摸到了大象的腿,他说:"大象像一根粗粗的柱子。"

四个盲人为大象究竟长得怎样的而争论不休。这个寓言告诉我们：看事情要全面，整体，不要分割开来。坚信自己的观点很重要，但能够倾听别人的意见，才能把事情了解得更全面，更准确。寓言还让我们明白：学会同伴合作，互相分享经验，也是一种能力。

"盲人之旅"游戏中，作为"盲人"的体验者，遇到什么也看不到的困难时，处事能力就会打折，对身边的路障无法很好地预判，就可能迷失方向。此时的"盲人"除了相信自己，勇敢面对以外，真心信任他人，并愿意接受他人的帮助也是一件非常有意义的事。

有学生在体验游戏后很有感触地说："游戏让我有了许多超越主题的体会：责任随着角色的变化而变化；语言不是单一的沟通方式；相同的事情，不同的人会有不同的看法，因此要设身处地地为他人着想。不同的时间、不同的情景会影响不同的结局，因此要学会分析问题和把握机遇。"

在现实生活中，我们难免会碰到各种各样的困难，有时做"帮助者"，有时做"被帮助者"，这都很有必要的。信赖在合作中有时比能力更重要，给自己机会，也就是给别人机会，在互相帮助中，增加人与人的情感互动，有利于人与人之间的沟通，更有利于和谐人际关系的构建。

4. 最佳配图

 **活动目标**

1. 通过活动让学生做到"不妨听听他人的意见"，在认真听取他人意见的同时完善自己。
2. 让学生明确许多事情的答案是多元的，只是理解的角度不同而已。

 **活动准备**

1. 活动时间大约需要20分钟。
2. 活动场地以室内为宜。
3. 准备"最佳配图"资料，每人一张。

 **活动过程**

1. 主持人将"最佳配图"资料发给学生，每人一张。
2. 请学生根据自己的理解，在2分钟内把10个图案作两两配对。
3. 全班交流"最佳搭配"，说出各自的理由。

温馨提示

1. 要求学生之间先不讨论，独立完成"最佳配图"中10个图案的两两配对。

2. 在全班交流中，充分听取学生的不同意见，并将所有不同答案用不同颜色的线条汇总在一张图上，点评时一目了然。

 **活动扫描**

活动实录

今天我们做"最佳配图"游戏的对象不是学生而是班主任。当主持人把"最佳配图"资料发给大家，说明要求后，大家都非常肯定地写出了自己的答案。最先交流的是一名男班主任，他十分自信地说："我认为最佳的搭配应该是这样的，1与7配，形状相似，2与8配、4与9配，类别相似，3与5配，因为信息中都包含未知，6与10配，是中世纪的人与建筑。"他的话刚讲完，许多班主任都要求交流。第二名女班主任站起来就说："我的答案与他完全不同，我认为最佳的配图应该是1与10配、2与6配、7与9配、4与5配、3与8配。理由么，1是10房子围栏上的一部分，6是历史人物我们只能在影片中看到，9中的儿童亲近大自然，4中的人打电话询问信中的问题，电脑可以帮助我们解决许多疑难。"主持人及时问了大家一个问题，他们两人的答案完全不同，都说自己的答案是最佳答案，你们认为究竟谁是最佳的呢？大家的意见比较一致：没有最佳答案。因为每个人的理解不同，思维方式、行为习惯不同，所以做出的答案不同。

主持人请所有想发表意见的班主任交流了自己的答案，并把两两相连的线绘制在一张图上。密密麻麻不同颜色的连线中，大家发现，同一个图案几乎可以与其他所有图案连接。如图9小孩与图1连，是玩具，与图2连是成长中录像记录，与图3连是孩子心中充满十万个为什么？与图4连是他爸爸找儿子回家，与图5连是孩子滑着滑板为邻居送信，与图6连是阅读伟人传记，与图7连是在公园玩耍，与图8连电脑游戏是孩子的最爱，与图10连这是孩子的家。这仅仅是一种说法，怎么说都是有道理的。

活动结束时，第一个发言的男班主任说："兜了一大圈，原来主持人想让我们知道，其实没有正确答案。作为一个班主任，常常会以为只有自己的说法是最佳的，其实不妨听听学生的意见。有许多问题从学生的角度去理解，虽然得出的答案与班主任的完全不同，但是结果是正确的。"

主持人归纳说："多角度看问题，会得到多元化的结果，多角度欣赏学生，能促进学生多元化的发展，这是教育新理念。"

活动点评

面对10个小图案，每个人心里都有较为肯定的答案。所以，大家很快做好了"最佳搭配"，等待交流，这种主动性的气氛很好。每个人根据自己的理解，说出自己的答案。通过不断补充，发现每个图案都几乎可以与任何一个其他图案搭配，并且还都很有道理。有的人开始时认为只有自己的答案才是最佳的，慢慢地感觉到别人的说法也很有道理啊！其实没有标准答案，每个人的答案都是最佳答案。

在图案搭配中，主持人发现，有的人习惯按类别形状搭配，如1与7、4与9；有的人按功能搭配，如2与8、4与5；有的人按联想搭配，如2与6、9与10。这就是每个人根据自己的思维方式、行为习惯、文化修养进行理解与分析。交流的过程不是强调自己而是学习他人，交流的目的不是找出最佳答案而是丰富和完善最佳答案。

学生感言

● 主持人发给每人一张纸,纸上有10个不同的图案,让我们按自己的想法将它们两两搭配。结果,没有两个学员的搭配是相同的,而每个学员的搭配都有自己的理由。正如主持人说的:自己心里有最佳答案,别人心里也有奇妙想法,不妨听他人把话讲完。听听别人的意见,反思一下,对自己很有启发。"最佳配图"游戏让我学会了去理解他人。

● 看到10个图案,主持人说:"将它们两两配对。"我心想太简单了,所以不到2分种就配对完毕。主持人要我们说出自己的配法,我立刻自告奋勇要求第一个讲。讲完了自己的想法,我还比较得意,因为我觉得自己的答案是最佳配对。没想到的是,同学们也纷纷举手,要求谈自己的配法。我静静地听着他们的配法,发现都很有道理。越来越多的配法产生了,主持人问:"大家想一想,究竟谁的配法是最佳呢?"这时大家才明白,其实没有正确答案。每个人从不同的角度解释这样搭配的理由都很精彩。我也明白了一个道理:遇事不妨多听听别人的意见,这对自己绝对是有利无害的。

专家心理评析

"最佳配对"游戏在题目上给游戏参与者一个暗示,要找到一个最佳的答案,也让一部分人直接进入了"我的答案是最佳答案"的误区。在答案分享的环节,有人会用排斥的心理对待他人的答案,甚至还能说出他人答案的不合理。但随着主持人的提示:"不妨听别人说说。""汇总大家的答案,你发现最佳配对了吗?"大家开始发现他人的答案也有道理,不同的视角,不同的解读,不同的答案,原来每个答案都有道理。打开了思路,也开阔了胸怀,欣赏他人,展示自我是非常美妙的感受。

教师在师生关系中,父母在亲子关系中,同学在同伴关系中都需要学会倾听,耐心地听完对方完整的表述,不要用已定的答案去否定对方。学会换位思考,考虑他人的感觉,才能真正地了解他人、理解他人,与他人和谐相处,取得共同进步。

什么是最佳?最佳常常意味着最好、最优、最棒,但应该不是绝对的、唯一的。最佳可以从不同的视角来说,也可以从不同的时段、不同的对象、不同的环境来分析。"最佳配对"没有唯一的最佳答案,但每个人从不同角度选择的答案也都可以称为最佳的配对。10个图片中的每两个图案都可以做搭配并说出搭配的理由。在亲子讲座中,一对母女选择的最佳配对答案完全不同,孩子感到的是得意,妈妈感到的是不可思议,最后都明白了一个道理,两个具有血缘关系的人,并不意味着想法与行为会一模一样,亲子间彼此尊重、互相沟通,才能达到促进共同提高的效果。

5. 我说你剪

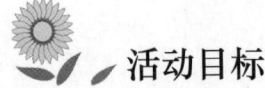

活动目标

1. 让学生体会沟通过程中单向与双向、封闭与开放、盲目与探索的区别。
2. 通过游戏让学生明确有效沟通的基础是双向沟通。

活动准备

1. 活动时间大约需要20分钟。
2. 活动场地室内、室外均可以。
3. 准备A4大小的彩纸若干张、剪刀若干把。

活动过程

1. 参与游戏的学生每人领取彩纸一张,剪刀一把,背朝圆心面朝外围成一个圆圈坐好。
2. 按照主持人指令:
(1) 把纸向上折、向下折,剪去一个等腰三角形。

（2）向左折、向右折，剪去一个等腰三角形。

（3）展开剪剩的纸，互相交流。

3. 剪纸过程不允许提问、不允许讨论，独立完成。

4. 第二批参与者，每人向主持人领取彩纸一张，剪刀一把，面朝圆心背朝外围成一个圆圈坐好。

5. 按照主持人指令：

（1）将长方形纸横向拿好，如 ，由左向右折1/3，再由右向左折1/4，在左下角剪去一个腰长为2厘米的等腰三角形。

（2）将剪剩的纸上下对折，由左向右折1/4，再由右向左折1/3，在右下角剪去一个腰长为1厘米的等腰三角形。

（3）展开剪剩的纸，互相交流。

6. 剪纸过程允许提问和讨论。

7. 讨论交流，两次剪纸过程最大的区别是什么，从中得到的启示是什么？

温馨提示

1. 主持人准备的长方形彩纸，长与宽的差距不宜过大，以接近正方形为好。

2. 第一轮结束，可以让参与者谈感受后再进行第二轮，两轮的参与者可以相同，也可以不同。

3. 第一轮一定强调不讨论、不提问，第二轮启发参与者互相参考、讨论及向主持人提问。

4. 在比较各人的"作品"时，注意捕捉与众不同、有创新意识的理解和做法。

活动实录

第一轮有10名学生主动参与游戏，主持人发给每人一张颜色不同、A4大小的纸。大家背朝圆心面朝外围坐一圈。当主持人发出"把纸向上折、向下折，剪去一个等腰三角形"的指示后，有人把纸横向拿，对边折，也有折部分。有人把纸纵向拿,对边折,也有折部分。剪去的等腰三角形有大有小,因为指令中没有大小的规定。其实做完第一步,已经差异很大了。在此基础上,再继续完成"把纸向左折、向右折,剪去一个等腰三角形",那就"千差万别"了。每个人都认为自己是跟着主持人的指令行动,但在指令不明确的情况下,其实是跟着自己的感觉走,由于各人的理解不同,表达不同,结果就完全不同。

第二轮游戏中,大家面对面地坐好,这样便于相互观察与交流。虽然主持人的指令更加复杂,但允许商议、允许提问,大家可以不断修正自己的理解,不断改进自己的行动,始终保持与主持人的指令意图一致,最后的结果自然"千篇一律"。但也发现,有个别学生放弃与他人交流和学习的机会,独立完成"作品",结果当然是富有个性而"与众不同"。

"你说我剪"这种单向的交流方式不能获得满意的结果,因此在人际交往中,真正的有效沟通必然是双向的交流。

活动点评

第一轮结束时,学生们惊讶地发现,同样的材料、同样的指令彼此的"作品"如此"千差万别",有人对自己的"作品"满意,但不是主观控制下的成果。有人对自己的"作品"不满意,但也不是自己主观的愿望。总之,自己是盲目地"跟着感觉走",因为不能提问、交流和比较。

第二轮结束时,学生们看到大家的"作品"如此"千篇一律",是预料之中的事,因为相互讨论、交流和提问,让大家形成共识,是集体的智慧与成果。

比较两轮过程的本质区别不是"作品"的异同,而是态度与理念的差异。前者单一、封闭、盲目,后者多元、开放、探索。游戏带来的启示:在学习、工作、交往、生活中,需要有后者的态度与精神。

学生感言

- "我说你剪"是一个非常有趣的游戏,给我留下了深刻的印象。10名同学背对背围成一圈席地而坐。然后每人按主持人的统一指令折纸剪纸。结果打开一看,有的同学把纸剪成正方形中间夹花,有的纸剪成散花形,更有的把纸剪成一堆碎纸片。同样的指令,同样的剪纸,为什么会得出不同的结果呢?这说明各人的习惯、思维、个性的不同,得出的结果就不一样,要想形成共识沟通很重要。

- 我一直觉得自己是根据主持人的口令在剪,根本没有自己的思考与理解,所以最终的结果会怎样心里一点也没底。当我看到最后的图形时,我的第一想法就是,自己怎么会剪出这样一个图案?图形还算规则对称,是比较满意的。看到其他同学剪出的图形与我完全不同,一直在思考其中的原因。有主持人要求不明确的原因,也有自己盲目理解,擅自操作造成的原因。如果要达到一致的结果,双向沟通才是有效的。

专家心理评析

同样的纸,同样的剪刀,执行同样的口令,但学生们剪出的图形却迥然不同。游戏促使我们反思:学生都是鲜活的个体,他们很有个性,而且有多面性,教师应允许学生对同一事物有不同的答案。假如要想学生在集体活动中步调一致,那就必须时刻与学生进行双向沟通。

"我说你剪"游戏,可以让我们有两方面的思考:教学中,假如教师希望学生们的答案是一致的,该怎么做?教师除了事先做好详细的教案之外,在授课过程中要及时与学生沟通,从学生处得到信息反馈,及时调整教学的策略,如把握教学的进度、化解教学的难点,增加提问的反馈,还要出示正确的示范和作业的规范。

假如教师希望的教学结果是学生们的答案是多样的,又该怎么做?教师要给学生的思维和表达留有空间,学生可以根据自己的理解得出答案。不仅可以看到学生一题多解的精彩,还可以领略学生们丰富的想象力与创造力。智慧的教师,可以在教学的舞台上游刃有余地进行归一性与发散性教学的切换。培养出的学生一定会是不失传统经典又有创新突破能力的优秀人才。

6. 风雨同行

活动目标

1. 通过游戏,让学生学会接纳他人的长处,取长补短。
2. 培养学生在团队中学会并体验扬长避短的好处。

活动准备

1. 活动时间大约需要25分种。
2. 活动场地室内或室外均可,但需要有足够大的活动空间。
3. 准备眼罩、口罩、短绳、篮球、雨伞、椅子、书包、水桶、抱枕等物品。

活动过程

1. 按7人一组进行比赛,在7人中规定有2个"盲人"、2个"无脚人"、2个"无手人"、1个"哑巴"。

2. 在角色分配完成后,按要求"盲人"戴上眼罩、"哑巴"戴上口罩、"无脚人"捆绑双脚、"无手人"捆绑双手。

3. 主持人把每组学生带到比赛起点,让小组成员把所有物品搬运到终点,用时最少的组为胜者。

4. 全班学生交流分享感受。

温馨提示

1. 比赛记时从主持人宣布完游戏规则开始,即包括角色分配、扮演、合作等全过程。

2. 设计的起点与终点间的距离应该大于20米,并且设置障碍提高难度。

3. 每组在搬运所有物品时,要求集体配合、共同承担、一次搬运完毕。

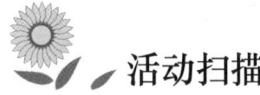

活动实录

当主持人宣布完游戏规则后,小组成员就热闹了。谁都不想当"盲人"和"哑巴",因为看不到、说不了——难受。但也没人愿意做"无脚人""无手人",因为只说不做——无奈。所以一开始就为确定角色而费了周折。望着一大堆要搬运的物品,究竟怎么办呢?合作啊!要合作首先从合理的角色分配开始。

大家形成一种共识:无嘴的人用其腿,无腿的人用其嘴,无眼的人用其手,无手的人用其头脑。只要是对集体有利的,应该乐于承担,哪怕是牺牲个人的利益。小明和小强身强力壮,搬运物品是高手,就做"盲人";秀秀与兰兰体重轻盈,口齿伶俐,指挥是行家,就做"无脚人";小峰与小亮沉着冷静、理智幽默,擅长协调联络,做"无手人";还剩下一个月月,就做"哑巴"。

大家快速地扮演好自己的角色,跑步来到比赛起点,见一大堆物品要搬运,小明和小强分别背上秀秀与兰兰。秀秀与兰兰把轻便的物品一起带上,不时地指挥全组成员。小峰与小亮一边联络指挥,一边把主要的物品往自己身上装。"哑巴"月月,看在眼里、记在心里,跟着大家的感觉走。不一会儿,7个人顺利地完成了"风雨同行",成为最快到达终点的小组,大家的感言是:"1+1大于2。"

活动点评

这是一个非常有趣的游戏,但有的学生会感到有点残忍,扮演的都是残疾人。所以有人会说:这是残疾人运动会。但游戏确实让人感受到每个人其实都有不完美、不健全的一面,即所谓的长处与短处。人与人之间不正需要彼此的关心、照顾与协助吗?我们不仅需要独立与竞争,更需要依赖与合作。帮助他人与接受帮助同样是快乐的事,假如我们能够利用彼此的优势,取长补短地合作,不是一件更快乐的事吗?

游戏"风雨同行"寓意着我们在人生的旅途中,会遇到各种各样的"风雨"挫折,但同伴的支持与合作,可以令我们"风雨兼程、勇往直前"。

学生感言

- 我们觉得游戏有难度,因为小组成员都是女生,"无腿人"由谁来扮演呢?最终由谁来背她呢?大家讨论的结果就是体重最轻的小玲做"无腿人",小雯自告奋勇地背小玲。我们7个人相互协作"风雨同行"。一路上好几次将负重的物品撒落一地,但大家没有怨言,捡起来重新开始。让小雯背着的小玲觉得不好意思,一路上总是说:"小雯,对不起啊,我是不是太重了啊!"虽然我们组不是第一个到达终点,但大家都觉得很不容易。

- 2个盲人、1个哑巴、2个无手人、2个无脚人,为了一个共同的目标,组成了一个行动小组。眼看着一堆物品要搬运,真有点难啊!"风雨同行",寓意着我们要面对困难相互合作。虽然我们彼此都有"缺陷",但我们要看到彼此的强项。只要我们相互欣赏、相互弥补、相互配合,一定能够克服困难。在组长的带领下,我们合理分配"角色",7个"残疾人"经过合理搭配:无手与无脚为一组,盲人与哑巴为一组,无手与盲人为一组,变成了3对"健康人",也就顺利完成了任务。

专家心理评析

让盲人、哑巴、无手人、无脚人组成小组共渡难关,看似是一个夸张的游戏,但在现实生活中,很有启示意义。我们常常发现能写的人未必能说,能说的人又未必能干,所以,每个人都必有所长,必有所短。在团队合作中,需要取长补短,通力合作。

　　因为是一群健康人扮演残疾人角色,所以,他们虽然行动功能受限,但自信程度未损。可以看到"哑巴"背"无脚人","盲人"跟随"无手人"前行,每个有缺陷的"残疾人"互相合作,显示出健康人的功能,可以说话指挥,可以背人驮物,较好地完成游戏设定的任务,充分显示了扬长避短的合作性。

　　游戏过程让我想到另一问题,假如他们真的都是残疾人,可以这样积极地参与、愉快地合作吗? 也就是说,在面对残疾人时,我们不仅要让他们明白相互合作的重要性,更要让他们能够自信地面对困难,面对他人。在团队合作中,有勇气接受自己与他人的差距,有信心扬己长补己短。事实证明,残疾人虽然身体残疾生活困难,但最重要的是常常因为缺乏信心而无法逾越困难鸿沟。因此,在游戏感悟点评环节,主持人除了肯定残疾人扮演者的积极表现,更重要的是让扮演者能够真正理解残疾人的内心,在现实生活中,尊重、信任、鼓励残疾人。

7. 找领袖

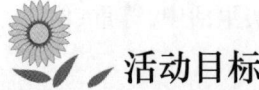

活动目标

1. 让学生体验不同角色的定位。
2. 让学生学会换位思考,学会站在别人的立场看问题、解决问题。

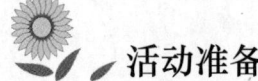

活动准备

1. 活动时间大约需要20分钟。
2. 活动场地室内、室外均可。

活动过程

1. 首先选出两个同学作为猜谜的志愿者,让他们远离活动现场,不能让他们看到和听到主持人与学生之间的小声说话。
2. 接着找一名学生作为"镜子",其功能是反射"领袖"的动作给其他同学,即"领袖"做什么动作,"镜子"要完全复制。
3. 剩下的学生按方形队列站立,可以由主持人指定一名学生做"领袖",也可以由学生自愿担任"领袖"。"领袖"的任务是连续的发出动作如刷牙状、洗脸状、挠耳状等。

4."领袖"开始发出连续的动作,"镜子"复制"领袖"的动作,其他学生则复制"镜子"的动作,这样看起来,所有的学生都在模仿"镜子"做动作。此时主持人可让猜谜的两个志愿者进来,告诉他们在这些学生里面,有一个"领袖"是动作的发出者,给他们一分钟或两分钟的时间,让他们猜猜谁是真正的"领袖"。

5.让猜谜的志愿者、"镜子""领袖"和其他学生分别谈谈对这个游戏的感想。

温馨提示

1."领袖"发出的动作要连贯,每个动作最好持续6～10秒,中间不能有停顿,动作变化的幅度不宜过大,如一个刷牙动作突然变成甩手的动作,这样很容易被猜谜者看出谁是"领袖"。

2."镜子"的反应速度要快,否则,"领袖"在换动作的时候,若"镜子"反应慢半拍,也很容易暴露"领袖",所以老师在选"镜子"的时候,最好找反应灵敏,视力好、个子高的同学,为及时、准确复制"领袖"的动作奠定基础。

3.模仿"镜子"的所有学生都要步调一致,认真复制"镜子"的动作,若有学生动作随意快或慢,会给猜谜的学生造成错觉,会对游戏造成一定的干扰,降低游戏的意义。

4.若猜谜的学生很长时间猜不出正确答案,主持人可随时终止游戏。

活动实录

在游戏分享的时候,做"领袖"的学生大都感觉自己的责任重大,压力比较大。可能由于太紧张的缘故,有一个扮演"领袖"的学生在游戏过程中脸色表情一直很严肃,而其他学生在做游戏的时候,因看到猜谜者着急的样子都哈哈大笑，结果很快被猜谜的学生识别出来。有一个扮演"镜子"的学生做完游戏后竟然满头大汗，因为害怕自己的动作不到位或某些动作做不好会影响整个游戏的效果。他们纷纷感叹，被众人瞩目（因"领袖"和"镜子"是游戏的焦点人物）虽然看起来很风光，但会面临很大的压力，并不像自己想象得那么简单。

游戏过程中有的学生也会有些小小的变通与创新。一名做"镜子"的学生为了不让猜谜的学生快速猜测出答案，他在复制"领袖"的动作时，眼睛并不是一只盯着"领袖"，而是忽东忽西的，让猜谜的同学摸不清"领袖"的具体的方位。还有一个"镜子"与"领袖"配合默契，有五个动作轮流出现，每个动作基本上都是重复五六次，这样，"领袖"与"镜子"几乎是在同时完成一个动作的转换，使得两个猜谜的学生半天都没有看出来谁是"领袖"。这些小小的细节都需要主持人用心去观察，在活动分享时不要忘了表扬活动中的精彩之处。

活动点评

这个活动并不复杂，很多学生小时候都做过类似的游戏。在做这个游戏的时候，有许多细节还是需要好好把握的，主持人一定要把游戏的规则向学生们讲清楚，让他们都明白这个游戏是怎么回事，否则就会发生很多混乱或误会。

做这个游戏的时候，对那些猜谜的学生，由于所有的学生都在做着同样的动作，要发现"领袖"还是比较困难的。有的学生就比较聪明，明白任务后，先大体观察一下就直接站到"镜子"后侧面，观察哪一个学生的手势最先发生变化，由此判断出谁是"领袖"。而很多猜谜的学生往往花很多时间还猜不出"领袖"是谁，他们要么在学生中间走来走去，看谁更像"领袖"，要么站在一旁用心观察，还有的学生凭借其对同学的了解盲目乱猜。他们有一个共同的特点，就是站在他们自己的角度寻找"领袖"，虽然个别同学也能碰巧找对"领袖"，但远没有直接站在"镜子"后面观察来得快。"镜子"复制的是"领袖"的动作，如果想猜测出"领袖"是谁，最好的办法就是直接问"镜子"，但游戏规定只能猜，不能问。所以此时能快速解决问题的方式就是站在"镜子"的角度去寻找，观看"镜子"的眼睛，这样就比较容易发现线索，找出真正的"领袖"。

从人际沟通的角度来讲，这就是学会换位思考。在平时的学习生活中，如果能经常站在对方的角度来思考问题，多一些理解，多一份宽容，那同学之间的有些矛盾摩擦或是误会就会大大减少，有些久拖不决的问题也会迎刃而解。

学生感言

● 没想到自己在大家面前猜"领袖"竟然那么笨。刚开始很自信地认为，凭借我的观察，看看他们脸部的表情就可以猜出谁是"领袖"，所以，我刚开始在他们中间走来走去，观察了半天也没有发现真正的"领袖"。直到后来，我才想到要站在"镜子"后面，观察"镜子"眼睛的方向，这才很快找出"领袖"是谁。我可能是太自信了，如果我能早点站在"镜子"的位置上，问题也许就迎刃而解了。以后我跟别人交往时，也要学会站在别人的立场上考虑问题，那样可能就会减少交往中一些不必发生的误会和摩擦。

● 这个游戏很有意思的。游戏中有一个"领袖"、一个"镜子"、一个猜谜的和其他所有的同学。看着主持人对"领袖"和"镜子"提了那么多的要求，心里想想出风头也不是件容易的事情。本以为自己就是普通群众中的一员，应该不会有什么要求，结果主持人特别强调大家要步调一致，不能快也不能慢，否则就降低了游戏的难度。虽然每个人的角色不一样，但大家都承担一定的责任和压力。我想，不论自己是在承担什么角色，有一点是最重要的，那就是要做好自己角色应该做的。

专家心理评析

"找领袖"的游戏，看似简单，其实存在着复杂的人物关系和不同心理。"领袖"与"镜子"是一对引领与复制的关系，需要二者非常默契的配合。"镜子"与全体同学也是一对服从与配合的关系，只有流畅的复制，才可以保护"领袖"不被找到。"猜谜人"与"领袖"是侦探与反侦探的关系，"领袖"要尽量做到自然隐蔽，不被发现，"镜子"与复制的同学们要努力保护"领袖"的安全，"猜谜人"要火眼金睛，机智敏锐地发现"领袖"。所以，在游戏中，角色意识非常重要，如果有人以自我为中心，过强地表现自己，过弱地服从他人，"领袖"的暴露就会成为轻而易举的事。

　　如果游戏时间充裕,建议让学生能够有多个角色的体验,因为只有体验了不同角色,才可以了解每个角色的特点与艰辛,能够感悟理解他人、换位思考的意义。换位思考,是设身处地地为他人着想,即想人所想,理解至上的一种处理人际关系的思考方式。假如我们能换一个角度,站在他人的立场上去思考问题,最终的结果一定是可以多一些理解和宽容,改善和拉近了人与人之间的关系。

8. 人体拷贝

活动目标

1. 通过活动让学生学会仔细观察、准确理解、清晰表达。
2. 让学生体验彼此信任、融洽沟通、团体合作带来的成功与快乐。

活动准备

1. 活动时间大约需要20分钟。
2. 活动场地室内、室外均可。

活动过程

1. 全体学生分为若干个组，每组10人以上。
2. 每组按一路纵队站好，主持人将写有一个数字的纸条让每组的第一个人看一眼，然后请他通过肢体造型把信息传给后面一个人，依次"拷贝"向后传。最后一个同学跑到主持人处，写出"拷贝"的数字。
3. 起初各组"拷贝"三位数，主持人宣布各组的"拷贝"结果。

4. 小组成员合作集体表演完成一组6位数造型。

5. 全班学生交流,分享感受。

温馨提示

1. 为了避免各组之间的影响,各组"拷贝"的数字不要相同。

2. 在"拷贝"传递时,只允许两个人之间发生联系,不能集体参谋、交流。

3. "拷贝"的三位数,如:0.18、8.69、578、328、542、235等身体扭动幅度较大的为宜。

4. 要强调不准发出声音,否则游戏没有意义了。要求只能在两个人之间传递信息,已传递完信息的和还未传递信息的学员都是背对两个正在传递信息的学员。

5. 除了考虑立体数字表达,还可以提示学生做平面数字的表达。可以是阿拉伯数字表达,也可以是中文数字的表达。

 活动扫描

活动案例

游戏分组没有按性别分,所以每个组都有男生与女生。平时男女生之间有一些交往,但大多是通过语言交流,今天要运用肢体语言,特别是通过身体的扭动来表达数字含义,能做好吗?主持人先采访了几名学生,不少男生对自己有信心,认为"肯定行"。部分女生感觉"可以吧,应该没问题"。但男女生之间如何传递,他们"没想过,也没试过"。所以一开始,主持人就请大家注意考虑,要做到"拷贝不变形",难点在哪里?突破重点在哪里?

游戏开始了,第一小组首先要"拷贝"的数字是5.96,第一个学生信心十足地向第二个学生传递信息,只见他将身体搞得左晃右转的,但不理解他究竟想表达什么?第二个学生在疑惑中,接受了信息,他凭着自己的理解"拷贝"了一个数字传递了出去,第三个学生看到的是不自信的前者的传递,所以感觉已经"变形"了,但尽可能地去理解"上家"的意图……终于完成了10次"拷

贝",回到主持人手里的数字是"2.00"。当主持人把先后两个数字公布时,大家感到惊讶。是谁出了问题?是哪里出了问题?带着疑问大家立刻进入了小组讨论。

出现了埋怨与指责:"你应该怎么做?""如果这样做,你就不会失误!""没有谁的误传,结果就不会如此!"

出现了"高明者"的提示:"应该怎样做才不会出错!""'上家'与'下家'一定要默契,表达方式要一致!"

主持人暗示大家要形成共识,改进方法,才会有效。在组长的领导下,小组分析失败的原因有:

(1)每个学生对如何用身体表达数字不一致,或者说不统一。

(2)"上家"心里知道数字,但"拷贝"时不准确,特别是遇到男女生之间传递的更是"严重变形"。

(3)"下家"对"上家"的信息不理解时,没有要求澄清或重做,含糊的信息就"拷贝"出错误的新信息,导致严重失误。

(4)"下家"与"上家"的沟通,不仅仅是"下家"对"上家"的理解,也应该有"上家"对"下家"理解的确定,这样就能用双向沟通替代单向沟通,而成为有效沟通,避免"误解、误传"。

小组讨论后,他们首先进行了一个练习,统一了身体数字是书写,0、1、2、3、4、5、6、7、8、9和小数点。

第二轮"拷贝"时,该小组成员传得又快又准确,自然取得了成功。

活动点评

"拷贝"即"复制",学生们非常熟悉,但要通过肢体造型来"拷贝"数字,大家感到新鲜、有趣。主持人宣布完游戏规则,大家都跃跃欲试,每个人对自己还都充满了信心。那结果会怎么样呢?自己能够理解"上家"传达的意思并且准确"拷贝"传达给"下家"吗?整个小组成员都能默契协作,做到"拷贝"不变形吗?有的学生心里知道需要"拷贝"什么数,但无法表达或表达不准确,结果出现了"拷贝"变形,最后回到主持人手里的数字"面目全非""离题万里"。所以,第一轮结束后,一定要让小组成员进行一次讨论,分析"拷贝"变形的原因,统一改进措施,再努力尝试,相信"拷贝"可以不变形。事实说明,第二次、第三次的"拷贝"准确率大大提高。

在活动中，学生既要正确理解他人意图又要准确表达自己的意图，这种理解与表达的技巧在人际交往中是十分重要的。生活中不是常常会出现"误解"与"误传"吗？游戏给你带来怎样的思考与启示？

学生感言

- 总共三组，先由主持人将两个阿拉伯数字告诉每组的第一个人，然后由该同学用肢体语言将所看到的数字表达出来。头一次尝试，问题很快就出现了。经过10个同学的"拷贝"，原来的数字已基本被新数字所代替。在欢笑之余，我们思考了、讨论了，主持人给的数字到底怎样去表达？怎样的表达才能让看的人最容易接受？问题的关键是怎样有效沟通。

  通过游戏，我切身体会到沟通的重要性，在往后的学习生活中，更应该注重和身边朋友甚至陌生人的沟通，一定会有意外的收获。

- 与陌生人交流，总感觉有一种隔阂，很容易发生误会，甚至引起矛盾。敞开心扉进行深入交谈后，才发现自己的担心是多虑的。作为排头的我，以为是自己表达得不到位，才使整个组出错。可与大家沟通以后，发现我的表达还算是比较准确的，但在队伍中间出现了问题。沟通能让人与人之间的关系融洽与默契。

专家心理评析

拷贝有四种解释，① 是计算机系统的DOS命令，意为"复制"，是一个新名词；② 由底片复制出来供放映电影用的胶片；③ 复写，如拷贝纸、拷贝笔等；④ 现在是一个流行语，指复印、照抄、抄袭等意思，含贬义。既然是复制，那就应该是快速的、准确的。游戏"人体拷贝"，是让参与者通过肢体动作传递信息，让信息在传递过程中保持准确无误。目的是考验信息传递者在接受信息时能够做到准确理解，在传递信息时表达清晰明了，让信息接受人不产生疑义。

从第一人发出信息到最后一个人汇报信息时，出现了面目全非的结果。主持人让大家寻找原因，结果发现，很多误传都发生在表达与理解上。游戏的目的是想通过呈现被人忽视的现象，引发大家的思考。寻找失误并不是追究谁的责任,而是分析产生失误的原因。主持人说:一个失误的出现,一定涉及沟通的两个方面,传递者与接受者都有责任。但作为沟通者的一员,应该寻找自身的原因,弥补对方的不足,让沟通顺畅、有效。

游戏中安排小组讨论,目的是让大家形成共识,在统一标准、规范表达的基础上,人体"拷贝不变形"也变得非常容易,这说明沟通是促进成功的重要的手段。

第三篇　竞争合作篇

你一定见过赛龙舟吧?那激动人心的竞技场面会让我们心潮澎湃,因为我们不仅看到各龙舟之间激烈竞争的刺激场景,而且更能感受到每条龙舟上全体成员为了竞争而团结合作、忘我拼搏的感人精神。

竞争,是个体或团体建立一种压倒对方的心理状态和行为活动。在这种活动中,个人或团体为了取得好成绩而与别人展开竞争。通过竞争能提高热情,激发潜能,增强实现目标的内驱力。竞争获胜会产生成就感和满足感,进一步增强信心。

合作,是为共同目的且有两个及以上个体或团体共同完成的一种心理状态和行为活动。在这种活动中,人与人之间相互协作,以期达到某个共同的目标。通过合作互助能使人人体验到团队精神的心理效应,能使合作双方得到更多好处。

联合国教科文组织曾指出:"教育的目的在于使人学会生存,学会发展,具有竞争意识是对现代人的基本要求。"世界的未来将是一个充满竞争与挑战的时代,我们必须树立正确的竞争意识,有目的地培养竞争能力。竞争与合作,历来被认为是人类生存和发展必不可少的两大基础,也是个人成长与发展所必备的基本素质。恰当引导人与人之间的合作,将有利于提高个人与团体的竞争力。所以,培养学生竞争与合作意识的重要性不言而喻。

竞争,是前进的动力;合作,是成功的保障。通过本单元游戏的体验与感悟,相信竞争意识和合作精神会真正融入你的心中,成为你健康人格中不可或缺的重要组成部分。

1. 啄木鸟行动

 **活动目标**

1. 通过分析造成输赢的原因,激发"再做一次,会做得更好"的主动性。
2. 让学生在合作中体验竞争,在竞争中学会合作。
3. 明确强化团队合作可以提高效率,改变思维方式,可以产生质的飞跃的道理。

 **活动准备**

1. 活动时间大约需要20分钟。
2. 活动场地室外为宜,比赛时迎面距离大于20米为宜。
3. 准备每人一根长20厘米左右,能弯折的塑料吸管,每组三根橡皮筋。

 **活动过程**

1. 把全体学生分成4组,每组12人,各组推荐一名学生担任组长。
2. 每人领取吸管一根,小组成员在组长带领下练习5分钟。

3. 每个人把吸管衔在嘴里，把双手放在背后，扮成"啄木鸟"，口衔吸管传递"虫子"（用三根橡皮筋替代）。

4. 每组12人分为6人对6人相距15～20米的迎面接力传递，只能通过吸管传递橡皮筋，不能用手，用时最少的组为胜者。

温馨提示

1. 每队人数以12～16人为宜，男女学生混合编组不太适宜。

2. 规定不能用手帮忙，如出现橡皮筋掉落的情况，一定要在原地由本人捡起后重新开始。

3. 提供的吸管可以有多种规格，不同长度、不同粗细等，但每一组之间的规格、数量相同，以示公平。

4. 在不违背游戏规则的基础上，主持人默认学生运用创造性的方法完成任务。

 活动扫描

活动实录

做"啄木鸟行动"游戏的吸管是带有弯管的那种，每个学生领取吸管后在组长的带领下进行练习。由于吸管的管头部分可以弯曲，所以，第1组、第2组的学生都采取了利用弯头钩住橡皮筋的方法。这样在跑动时非常稳，不用顾虑橡皮筋脱落。第3组的成员经过分析发现，弯头钩住橡皮筋虽然跑动时赢得了时间，但在传接过程中，弯头妨碍了交接更费时，所以他们决定咬住弯头一端，用直管一头挂住橡皮筋。第4组的成员感觉吸管太长，不论跑动或交接都不方便，决定将吸管折短后咬住一头进行传递，发现效率比较高。但是"啄木鸟"近距离面面相对传递时，感觉有点尴尬。

第一局比赛结果，第3组学生速度最快，第4组学生最慢。主持人要求组长带领组员进行讨论，分析造成输赢的原因。

第4组学生认为缩短吸管长度肯定有利传递速度，但因为男女生之间近距离传接比较尴尬，所以大大地影响了速度。为了解决这一问题，将小组成员进

行调整。男生对男生,女生对女生,都用短管,男生与女生交接处用适度的长管。第1、第2组学生接受第3组的先进方法,加强练习,大大地提高了效率。第3组学生在领先的基础上,开拓思维,想出了更绝妙的方法。利用游戏规则,在最短的时间内传递橡皮筋,他们采取全组成员共用一根吸管,不是传递橡皮筋,而是将吸管和橡皮筋一起传递,结果仅用了其他组1/10的时间完成了任务。

在其他组思考如何缩短时间,提高效率的时候,他们产生了质的飞跃。第3组学生又赢了,赢在他们的团队精神,更是赢在他们的创新举措。

活动点评

这是一个快乐的游戏,学生们充分体验了组内合作,组外竞争的紧张气氛。在吸管的运用中大有讲究,有的组用直管、有的组用弯管、有的组用短管、有的组用长管,通过实际尝试,发现了各自的弊端,在全体成员讨论的基础上,达成共识不断优化,不断激发起"再来一遍,可以做得更好"的主动性,最终取得满意的结果。

在分组过程中尝试了男女生单独编组和混合编组等情况,男生组跑得快,但传递较慢甚至出现"虫子"丢失的现象。女生组跑动没有男生组快,但"虫子"传递时动作敏捷而速度迅速。男女生混合组由于嘴对嘴近距离传递"虫子"出现尴尬而影响速度,最终是女生组取胜。

在游戏中,组长的组织能力非常重要,他既要带领成员练习,又要现场指导与鼓励,还要组织成员讨论改进措施。

学生感言

- 真的好久没有与同伴们一起在阳光下做游戏了。"啄木鸟行动"的游戏开始,主持人发给每人一根漂亮的吸管,在阳光下绚丽缤纷,大家的心情也随之兴奋起来。"虫子"的传递需要团队的配合,只有双方配合好了,完成了基本动作,才可能稳中求胜,相互的配合很重要。游戏的目的,不是为了输赢,而是完成一次完美的配合。通过"啄木鸟行动",仿佛又回到了纯真的童年。原来简单的东西,也要用心去做,用心去体会。

30分钟的户外活动,充满心头的已不再是繁重的课业压力,心胸变得宽大了,能容下更多的欢乐,阳光每天都是美好的。

● "啄木鸟行动"的游戏真是有趣极了,吸管、橡皮筋如此简单的道具也能带来这么大的乐趣。说到从中的启示,除了沉着冷静、团队合作、巧计巧施,还有一点我颇有感触:坚持!我注意到,许多同学其实都成功地将"虫子"送到对方的"嘴"里了,然后喜悦之情油然而生,他们兴奋而又匆忙地想抽出自己的吸管,一着急,又把橡皮筋弹了出去。不是已经坚持了那么久了吗,为什么反而在最后功亏一篑?就是因为缺乏坚持的精神。坚持不是一件容易的事,因为人很容易动摇,容易受到诱惑,容易浮躁,容易宽容自己,"爱护"自己,而坚持不到最后。因此我们一定要坚持到底,要对得起自己付出的努力。

专家心理评析

　　游戏取名"啄木鸟行动",可以给人产生美好的联想,啄木鸟是著名的森林益鸟,除吃掉树木的害虫如天牛幼虫等以外,其凿木的痕迹可作为森林采伐的标志。在天气良好、气温适度的季节,安排学生在户外开展这一活动,学生们会非常开心,而且作为益鸟捉虫也是充满积极暗示的行为。

　　在活动中,学生们不仅要主动参与、积极配合,而且还要开拓思维,想办法突破常规,在快速完成任务的基础上,达到意想不到的提升效果。游戏给了学生们很多思考、探索的空间,如:管子可长可短、可直可弯;橡皮筋可多可少,可聚可散;人员分组可男可女,也可男女混编,多种假设就可以创造出无限的可能。学生们在尝试、探索的基础上,选出更快、更优的方法。在分享环节,学生们不论是成功还是失败,每个人都有实践后的感悟。游戏的结果是输是赢不是最重要的,重要的是让学生们在体验中获得思考,在思考中获得创新。

　　有参与者深有体会地说:"要创造出优异的成绩,团结固然重要,但这还远远不够,必须要提高整体素质。创造性的'金点子'才是突破速度'瓶颈'的关键。"也有人提到一个词叫"欲速则不达",在竞争活动中,学生们常常为了求快,而结果反而忙中出错,影响速度。所以,对团队活动来说,提高个体能力固然重要,提高全体成员的配合,做到相互信任、相互支持,创造步调一致的合作精神,才是团队取得成功的关键。

2. 广告设计

活动目标

1. 运用心理学的原理设计公益广告,提高广告的吸引力和实效性。
2. 通过活动让学生展示个人才能,满足个性的表现力。
3. 让学生体验群策群力和团队合作精神。

活动准备

1. 活动时间大约需要30分钟。
2. 活动场地以室内为宜。
3. 准备每组一张1/2K大小的白纸、一盒12色彩色水笔(粗)、透明胶带纸、剪刀。

活动过程

1. 将全体学生分成若干个小组,每组4~5人为宜,各组推荐一名学生担任组长。

2. 每组学生领取一张1/2K大白纸,一盒12色水彩笔(粗)。

3. 主持人讲解校园公益广告设计的要求:

主题内容:应与校园生活、社会公益相关,构思合理,体现e时代中学生的精神风貌。

主题形式:题材不限,作品可以是电脑动画、静态广告宣传画、漫画、数码影像。由于时间、材料的限制,要求大家现场完成的是静态平面宣传画。

内容要求:(1)主题突出,形式鲜明。(2)画面优美,震撼力强。(3)有创新、有力度、有特写。(4)时代气息强、给人印象深刻。

版面要求:(1)画面细腻,美感强。(2)色彩搭配和谐。

4. 20分钟集体完成一张"校园公益广告",各组派一名学生讲解本组的广告创意。

温馨提示

1. 主持人在讲完创作要求后,可以拿一些经典的"校园公益广告"实样进行启发和引导,便于学生们能在短时间内完成高质量的创意构思。

2. 暗示学生运用小组表演形式,宣传本组创作的"校园公益广告",这样可以大大提高广告效应。

3. 在各组展示的基础上,主持人(或要求专业教师)需要根据广告设计的要求,就内容、形式、效果作点评,引导学生们学习、欣赏其他组的经验。

 活动扫描

活动实录

在进行"校园公益广告"设计活动时,陆同学带领的小组,彼此分工合作完成了广告"我属于你",受到一致好评。有人策划广告主题——台湾是祖国领土不可分割的部分;有人构思画面形式——大陆与台湾的关系;有人寻找纸、笔以外的材料——两件白色的文化衫;有人勾线,有人上色——一件文化衫背部画一幅中国大陆部分地图,台湾省的位置用虚影表示,并在虚影上写"不能没有你"，另一件背部按比例大小画一幅台湾省部分地图，外加一句"我属于你"；有男女两名同学穿上文化衫扮演一对情侣。有人表演和解说，男生说："世界上只有一个中国。"女生说："我属于你。"一句妙语引来一阵欢笑，但在笑声中，让人回味了深刻的内涵。他们巧妙地运用了校园里的敏感形式——情侣衫，表现了一个严肃的主题，这不失为一个成功的例子。

因此，一幅公益广告画的完成调动的是全组成员的积极性，显示的是每个人的能力特长。它能与政治、文化、艺术、教育、娱乐融为一体。

活动点评

短短的20分钟，各组同学经过商议、策划、创作完成了"校园公益广告"的设计任务。

附学生设计实例：

◎ "雄鸡岂能少只脚"——把中国版图看成一只雄鸡，把台湾看成一只鸡脚，寓意台湾是中国领土不可分割的部分。

◎ "我属于你"——两个少男少女的背影，他们穿着情侣衫，男生背后是中国大陆部分地图，女生背后是台湾省部分地图。

◎ "和谐与合作"——两个简单的侧面头像相重叠，重叠处画了两个相互吻合的齿轮。

◎ "看你还能够坚持多久"——由四幅画组成，随着镜头的渐渐，由一个树根到一棵树被砍，逐渐变为一个倒立的人，用右手提着的斧头砍左手的手臂。通过对自虐者的设问，提醒人们砍伐森林最终会使人类走向自我灭亡。

◎ "反对盗版"——上面写着GOD并画了一个小天使，下面写着DOG并画着一只狗，中间写着"反对盗版"。GOD是上帝，DOG是狗，盗版表面上看来十分相似，其实相差得太远了，从神圣的上帝、可爱的天使变为可怜的小狗。

◎ "飘飘欲仙在牢笼中"——一只由香烟组成的牢笼，飘渺的烟雾缭绕，让吸烟者置身于仙境般而陶醉，但不知不觉中已囚禁于牢笼中。提醒人们：为了自己和他人的健康，请不要吸烟。

◎ "一个不能少"——班上有个同学得了重病，教室里他的座位空着，但桌上放满了千纸鹤和同学寄语"我们一个不能少"。体现了同学间的真心祈盼与爱心行动。

◎ "拿什么拯救我的爱人"——两只大熊猫相互依靠着，一只身上流着血，另一只发出呼喊"拿什么拯救我的爱人"。警示大家保护环境、保护动物、保护家园。

◎"不要流泪到天亮"——一只水龙头在不停地滴水,没有人将它关闭。天色已晚,怕是又要静静地流到天明,呼吁及时关紧水龙头,节约每一滴水。

合作中体现集体的智慧,每幅作品都能反映学生们的社会意识和责任感。各组代表的解说,更是赢得阵阵掌声,大家被画面寓意所震撼,为奇思妙想而喝彩。

学生感言

- 用自己的双手设计出有趣、独特的公益广告。我们小组画了"苏丹红的危害",表现了当时的社会热点。其他小组同学也都有精彩的创意,通过交流,我们看到了其他组同学的丰富想象力。

- "长江与黄河的对话"是我们中考时的一道语文考题,我们组就这一考题作了公益广告设计。画面上是长江与黄河打电话。20年前黄河对长江说:"长江小弟,我真羡慕你一片清纯。"长江回答:"黄河大哥,我是天生丽质,老天给的。"20年后,黄河又给长江打电话说:"长江老弟,你怎么也变黄了啊?"长江回答:"黄河老哥,没办法啊,这是后天保养不当给毁的。"

公益广告的警示作用是:长江的污染严重,是人为的结果。

专家心理评析

在当下社会,公益广告宣传无所不在、无处不有地冲击着我们的视听觉,学生们在生活中,也难免受各种各样广告的影响,其中有正向积极的,也有负向消极的。为了让学生们有良好的甄别与抵制能力,通过设计公益广告,让学生们学会关注社会热点,用简洁的语言表达正向观点。

公益广告,又称"公共服务广告"。即不以盈利为目的,而为公共利益服务的广告。它的主题具有社会性,其主题内容存在深厚的社会基础,它取材于老百姓日常生活中的酸甜苦辣和喜怒哀乐,并运用创意独特、内涵深刻、艺术制作等广告手段的方式,鲜明的立场及健康的方法来正确引导社会公众。

游戏中学生制作的公益广告,更多地是来自学生们关注的校园主题,教育热点，学生们用形式活泼、幽默夸张、喜闻乐见的手法，传播积极向上的有益观念。能够制作出好的公益广告，也需要学生们的睿智思维和艺术才华。通过公益广告的创作，满足了学生们敢想、敢说、敢挑战的心理需要。在活动中，主持人要注意观察和引导，既要诱发学生们的创作热情，又要激发他们的艺术灵感，还有在思想性、价值观、雅俗共赏等方面做正向的引导，避免出现偏离主流意识的低俗作品。学生们的想象力很丰富，表现欲望也很强烈，但在表达过程中，可能会出现词不达意的情况，主持人可以帮助启发修改，让作品达到大气、精致、完美的高度。

3. 圈之魅力

活动目标

1. 让学生体验合作与竞争的魅力。
2. 让学生体验探索与创新的快乐。
3. 让学生体验坚持与责任的充实。

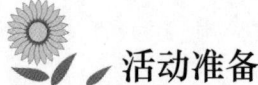

活动准备

1. 活动时间大约需要25分钟。
2. 活动场地以室外为宜。
3. 准备若干个呼拉圈。

活动过程

1. 将全体学生分成几组，每组10人以上，每组推荐一名学生担任组长。
2. 小组成员互相合作，分别进行套圈、钻圈、转圈的竞赛。
3. 套圈：每组派一名学生做其他组的"套圈轴"，任务是站在20米远处，双脚并拢,双手伸直(与肩同宽),脚不可离地,但可以扭动身体不让对方成员把圈套入,以小组成员每人都套圈一次为准,用时最少为胜。

4. 钻圈:活动分两轮完成,第一轮是同伴拉圈(合作的),全组成员都从呼啦圈内通过,用时最少为胜;第二轮是对手拉圈(设阻的),全组成员都从呼啦圈内通过,用时最少为胜。

5. 转圈:各小组成员手拉手围成一个圆圈,呼拉圈挂在两个学生的拉手处,在所有人都不松手的情况下,呼拉圈按顺时针方向转动,从第一个学生处出发,转回到第一个学生处为结束,用时最少的组为胜。

温馨提示

1. 套圈、钻圈、转圈三者的关系既独立又有联系,所以,在一次活动中可以全做,也可以根据时间做其中一个或几个。

2. 套圈、钻圈跑动的距离最好大于20米,这样便于区分各组名次,从而确定优胜组。

3. 钻圈活动中,圈的位置高度要适当,过高、过低都会影响游戏效果。钻圈可以是一人通过,也可以是双人通过,可以同性伙伴合作也可以异性伙伴合作。

4. 套圈、钻圈活动竞争激烈,学生为了达到目的,往往不顾一切地强行压、挤、拉、推呼拉圈,从而出现呼拉圈损坏的情况,所以一定要有备用呼拉圈,以保证活动顺利进行。

活动扫描

活动实录

在套圈游戏中,各小组要推荐一名学生担任"中轴",他的角色是去其他组做"阻力",所以大家立即推荐那些又高又大又灵活的学生担任。高同学身高1.93米,自然被同学们一致选中。对于当"中轴"的角色,高同学因为自己的身高而有充分的自信,他心想:"要把呼拉圈从我手上套进去,没那么容易。"其他组的学生举着呼拉圈向高同学跑去,为了本组的胜利,他们使出浑身解数,声东

击西,利用高同学失误的空挡达到目的。对付了一个又一个,各人有各人的招术,高同学有点招架不住了,但看到小组成员对自己的信任,他咬着牙坚持着。有些男生跑过来是"劈头盖脑地砸下来",但想到自己的角色任务是不让对方轻易套入,他意识到仅仅有高度是远远不够的,还需要灵活、智慧、勇敢、顽强、手碰疼了,但"决不能放弃",这是高同学一直诫自己的。

游戏结束,主持人请高同学谈感受时,他说:"我体验了被信任的快乐,也体验了责任的艰难。为了不辜负大家对自己的信任,我努力坚持着直到取得胜利。"同伴们报以热烈的掌声,他感到欣慰。

活动点评

一个由简单的呼啦圈演变而来的游戏,非常有趣甚至刺激,学生们积极参与的场面令人振奋。"套圈"游戏中主要体现的是组内外的竞争与合作,由于套圈"中轴"是外来成员,所以在组内不仅要相互协调还要对抗阻力。组与组之间是主要的竞争,但由于外组"中轴"是自家人,所以又存在着支持力。所以组内有合力与阻力,组外也有合力与阻力,复杂的关系使游戏更加精彩。

"转圈"游戏也一样,第一轮是同伴拉圈,比赛的是组内成员间的协作性,第二轮是对手拉圈,较量的是组外成员间的竞争力。

在"转圈"游戏时,想要转得快,不仅需要组员间的协调,还需要集体的智慧,在一次次的练习中,同学们不断尝试、调整、优化,转得越来越快,越来越顺畅。

学生感言

- 原本只是一个个简单的呼啦圈,但是经过精心设计成游戏后,富有了内涵。这不仅仅是一个游戏,给我们带来的是深一层次的思考。一个人是玩不成游戏的,需要团队的配合。并不是人人都可以轻松穿过呼啦圈的,但有同学的管理与帮助,困难变成了可以逾越的障碍。

游戏需要智慧,好方法是通向成功的奠基石。我们群策群力,相互合作,以最快的速度完成钻圈任务。一个合作的团队,才是一个真正的集体。我为我们集体的成功而高兴。

- 做"中轴"真的很不容易,开始我认为自己人高马大,占有优势,所以信心十足,自告奋勇地担任"中轴"。但对方的组员为了小组的胜利,飞奔过来,"劈头盖脑"地把圈套到我身上,我是咬着牙坚持,不能辜负了队友的一片期望,不能辜负了自己的"一表身材"。最后我们在坚持中取胜。

专家心理评析

  游戏"圈之魅力",让学生们参与了利用呼啦圈设计的多种游戏,除了"转圈""套圈""钻圈",其实还可以有更多的开发,比如"抬圈""顶圈""画圈""滚圈",等等。这些游戏具体如何设计,大家都可以充分想象,可以设计为个体间的比赛,也可以设计为集体活动。拿"抬圈"来说,三个人每人出一个手指,抬着呼啦圈快速移动,看哪组又快又稳到达终点,在游戏中考验的是三人间如何保持平衡的合作。"顶圈"可以设计为3~4人把呼啦圈顶在头上前行,小组成员身高不一致如何协调?就需要为了平衡,确定一个平衡高度,有人直立前行,有人半蹲前行。为了增加难度,在接近终点处再设计一个登高或钻洞环节,打破原有的平衡,商定建立新的平衡,为了小组取得成功,每个人的配合非常重要。那"画圈"可以怎么设计呢?方法一定很多,如是否可以设计这样的场景,要求小组成员在地上,以呼啦圈为模板,准确地画出5个圆圈,看哪个小组画得又快又准。"滚圈"可以让呼啦圈在地面滚动完成小组接力。

  经过以上解释,大家一定可以设计出更多好玩的游戏活动。在游戏设计中,需要把握的原则是:1. 全体参与原则。不设门槛,让每个学生都可以参与。2. 自主参与原则。学生不是必须参与,但需要设计有趣环节吸引学生主动参与。3. 公平原则。让学生们在公平公正的氛围中完成任务,获得积极的体验。4. 鼓励原则。活动以参与—体验—感悟为目的,让每个参与者得到肯定。拒绝简单的名次化评价和奖励。

4. 解开心结

活动目标

1. 让学生体验团队合作的力量与快乐。
2. 让学生感受个人与集体的关系，体验个人对团队的信任与责任。

活动准备

1. 活动时间大约需要20分钟。
2. 活动场地室内、室外均可。
3. 准备节奏感较强的背景音乐和节奏舒展的背景音乐。

活动过程

1. 将全体学生分成若干个小组，每组10～12人，让每组成员手拉手围站成一个圆圈，记住自己左、右手分别相握的人。

2. 在节奏感较强的背景音乐声中，大家放开手，随意走动，音乐一停，脚步即停。找到原来左、右手相握的人分别握住。

3. 小组中所有参与者的手都彼此相握，形成了一个错综复杂的"手链"。在节奏舒展的背景音乐中，主持人要求大家在不松开手的情况下，将交错的"手链"解开，恢复到开始时手拉手的大圆圈。

4. 第一轮由于每圈人数不多，大家很快就完成了任务。第二轮把两个小组的成员合并，形成一个大圈，按第一轮的操作重复进行一次。

5. 第三轮将第二轮中两个组的成员合并成一个特大的圈，这时，全班学生围成一个大大的圆圈。按第一轮的操作重复进行一次。

6. 全班学生交流，分享感受。

温馨提示

1. 根据人数要有足够的空间，而且要有清晰的背景音乐烘托气氛，产生静动分明的效果。

2. 强调记住自己左手、右手的相握者，不要搞错。

3. 当出现"手链"非常复杂、有人想放弃时，主持人要暗示和鼓励学生们，相信通过大家的共同努力，一定可以把"手链"解开。

解"手链"的过程中，可以采用各种方法，如跨、钻、套、转等，就是不能放开手。

活动扫描

活动实录

主持人宣布游戏规则后，12名学生参与游戏，由于人数较少，"手链"在2分钟内顺利解开。学生们有一种主动性，希望有更多的人参与，出现一个特大的"手链"，尝试着去打开。主持人为了满足学生们的心理需求，曾做过一次尝试，80个人一起参与解"手链"游戏。大家手拉手，形成一个好大好大的圆圈，记住"左手朋友"、记住"右手朋友"，大家的心里充满着期待，期待着大圆的复出。大家在欢快节奏的背景音乐下，大家放开左手、右手的同伴，不知不觉"乱作一团"。音乐声一停，所有人停住了脚步。"哇，我的'左手朋友'在那边、我的'右手朋友'在更远处。"轻轻挪动脚步，抓住"左手朋友"和"右手朋友"，80个人

都在做这样的努力,好不容易所有人的手又拉到了一起。"天那,这是什么'手链'啊,简直就是'肉团'了。"舒展的背景音乐响起,主持人鼓励学生们:"让我们一起努力吧,没有解不开的结。"

"从局部开始,从简单的地方入手。"一开始就听到了"领导者"的指令。主持人发现有几个局部渐渐松开了,"肉团"慢慢展开成"手链"。大家慢慢地感觉到解开"手链"的希望,有信心继续努力。圆圈越来越大,成功的喜悦越来越强力的洋溢在大家的脸上。

出现了一个"死结",往左转动解开了这头,缠紧了那头,往右转"死结"从前面传递到了后面,看来靠转动不行,80个学生中出现的"领导者"不止一个,站在自己的位置提出了建议,运用结果不少都是"顾此失彼"的方案。此时,出现了盲目者、怀疑者、抱怨者、放弃者,"领导者"之间也出现了意见冲突。80个人都是"当局者"——迷,只有主持人是"旁观者"——清,主持人在此时要做的是:暗示——一定可以解开"手链";鼓励——复杂的"肉团"已经解成大圆圈,只差一点了;支持——关键处做一点提示,跨过去?钻过去?套过去?反过去?有时再坚持一下,就会出现豁然开朗的效果,学生们能体验到经过努力、彷徨、坚持后取得的成功是特别珍贵的。最后大圆复出,学生们兴奋得跳跃欢呼。

活动点评

随着游戏的进行,大家越来越兴奋,因为从解开10人"手链"到解开20人"手链"表现出的兴奋度是不同的,感受的成就感也不同。当最后解开40人的"手链"时,听到的是发自内心的欢呼,每个人脸上洋溢着幸福感,大家通过团队的合作,感受了成功与快乐。

游戏开始,大家看到彼此紧握的手被纠缠在一起时,要解开这条复杂的"手链"看来是件不可思议的事。没有指挥,没有思路,每个人都是"当局者迷",各人产生的想法还会出现冲突。所以,游戏需要有个过程。在这个过程中,领导者、指挥者、服从者都会自然出现。各人的想法经过碰撞、融合与认同,最后形成集体的智慧和力量。

当出现"死结"时,有人怀疑、有人动摇、有人绝望、有人放弃,主持人的暗示与鼓励可以让团队重新激活。有人指挥、有人配合、有人建议,新的思路、新的希望、新的局面出现了,"死结"终于被解开,大家感受的兴奋与喜悦更强。

主持人安排10人"手链"、20人"手链"、40人"手链"的目的,就是想通过增加难度,促进团队成员间的探索与合作,从而感受成功的快乐。

学生感言

- 大家的随意走动,彼此的位置和先前迥然不同。一组人的拉手姿势也呈现错综复杂的状态。这时需要大家互相配合。我们是一个22人的大圈,经过很长时间的努力,终于将混乱的、交错复杂的"手链"舒展成原来的一个大圈,此时大家都发出了惊喜的狂叫声。品尝到了打开心结的快乐与舒畅。

我们除了快乐还体会到,每个人属于一个集体,他的一举一动都会影响到整个集体。一个桶能装多少水,是决定于最低的一块板。所以,每个人的行为,不仅要对自己负责,也要对所在的集体负责。

- 俗话说:看人挑担不吃力。曾经在"全国语文之星夏令营"中见识过"解开心结"的游戏。当时瞧别人玩时,觉得挺容易的,三下五除二就搞定了。所以,今天这个游戏之初,我可是信心十足。但实践与理想往往有一定的差距。大家好不容易解开了"心结",却发现唯我与众不同(只有我一个人是反向站立),虽然我费尽心思,还有许多人想方设法帮助,但最终未能完美收场。

在生活中,许多看似简单的问题,若要亲身实践却非能够轻而易举地完成。所以说今后遇事不能妄自主观臆断,只有亲自体验才能有更细致、更深刻的了解,才能准确地把握事物的本质。

- 手拉手,手臂与手臂相互交错,的确是结了一个复杂的"人结"。但是经过一番穿梭、跨越,复杂的"结"一点点变得简单、明显和容易。虽然在此过程中多少会遇到些麻烦,但在大家共同的努力下,最终还是变成了完整的圆。看到集体力量的成果,我们每个人心中感受的是成就感。只要大家的心往一处想,再复杂的困难也会在微笑中被化解。

专家心理评析

"解开心结"游戏,参与的人越多,"结"越复杂,游戏体验的感觉越强烈。经过多次实践后发现:只有每个参与者全身心投入并且乐于相互沟通,才能说"没有解不开的结"。如果在游戏活动中,出现了有人不投入,不沟通,不顺从,就可能造成"死结"。所以,主持人在游戏过程中一定要注意观察,帮助"沉默者""游离者"及时回归集体氛围,保证游戏顺利进行。在多个复杂的"结"环环相扣时,可以自荐或推荐选一名受大家信任的同学走到局外观察局势,做出决策,带领大家突出困境。

所谓"心结"就是心里解不开的疙瘩,是心里放不下的事情,是内心所受到的一种压抑,也就是通常所说的一种心病。"心结"会影响到一个人情绪和情感的变化。消极的情绪对身体健康不利、对学习不利、对人际关系不利。"心结"的出现与存在并不可怕,可怕的是因为成为"死结"而影响正常的生活。游戏让学生们明白一个道理,就是积极主动地面对"心结",在自己的努力与他人的帮助下,努力打开"心结",走出阴霾。

有一位政治学科的老师在分享感悟中说:"游戏很好地体现了哲学中矛盾的形成及其化解的规律。上课时我用这个游戏作为引子,讲析矛盾的对立统一。开始,学生都以为'心结'那么多肯定解不开,但是通过努力沟通,最终没有解不开的'结'。学生由此对理解矛盾斗争性的相互排斥和同一性的互相依存、互相转化,有了比较深刻的印象。"

5. 同舟共济

活动目标

1. 培养学生团队成员之间的相互信任、鼓励与支持。
2. 培养学生协作解决问题的能力,强化对团队精神的理解与感悟。

活动准备

1. 活动时间大约需要25分钟。
2. 活动场地室内、室外均可,以室外更合适。
3. 准备汽车备用轮胎若干只(内外胎均可)。

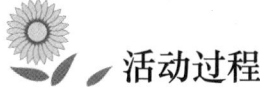

活动过程

1. 根据现场有的轮胎数把全体学生分成若干个竞争小组,每组人数不少于12人。
2. 给每个组学生10分钟练习,等练习结束后,进行全班演示。
3. 将一只汽车备用轮胎放在空地的中央,看哪个组站到汽车轮胎上的人最多,保持的时间最长。

4. 全体学生交流:小组成员是怎样达到动作一致,出色完成任务的?好主意是怎样产生的?

温馨提示

1. 主持人事先要估计出一只汽车轮胎上能站上去的极限人数,小组人数不要少于这个数。

2. 游戏过程要注意安全,防止学生从轮胎上滑落。

3. 合理的做法是先选出两个人作为重心,其余的人上去时要注意保持轮胎的平衡,当轮胎表面站不下时,通过背、挂、拉等力学平衡的手段,增加上轮胎的人数。

 **活动扫描**

活动实录

主持人告诉学生们,一只汽车备用轮胎象征着汪洋大海里的一只"小船",现在海面上起风了,海浪也加大了,我们小组16个人的生命受到了威胁。谁能上"小船",谁就有了生的希望。但是"小船"载不了16个人,怎么办?

在组长的带领下,小组成员开始了认真的讨论:"谁有资格上'小船'?""谁有价值上'小船'?""谁有能力上'小船'?"在"小船"载人空间有限的情况下,部分上船,部分落水是客观的选择,但面对生与死的选择,我们是否可以突破极限,创造奇迹?

一个团队在形成,一个团队精神在发扬,小组成员做出的决定是:"一个都不能少!"在这种精神的作用下,小组喊出了口号:"船在人在,人在组在,我们共努力,我们同生存。"选出2名最高大的成员站在中间做重心,然后3名学生手拉手(120°角)保持平衡站在"小船"上,再请6名学生手拉手保持平衡站到"小船"上,此时"小船"上已经站上了11名学生,没有空余的位置了,怎么办?最后 5 名学生分别由"小船"上的人拉着,挂在外围,仍然保持平衡。最后的造型是中心 2 个,船边上站 3 人,另外再站 6 人,外围挂 5 人,16 个人终于完成了"同舟共济"任务。

游戏成功的关键:1. 信念——"一个不能少!" 2. 团队协作精神。3. 力学中平衡技巧的运用。

活动点评

充足气的轮胎表面光滑,人站上去本来就不是一件容易的事,现在多个人站上去,不光要考虑自己不滑落下来,还要保持彼此的平衡,难度是比较大的。这个游戏不光要求站上去的人员之间保持平衡,而且要站上尽可能多的成员,相互照顾和协调很重要。

要想在游戏中取胜,要求学生们具有很好的默契程度和协作技术。小组中应产生"领导者"汇集大家的意见,制定行之有效的方案,聚集组员间的团队合作,帮助个别成员克服恐惧心理,全力以赴地完成任务。面对空间的极限,开动脑筋,激发潜力,特别要提倡"一个都不能少"的集体精神,让全组成员都站上轮胎。对极限的挑战与突破,不仅仅是数量多少的概念,重要的是面对困难,团队成员之间那种"同舟共济"的精神。

学生感言

- 本人有幸被任命为"船长",带领 15 名船员,群策群力,相互分工协调合作,取得了成功。成功后的喜悦和自豪情不自禁地洋溢在大家的脸上。在"航船遇到危险"后,安全地仅剩方寸之地,我们让两名"重量级"同学蹲在中间,稳固、平衡。男生每个人站一个脚,双手对边拉好,做成稳固的三足鼎立之势,女生们勇敢而又敏捷地搭在支架上,大家齐声高呼"1、2、3……",一直到 20,我们成功地完成了自救合作,每个人都体验到了成功的快乐。

- "船"实在是太小了,全体成员站一只脚都是不可能的,怎么办?几个男生自告奋勇地把脚"奉献"出来做底层,让女生的脚踩在自己的脚上。虽然有点痛,但为了"一个都不能少",我们豁出去了,咬着牙坚持着,最后终于成功了。但女生不好意思地说:"辛苦你们了!"我们立刻拿出男子汉的样子说:"小菜一碟!"成功的喜悦让我们忘了疼痛。

专家心理评析

在小小的轮胎上站上十几个人，困难是可想而知的，如何做到全组成员一个不少地登上轮胎？可以有多方面的考虑，比如：1. 通过团体合作，大家紧紧地拥抱在一起，让人与人之间的空隙最小，让整体的体积最小。2. 多人的脚无法同时站立在轮胎上时，要想办法减少立脚人数，可以让大个子背挂小个子，只让大个子站立轮胎上。3. 聚拢站不下，那就采用"开花式地摆放"，每个人接触轮胎是一个小小的点，但通过整体协调可以达到平衡。4. 有学生提出一个独特的想法，全组同学都围坐轮胎一周，让大家的脚轻松地搁在轮胎上，如此便宣布完成了"一个不能少"的任务。主持人一方面要鼓励学生们的奇特想法，另一方面要强调游戏规则，对"站立"与"搁脚"做出区分。让学生明白，创意是在合理性基础上做出突破，违背规则的想法，也许是荒谬的行为。

教师与学生的关系，好比是"船长"与"船员"的关系，一个优秀的"船长"不仅要让船驶向目的地，而且要把每个"船员"一个不少地载上。航行过程中会遇到意想不到的风浪，"船长"也会出现困难，但优秀的"船长"一定会凭着勇敢与智慧把"船员"们送达安全的港湾。

"同舟共济"成语本意是同坐一条船，共同渡河，比喻团结互助，齐心协力，战胜困难，也比喻利害相同。游戏体现的是团队合作的态度，也是为团体负责的精神，更是对团体每个人高度尊重的境界。

6. 造房子

活动目标

1. 让学生学会根据自己的能力,在团队中找到最合适的角色位置。
2. 在团队活动中培养学生遇事冷静、理智,寻找规律,克服盲目与盲从。

活动准备

1. 活动时间大约需要25分钟。
2. 活动场地以室外为宜。
3. 准备眼罩15只,10米、15米、18米的绳子各一根。

活动过程

1. 请15名学生参加游戏,发给每人一只眼罩,戴好眼罩后自主分组,每组5名学生,共三组。
2. 主持人交给每组一根绳子,并明确要求完成正方形、圆形、三角形中的某一种平面造型。

3. 3名小组成员在戴上眼罩、不用语言沟通的情况下,用绳子分别拉出一个正方形(18米绳)、圆形(12米绳)、三角形(10米绳),通过场外学生的鼓掌确定已完成。

4. 最后要求三个组学生将自己的图形与其他组的图形拼出房子的造型,此时学生仍戴着眼罩,但可以用语言交流完成。

5. 参加游戏的学生与场外学生交流各自的感受。

温馨提示

1. 三个组在完成正方形、圆形、三角形时的速度是不一样的,主持人要控制好时间,不然最后的"造房子"无法完成。

2. 学生在完成小组图形时,不能用语言交流,看看是否能自发产生"指挥者",三组学生合作时允许语言交流,看看是否出现"七嘴八舌",最后又是如何统一的。

3. 在全体学生交流时,除了让学生谈谈活动感受外,还要启发学生谈谈拉出三个图形的不同规律,以及"房子"形状的确定。

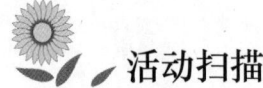 活动扫描

活动实录

15个志愿参与活动的学生,在不知道与谁同组,完成什么图形的情况下就戴上了眼罩,面对自己下一步该如何做心中无底,面临的是全新的挑战。

分组开始了,虽然都蒙着眼睛不能说话,但有的学生主动积极清点人数,达到5个后就抱成一个圈,所以很快完成了分组任务。有的学生无法确定自己的位置,也无法确定自己与别人的关系,所以迟疑不决,是该移动自己去找组员还是等待别人来找自己。也有的学生虽然主动去找小组成员,但行动缓慢,好不容易找到一个人,因为别人已经5人成组,结果被拒绝。在这种情况下,他不是快速寻找新目标,而是感到委屈似乎受了伤害,停止不动了。别人找不到他,他又不主动找,结果陷入僵局。

小组造型开始了，5个人要完成一个三角形怎么办？5个人完成一个正方形怎么办？5个人完成一个圆形怎么办？由于不能用语言交流，所以有点困难。但仔细想一想：

一个圆就是每个人离开圆心的距离一样远，大家先聚集在一起站成一个圆圈，慢慢地同步地向外扩大，直到把绳子绷紧。

一个三角形就是三个顶点，三条边，5个人除1人做检查员外，有2人重叠为一个点，三个点确定后，由检查员帮助确定彼此间的距离是否相等即可。

一个正方形是四个顶点四条边，除1人做检查员外，其余每个人为一个点，由检查员帮助确定彼此间的距离是否相等即可。

由于"造房子"是可以用语言交流的，所以肯定有学生会高声地、清晰地、肯定地讲出自己的意见，征求大家的意见。所以，要有一名"领袖"人物来统一整个局面。开始总是"七嘴八舌"乱哄哄的，但慢慢地就从无序到有序，这是一个团队的形成过程，主持人要有充分的耐心等待过程的完成。圆形、三角形、正方形如何拼成一个房子的造型，也是有多种答案，最终结果如何没有规定模式，关键看图形位置、比例是否合理。

实例：

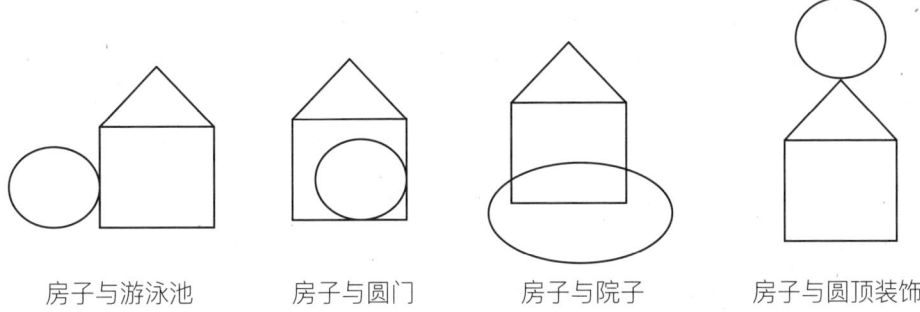

| 房子与游泳池 | 房子与圆门 | 房子与院子 | 房子与圆顶装饰 |

活动点评

这是一个难度要求比较高的游戏，因为在游戏中包含了多种能力要求。如在看不见、说不了的情况下，合作完成不同几何图形的造型。15个学生，分三个组，用三个图形完成"造房子"的工程，由于彼此看不见，不知道别人的图形与位置，最终要拼出"房子"的造型，没有事先确定的"指挥者"，也没有预先确定的"图纸"，一切都靠大家默契合作完成。每个学生的性格、能力、理解力、服从性都不一样，但为了一个共同的目标"造房子"，就需要彼此理解、认同与配合，

105

每个学生都在寻找自己的位置,表现自己的价值,获取共同的成果。

主持人既要给予每个人充分的时间与空间,让参与者自我摸索。又要给予积极的鼓励、有效的暗示,引导学生有效地完成规定的任务,保持活动顺利进行。

学生感言

● 造个房子真不容易啊!三个小组最后要相互配合"造"出一个艺术的家,不仅需要有人做"领导者",更重要的是要有人愿意做"服从者"。大家都是"闭着眼睛说瞎话",谁也不知道谁要干什么?所以,开始是一片混乱,刚刚经历了不能说话的痛苦,主持人说:三个组合作建房时允许说话。大家不约而同地"吼着",可是谁也听不清谁的指挥。最终大家只能慢慢安静下来,等待"领导者"的出现。

我们盼望的"领导者"出现了,在他的指挥下,我们有序地移动着,"圆"在左边,"正方形"在中间,"三角形"在上面,"房子与游泳池"建好了。

● "造房子"可以是平面的,也可以是立体的。估计大部分组会建"平面型"的,所以我们要别出心裁,造"立体型"的。

我主动充当"领导者"角色,大声说出自己的想法,并号召大家齐心协力、听从指挥。因为出现了"领导者",所以大家开始平静下来了。我首先告诉"圆形"组,蹲下来,把"圆形"放到地面上。然后是"正方形"组慢慢地移动进入"圆形"中。最后是"三角形"组,拼到"正方形"组的上面去,做一个屋顶。最后我们搭建成功的是"院子与房子"。

睁开眼睛看到自己的作品,大家非常高兴,我也非常得意。

专家心理评析

"造房子"其实是有一定难度的游戏,在活动中包含了几个部分,1. 多人分别拉出"三角形""四边形""圆形"等不同图形;2. 让三个图形进行组合成"房子";3. 在组合"房子"中,实现多种创意的"房子"。为了增加难度,主持人还设置了蒙上眼睛、不用语言沟通等障碍。所以,在游戏过程中,主持人应该根据学生年龄不同、活动时间不同、场地不同做好及时的调整,保证游戏可以在有限的时间和空间内顺利完成。

比如对小学生来说，蒙上眼睛做这个游戏有点难，有的主持人就修改了游戏规则，让15个学生睁开眼睛，闭上嘴巴参加游戏。游戏的重点是看看他们能否创造性地设计出组合图案。事实发现，"房子与游泳池""房子与圆门""房子与院子""房子与圆顶装饰"他们很快都搭建出来了。游戏使学生们的想象力、创造力、合作力都得到了充分的展示。

本游戏是否还可以有其他的拓展？"三角形""四边形""圆形"除了"造房子"还能组合出什么图案？拿"圆形"来说，可以代表"太阳""月亮""气球"等。所以，经过不同的改编，游戏可以富有新的含义。如果一开始就让学生放开思路，睁开眼睛看，张开嘴巴交流，打破"造房子"的限定，让他们创意无限的展示，一定会出现更多的精彩。

7. 巧渡小河

活动目标

1. 通过游戏,让学生认识合作的重要性,从而培养合作精神。
2. 在游戏中考验学生的冷静、机智和勇敢。

活动准备

1. 活动时间需要20～25分钟。
2. 活动场地为室外设有模拟小河的地方。
3. 准备2米长,0.15米宽的木板四条。

活动过程

1. 将全体学生分为每组8人,各自推荐1名学生担任组长,游戏可以两组同时开始进行比赛,主持人请助手负责记时。
2. 所说的"小河"是宽约3米的路或沟,两块木板各长约2米。8名游戏者要巧妙地运用这两块木板来渡过这条"小河",以用时最少的队为胜。

3. 如果有小组成员掉到"小河"里,全组成员需要重新开始。
4. 全班学生交流,分享感受。

温馨提示

1. 为了产生逼真的效果,可以在水不深的人工小河上进行,但切记注意安全,以免落水出现受伤的情况。

2. 道具一定要结实,因为2米长的木板上需要站立6～7个队员。

3. 在开始渡"河"前,组长负责进行全组讨论,确定成员的分工和行动方案,中途出现困难或"落水"情况时要及时商定新方案。

 活动扫描

活动实录

巧渡"小河"的游戏马上就要开始了,大家围在"渡口"观察地形,3米宽的"小河"要想渡过去不是件简单的事。有什么最好的办法,能让小组8人快速过河?组长组织成员进行了讨论,大家七嘴八舌,议论纷纷。有男生建议,把2米长的木板放到"小河"边,一头伸出"河面",另一头派几个人踩住,胆大的男生走上木板,接近"河心"时,跳到对岸边。几个过去后,把另一块木板递过去,用一头搁在对面的"河"边,由先过"河"的几个人踩住。两块木板在中间连接住,形成一座桥。开始是起点的木板放在下面,当起点人数少了,把木板调整一下,把终点的木板放在下面,让起点的成员安全渡过,最后一名成员还要负责把木板带过"河"去。

在渡"小河"的过程中,有成员"落水"了,大家马上开始营救,等成员救上来后,"渡河"又要重新开始。虽然速度比其他组慢,但没有人埋怨和责备,只有安慰和鼓励,充分体现了团体合作精神。有几名女生胆子比较小,开始觉得紧张甚至害怕,但在大家的鼓励、帮助和保护下也顺利完成了任务。等全体成员都渡过了"小河",大家情不自禁地爆发出欢呼声。

活动点评

本游戏具有一定的惊险性,所以,也给学生带来了兴奋与刺激。8个人要利用两块2米长、0.15米宽的木板,渡过3米宽的"小河",不是一件容易的事,需要小组成员集体的智慧和默契的配合。有人胆大但太鲁莽,所以不是人掉到"小河"里去了,就是木板掉进去了。有人胆小又不配合,站在板上半天不动,影响整个组的速度。所以,要又快又好地完成任务,需要统一认识、统一行动。

学生感言

- 这个游戏既考验我们的勇敢、团结,也考验我们的灵活、机智。组内总是有机智的勇敢者,也免不了有胆小的笨拙者。怎么样让每个人都安全过河,安排好过河顺序是很重要的。我们采取对胆小者热情鼓励、重点保护的方法帮助他们顺利过河。

- 我不幸"掉"到"小河"里去了,引来同学们的一阵笑声。我感到很难为情,一是说明自己无能,二是拖了小组的后腿,三是受到了大家的嘲笑。正在我无地自容时,是组长把我拉上了岸,并鼓励说:"没关系,从头来。"在他的鼓励下,我情绪平静下来,"胆大心细"地完成了任务。当我跨到了对岸时,同学们给了我掌声。

专家心理评析

去年不小心我摔倒了,造成右手粉碎性骨折,在求医的过程中,遇到一位医德高尚、医术精湛的医生,他用传统的保守疗法,治愈了我的骨伤。在我提出要感谢他时,他微笑地说:"渡人如渡己,渡己亦渡人。"我认真地思考这句话的含义,很有启发。

渡人与渡己是辩证的统一,帮助别人实际上是在提升自我,实现自身的价值,而提升自己又可以更好地帮助他人。正所谓"长存渡人之心,方可渡己之难"。

"巧渡小河"游戏表面看似让学生想办法利用有限的工具完成一个渡河的任务,其实主持人要引导学生更深入地了解和看待"渡口""渡人""渡己"的问题。渡人,就是把人从现实的此岸引领到理想的彼岸。自渡,就是以己之力摆脱困境实现升华。自渡者要弄清楚想要到达的彼岸在何处？此岸是当下，彼岸是未来，做人、做事更要有目标，目标可以引领前行。心中有彼岸，人生才有渡口。人生会有很多渡口，如学业的渡口、感情的渡口、事业的渡口，等等，要让学生确定目标，从渡口出发。也要让学生明白，除了选定出发的渡口还要准备渡人的工具。在学习与生活中，只有提升自己的能力和智慧，才能打造用于自渡的"船只"。在自己成长的过程中，老师、家长、朋友可能成为你的"摆渡人"，但每个人都要努力做自己的摆渡人，不断突破自我，不屈服压力，不畏惧困难，不甘于平庸，以学习加奋斗，打造出能乘风破浪到达理想彼岸的"自渡"船只。

另外还有一个说法："汝欲渡人，必先自渡；若要天渡，终须自渡。"渡人者看似在渡人，而更多的是渡自己，渡人者播洒阳光给别人，而他播洒的阳光也同样温暖着他自己！渡人者自渡，看似简单的一句话，却蕴含着大智慧。

8. 穿越沼泽地

 活动目标

1. 让学生体验团队的合作性与竞争力。
2. 帮助学生学会对失误者、弱者的关爱与帮助。

 **活动准备**

1. 活动时间大约需要20分钟。
2. 活动场地以室外为宜。
3. 准备6只呼拉圈、30块15毫米×30毫米小木块（厚度不限）、秒表。

 活动过程

1. 每组14名学生，每次两组同时比赛。
2. 需要穿越的"沼泽地"长度为30米，在靠近起点、中点、终点处分别立一只呼拉圈，需要成员钻过去。
3. 学生在穿越"沼泽地"时，不能直接站在地上，需要垫上15毫米×30毫米小木块后前进。一组14名学生，只有15块小木块。

4. 小组中有人从木块上掉入"沼泽地"，全组成员都需要从头开始。

5. 全体学生交流游戏感想。

温馨提示

1. 呼拉圈需要有学生固定，高度以立在地面上为宜。
2. 主持人要记录每组穿越"沼泽地"的时间，评出优胜组。
3. 集体交流时要请典型组学生总结成功与失败的经验教训。
4. 分设红、黄、蓝、绿4个组，最好通过服装或帽子或绑带加以区别。

活动扫描

活动实录

每组14个学生，人有点多，组长的号召力和组织能力显得十分重要。全班学生分设红、黄、蓝、绿4个组，由自荐的四名组长开始"招兵买马"，面对全体学生开始"点将"，每人每次点一名，依次轮流点完为止。在"点将"过程中采取双向选择，被点学生可以同意入组，也可以拒绝入组。通过双向选择形成的小组，小组成员对组长和其他组员有认同感和信任度，为游戏间的信任与合作打下了基础。

由于是双向选择形成的小组，所以组内成员的性别比例是不均衡的，有的组均为男生，也有的组女生偏多；从外形看，身高、体力也不均衡，但因为是大家志愿形成的团队，所以这些外在的因素并没有成为影响游戏的重要因素。

主持人首先要求组长组织全体组员研究穿越"沼泽地"的行动方案，完成组员的分工和排列顺序，统一行动技巧。第一个组员和最后一个组员的选择非常重要。第一个组员需要机智、灵活和"善解人意"，设置的木块距离不仅要尽可能远，还要考虑自己组员的通过率。最后一个组员要一次次弯腰去拣木块，需要灵活、平衡和吃苦耐劳。中间的组员要服从、合作、鼓励。

红组的嘉同学，平时体育素质很好，看到游戏中要钻、跨，觉得太简单了，自告奋勇地要求做第一人,他的竞争意识特强,一开始就把木块放得好远,自己过去,其他组员很困难,遇到一个小个子的女生,"哇"一声就陷入了"沼泽地",全组只能去营救她,然后退回起点重新开始。组员们虽然没有责备嘉同学,但他面对再一次的开始,明白了"领头羊"不仅要有不怕困难、一往无前的勇气,还要有顾全大局、细致谨慎的态度。这一次他就不断地尝试调整木块的间距,以达到最佳的效果。红组做得非常顺利,最后成为用时最少穿越"沼泽地"的优胜队。

在集体分享中,红组的全体成员一致认为:嘉同学是本组获得成功的关键人物,在组长的提议下,大家鼓掌致谢。嘉同学不好意思地说:"谢谢,游戏让我变得细心了。"

活动点评

这个游戏看似简单,只要把木块传递过去,组员从上面走过去就可以了。其实并不是这么简单,因为在竞争时,有的组员为了求快,把木块放得很远,遇到小个子组员就因为够不着而掉入"沼泽地",使得全组需要先实施"救人"再从头开始,大大影响了穿越"沼泽地"的速度。所以在游戏中不仅要求快,而且还需要从他人的角度考虑问题和设计步骤,第一个组员设置的木板距离要保证全组成员都适宜。钻呼拉圈时,由于圈的位置是事先固定的,要想顺利钻圈,木块的位置选择就大有讲究。因此,游戏中除了合作还需要智慧、技巧、适应、理解和包容。

学生感言

- 我们的小组成员中,最高的同学身高1.85米,最矮的同学1.55米,他们的跨步相差好大一截。由谁带头呢?绝对不能是最高的人,也不能是最矮的人,要找一个中等个子的人。这样才能较好地控制前进的"步伐"。但最高的人也不能放在最后一个。因为最后一个需要不停地蹲下身去捡起最后一块木块传给前面的同学。人高重心高,身体不稳容易"落水",因此组员的排列顺序是关键。

- 我们小组的同学特别默契,不论是传木块,还是钻圈,配合都很好。很快就完成任务并夺得了第一。要问诀窍是什么?我想主要是行动前的讨论,有的小组,接到指令立刻开始。结果互相排列顺序和动作要领都没有统一,所以就出现了"落水人"。我们组长以最快的速度召集组员,布置任务,明确要求,安排人员,"磨刀不误砍柴工",我们有条不紊地完成了任务。

专家心理评析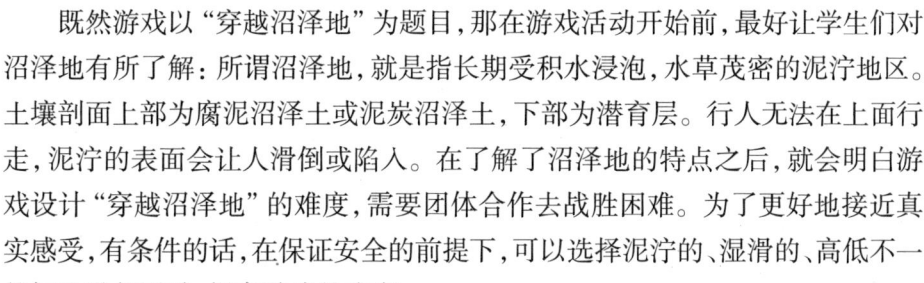

　　既然游戏以"穿越沼泽地"为题目,那在游戏活动开始前,最好让学生们对沼泽地有所了解:所谓沼泽地,就是指长期受积水浸泡,水草茂密的泥泞地区。土壤剖面上部为腐泥沼泽土或泥炭沼泽土,下部为潜育层。行人无法在上面行走,泥泞的表面会让人滑倒或陷入。在了解了沼泽地的特点之后,就会明白游戏设计"穿越沼泽地"的难度,需要团体合作去战胜困难。为了更好地接近真实感受,有条件的话,在保证安全的前提下,可以选择泥泞的、湿滑的、高低不一的场地进行活动,提高游戏的难度。

　　在体验本游戏时,对学生们的整体协调性要求比较高。每个学生要思想集中、主动配合、节奏适度、保持平稳、互相鼓励,互不埋怨才能完成"穿越沼泽地"的任务。

　　在游戏活动中假如选择高低不同的木块、大小不同的呼啦圈做道具,可以增加游戏的趣味性和挑战性。采取女生组与男生组竞赛或男女混编组竞赛的方法,可以提高学生参与活动的积极性。

　　把这个游戏应用到"亲子运动会"上,效果也不错。爸爸、妈妈与孩子一起完成"穿越沼泽地"的活动,几个家庭之间进行比赛。大部分家庭都是采取爸爸打头阵,孩子在中间,妈妈压阵的方式进行。这在不经意中暴露了亲子关系的模式,爸爸主动开拓,是权威,妈妈主动保护,是后援,孩子只需要模仿与跟进,没有自主权利,也无须承担风险。不少孩子想做"排头兵",不是被爸爸的"你不行"否定了,就是被妈妈的"听你爸"阻拦了。孩子夹在中间既不甘心又不服气。事后与家长们剖析游戏过程时,他们才意识到对孩子需要尊重与放手。

第四篇　自我意识篇

世界上最难的事情不是征服高山，也不是探索遥远的星空，而是认识自己！你也许会说，认识自己有什么难的，对着镜子一照，自己的相貌不就一清二楚了吗？至于身高体重嘛，一测便知。然而这只是认识自己的外表，并没有认识自己的精神世界。认识自己，就是要认识自己的性格全貌，认识自己的内心世界。

所谓自我意识，是指个体对自己的认识和态度，对自己与周围人之间的关系的认识和态度。自我意识不是个别心理机能的显现，而是一个统一的整体，具有完整的内在结构。自我意识的发展在个性形成中占有极重要的地位，人的兴趣、能力、性格、情感、意志和道德行为无不受到自我意识的制约和影响。

中学生正处在青春初期，是从幼稚期向成熟期发展的过渡时期，也是自我意识迅猛发展并逐步走向成熟的时期。由于中学生心理发展还不够成熟稳定，因而自我意识呈现出两重属性特点：独立性和幼稚性相联；自尊心与自卑感同在；封闭性与开放性并存。培养学生健康的自我意识，是实现学生自我管理、自我调节进而达到自我教育目标的必由之路。认识当代中学生自我意识的特点，有助于我们增强教育的针对性，减少教育的盲目性，切实提高教育工作的实效。

本单元设计的游戏，如同镜子一样，会让你对自己有一个更加全面、客观的认识。帮助你走进自己的心灵世界，帮助你体验认识一个更加真实的自我，为进一步完善自己的个性而奠定基础。

1. 画自画像

活动目标

1. 通过画"自画像",让学生进一步认识自己,展示一个"内心的我"。
2. 通过交流,让学生读懂你、我、他,促进彼此的理解。

活动准备

1. 活动时间大约需要20分钟。
2. 活动场地以室内为宜。
3. 准备彩色笔和A4大小的白纸若干。

活动过程

1. 将全体学生分成若干小组,主持人发给每个学生一张A4大小的白纸,把彩色笔放于场地中央,供需要者自由取用。
2. 在8～10分钟内,每人在白纸上画一幅"自画像"。
3. 小组内交流"自画像"的含义,同组成员可以提出质疑。

4. 主持人发现典型的案例做全班分享。

温馨提示

1. 主持人暗示大家，"自画像"可以是具象的肖像画，也可以是抽象的漫画，可以是单色笔画成，也可以是多色笔画成。

2. 有的学生会因为自己的绘画技能差而感到为难，主持人要提醒大家本游戏不是绘画比赛，只要求大家的"自画像"能形象地反映对自我的认识。

3. 主持人可根据"自画像"的大小、位置、色彩、内容或学生画"自画像"和交流时的神情，寻找典型案例全班分享。

 **活动扫描**

活动实录

在学生交流"自画像"时，主持人不仅看到了丰富多彩的画面，还关注到多种复杂心情交织的场面。交流时有的学生轻松兴奋，有的学生自然平静，也有的学生压抑沉重。让我们一起来看几幅"自画像"。

"自画像"之一：A4纸横向放置，用单色黑笔作的画。画面上画了一只猫，位于右下角的位置，比例上看很小。在左上方画了一只较大的虎。在中部还画了一只较小的狗。交流中该学生说："猫是我，狗是妈妈，虎是继父。"

"自画像"之二：A4纸竖向放置，用多色彩笔作的画。在整个画面靠左1/3处画了一棵大树，枝繁叶茂，树上挂满了果实。在整个画面靠右1/3处画了一棵小树，虽然长得不高，但长得结实。画面右上角有一个光芒四射的太阳。交流中该学生说："小树是我，大树是我的家，富裕、安全。太阳代表我生活的环境，充满温暖和希望。"

"自画像"之三：A4纸横向放置，用多色彩笔作的画。画面上画了一个外星人，手上拿了一个遥控器，旁边有一个菜单：1. 上课 2. 学外语 3. 踢足球 4. 电子游戏 5. 交朋友 6. 听音乐 7. 聚会 8. 看电视 9. 做作业 10. 家人沟通。交流中该学生说："这是我的生活，也是生活中的我。"

"自画像"之四：A4纸横向放置，用单色笔作的画。是一个画得很另类的全身像，身材很矮，但眼睛大、耳朵大、鼻子大、嘴巴大、手大、脚大。交流中该学生说："我什么都想看、什么都想听、什么都想说、什么都想嗅、什么都想做、哪里都想去，这就是今天的我。"

活动点评

10分钟后，每个学生都完成了自我画像，粗略地看一下，发现画的内容非常丰富，表现形式也是新颖别致。具象画法中有画头像的、半身像的、全身像的，还有群像的。在抽象画法中有画树、花、草、书、鸟、鱼、大海、月亮、蜗牛、千里马、小狗等。在色彩方面，1/3的人用单色的，1/3的人用艳丽的多色，1/3的人用2～3种颜色。绘画的形式更是风格不一，形式多样，如有的用卡通画法、有的用漫画法、有的用白描法，也有的用速写法。总之每个学生都通过"自画像"的形式向他人展示了一个自己心目中的"我"。这可能是一个"公开的我"，也可能是一个"隐藏的我"，今天我们把它展示出来，目的是与人交流，让大家了解我、认识我。所以，每一幅画都包含着一个"秘密"、一段"经历"，我们在交流中可以解读"故事"，了解真实的你、我、他。

学生感言

- 我把自己画成了一根没有根的毛竹，叶子很少。在分享时主持人问："为什么没有画竹子的根？"这个问题我是想过的，因为我是外地来上海读书的，父母都不在身边，平时只有我一个人。看到同学每天或双休日都可以享受家的温暖，真觉得自己是一个漂泊在外的小草。但我来上海已经6年了，平时完全可以独立生活。我有个性，我有能力，我不是小草，我是坚韧不拔的竹子。虽然我现在还没有什么成绩，但相信自己会笔直地往上长。

- 我把自己画成了一个"脚踏火轮，左手拿剑，右手拿书，驰骋天空的人"。剑与书代表文武双全，火轮与天空代表开拓与自信，希望自己能够成为这样的人。

专家心理评析

"画自画像"游戏，表面看来是在比较每个人的绘画技能，但其实，与绘画技术的好坏没有很大的关系，而是通过绘画投射技术，反映每个人内在的、潜意识层面的自我意识。画面表达的信息量，有时远远超过语言的表达。所以，主持人在分析"自画像"时，一定不要以绘画的技能高低做评价，而是通过画面的大小、位置、色彩来分析。因为"自画像"呈现的不是绘画作品，而是心理表达。所以，准确地说游戏是"画心理自画像"，主持人的点评是"自画像心理评析"。

有学生说："我把自己画成一条鱼，一半在水里，一半在岸上。在水里的部分表示我渴望自由，在岸上的部分表示郁闷的现状。我希望自己能够成为具有两栖功能的'现代鱼'，既能在水里自由地生活，又能在岸上愉快地学习。"

还有一例自我分析特别有意思："我的自画像是一幅较为写实的脸部特写。国字形脸上最突出的是一双大眼睛。鼻子很小、嘴巴很小、耳朵很小，感觉像一幅夸张的漫画。但我很清楚，这就是我，不是我外形的写真，而是我个性的写照。我不善言辞，比较内向，对人、对己很少表白。嘴的功能弱化——小嘴巴。我嗅觉不灵，反应迟钝，鼻的功能退化——小鼻子。我的听觉不敏感，对周边发生的事，该听到的没听到，好机会失去不少，当然，坏消息的干扰也大幅减少。耳的功能不强——小耳朵。我有一双大眼睛，既看近处又看远处，既看小处又看大处，我不是'鼠目寸光'，也不是'井底之蛙'。"

"心理自我画像"是通过心理构图，让学生更好地了解自己。

2. 百花园

活动目标

1. 让学生体验被动获得花、草后,插花的心理感受。
2. 让学生认识红花与绿叶的关系及各自的价值。
3. 在调换花瓶的过程中,使学生学会欣赏他人与创新突破。

活动准备

1. 活动时间大约需要25分钟。
2. 活动场地以室内为宜。
3. 准备每组1只花瓶,仿真花、叶、草若干,数量多于参加人数,以及写有花、草、叶名的纸条。

活动过程

1. 将全体学生以7个人一组分成若干个小组,每个学生随意抽取写有花或草或叶名称的纸条一张。

2. 每个学生凭纸条到主持人处领取仿真花或草、叶，各小组推选一名学生担任组长，领取花瓶1只。

3. 在15分钟内，小组成员合作完成插花并为作品取名。

4. 各组派一名学生向全班介绍，说出作品名及创意过程。

5. 交流后，各小组换取其他组的作品，重新插花，完成后再作全班交流。

温馨提示

1. 仿真花、草、叶的搭配要合理，以花为主，草、叶适量。品种尽可能丰富，避免大量重复。需要配置一些特别美丽诱人的花，也要配置一些不好看、难以与其他花搭配的草或叶。

2. 花瓶大小与花卉的高度要匹配。最好用玻璃花瓶，用矿泉水瓶剪去上半段后替代也行。花瓶最好有多个品种，便于小组学生自主选择。

3. 插花过程中，不允许学生丢弃认为不需要的草、叶。

4. 准备好相机，让小组成员与作品进行合影，既增强小组成员的成就感，又非常好地渲染了整体气氛。

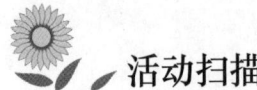

活动扫描

活动实录

在"百花园"游戏的开始，主持人播放了一个《争奇斗艳》花卉展的短片，大家对片中美丽的花卉赞不绝口。这是主持人有意强化"花—美丽—我喜欢"的心理体验。在这样的情况下，让每个人抽取一张写有花名的纸条。当有学生抽到了与短片中相同的花名时，表现出兴奋与满足。当抽到了无名草，甚至是枯叶时，强烈的反差使人表现出失望与失落。主持人想让学生们体验这份真实的感受。观察不同学生的表情可以反映他们对花、草价值的理解和态度。

小岷非常兴奋地与人交流着，因为他抽到了"百合花"。前一阵妈妈生病，他就是用自己的零花钱买了百合花去医院探病，受到了妈妈及妈妈病友们的一致称赞，现在妈妈已经康复出院了。看到百合花，就会想起那次经历。

抽完纸条的小韵脸色不好看，她默默地走到座位上静静地坐下。当别人已经拿纸条换回了仿真花时，她还在发呆。组长见其不动，就喊："小韵，快去换花啊，愣着干啥？"这时眼泪从她的眼眶中溢了出来，她走出了教室。主持人见状跟了出去，轻声地说："小韵，怎么了？让我看看你的纸条。"

"无名草"三个字写在纸条的中央，小韵的眼神中露出的是无奈，"老师，这是命中注定的吗？为什么别人抽到的是花，而我就是无名草？"

经了解，小韵的爸爸、妈妈前段时间离婚了，目前失去父母爱的她，跟外婆生活在一起……

主持人遇到这样的情况，要及时地关注小韵的情绪，不能让小组成员在不经意中伤害了她。同情与怜悯不能解决小韵的自卑，所以要暗示与引导组员们充分利用花、叶、草的搭配，创造各自的价值，让小韵在游戏中体验到红花与绿叶的关系。

经过小组成员的合作，一个作品形成了，取名为"春的召唤"。作品造型中，一缕"无名绿草"带来了春天气息，衬托着春天的勃勃生机，花与草同样有价值。

小组合影中小韵留下的是淡淡的微笑。

活动点评

学生们看到主持人身边放置着美丽的百合、玫瑰、向日葵、菊花等花，内心都希望自己能够得到它。对花朵旁边的草、叶，许多人都是不屑一顾的。大家争先恐后地到主持人处抽取写有花名的纸条。抽到玫瑰花、百合花、腊梅花、迎春花等花名纸条的人，总是兴高采烈地与人交流，脸上露出满意的微笑。但抽到无名草、狗尾巴草、杂草、枯树枝、柳树叶等纸条的人，总会露出惊讶或失望的表情，不少人会默默地收起纸条静坐一旁。

凭着纸条上的花名、草名、叶名换成仿真花、草、叶时，拿到花的学生常常会说"我好喜欢"，幸福洋溢在脸上；拿到绿叶的学生表现出"我很遗憾"，失落之情流露于眼神中。拿花的学生常常嘲笑拿草的同学，拿叶的学生总是羡慕拿花的同学。总之，有人欢喜有人忧。每个人用自己的价值观评判了对花、草、叶的喜爱与嫌弃。

主持人要求以组为单位，15分钟内合作完成"插花"作品。几乎每个组的成员都能很好地完成任务。小组插花的作品取名有："春的召唤""解无语""梦幻人生""春华秋实""百鸟朝凤""奋""翔""百花齐放""满园春色""红花绿叶""感恩心情"等。全班交流中,小组代表总能把作品的内涵解释得非常精彩,引来阵阵掌声,全场出现情绪的高潮。

因为各组的花、草、叶搭配不同,也由于各组成员的艺术审美水平和表现能力不同,作品总会出现不同的效果,这样有时会引来学生间的羡慕与妒忌。看到别人的作品,心里不免有点不满,"他们的材料好,所以插出好的效果"。让你们换一换,结果又会怎样呢?在别人的基础上再插一次,是挑战也是突破。所以,安排一次"换花插花",即每组成员有一次换花的机会,你们组成员看中哪组的作品,就拿来重新创作,看看是否可以出现新的效果。在"换花插花"的过程中,大家的积极性更高,开拓带来了新的活力和激情。又一次的尝试,带来了新的成功与快乐。学生们有更强的主动意识,积极性、合作性、创造性远远超过第一次。经过小组成员共同的努力,花、叶、草都有和谐的搭配,艺术的作品让人眼前一亮,为之心动。特别是当我们给它取出一个响亮的名字时,也赋予它深刻的内涵。

通过大家的努力,不论是花还是叶,是叶还是草,都成了美丽的、富有内涵的作品。我们欣赏着这些作品,体验的是价值。价值来自我们内心的认同,来自我们的精心"栽培"。

学生感言

- 刚开始,喜欢花的同学拿到草时有些不太开心,觉得没能拿到自己最喜欢的材料。等大家把花、草插在一起时,他们才发现自己所选的草太重要了,没有草作整束花的陪衬,那束花就显得不够突出,红花的确需要绿叶来衬托。有的小组成员艳丽的花拿得太多,在插花时,为了能使花束显得更协调,只能把鲜艳的花朵从花瓶里拿出来放在旁边当作背景。这种现象说明了一个问题,在很多情况下,花不一定就比草更有价值,关键在于和谐。

- 做"百花园"游戏时,由主持人分发花卉植物,学生们没有选择权,当我分到一个狗尾巴草时,我大声喊道:"好难看!"但也无可奈何。每组成员把领到的花卉、植物,经过构思插在花瓶里,取一个名字,并对自己组的插花艺术进行阐述。每组成员都费尽心思,使自己瓶中的花卉植物和谐地组合在一起。在配花过程中,我不喜欢的狗尾巴草却极好地和别的花组合在一起,相反那些刚开始备受人们关注的艳丽花卉,却因为过于张扬而显得单调。其实,班级中的学生就如同百花园中的植物一样,有漂亮的牡丹,有清秀的竹子,也有默默无闻的狗尾巴草。

专家心理评析

"百花园"顾名思义是有着各种各样花卉的园子,人们常常用"满园春色""姹紫嫣红""花团锦簇""百花争艳""繁花似锦""百媚千娇"等美好词句进行描述。但游戏的目的不仅要让学生有对花的赞美,而且要明白"花要叶扶,人要人帮"的道理。能够甘当绿叶需要很大的肚量,而且也要更好地包容对方,理解对方,只有具有这样胸襟的人才能够甘当绿叶。要培养学生既有争做红花的激情,又有甘当绿叶的情怀。

在"百花园"游戏中,要准备一定数量的叶子、枯枝、狗尾巴草等不是花卉的材料,在玫瑰、牡丹、百合中,它们显得微不足道,但在一个美丽的花瓶中,有了它们的陪衬才显得多姿多彩。

有学生感悟说:"在插花的过程中,我感受到,原来每一样东西只要找到了它的位置,都是美丽的。一棵不起眼的小草,只要把它放在合适的地方,它并不会逊色于艳丽的花朵。花有花的功能,草也有草的价值,花与草的和谐是如此的重要。人也是如此,有时觉得自己很不起眼,很没用,那很有可能我们没有找到展示自己,发挥作用的恰当位置。游戏让我发现,自己虽然只是一片绿叶,但确实可以成为不可缺失的重要部分。"

3. 音乐与意象

活动目标

1. 让学生聆听音乐使身体放松、情绪平静。
2. 随着音乐声出现意象，通过意象分析，让学生思考和感悟自己的心态。

活动准备

1. 活动时间大约需要20分钟。
2. 活动场地要求能拉上窗帘的室内，且周边环境无干扰。
3. 准备音乐素材和音乐播放设备。

活动过程

1. 每个学生找一个舒适的座位，闭上眼睛，调整呼吸，头部、双肩、四肢逐渐放松。
2. 室内保持安静，关灯，拉上窗帘，播放音乐。
3. 随着音乐声学生们进入一种状态，眼前出现一幅画面……

4. 音乐声结束,大家慢慢睁开眼睛,交流自己的感受。

温馨提示

1. 音乐的选择是关键,要选择一些具有空灵感,旋律跌宕起伏,无明显主题的弦乐曲为宜。
2. 环境很重要,周边没有干扰,室内温度适宜,空气流通,灯光暗淡,坐位舒适。
3. 指导语不可忽视,让学生在指导语的引导下,平静地进入状态。
4. 主持人要认真聆听学生对"画面"的描述,注意捕捉"画面"中的细节要素。

活动实录

一名高一男生在聆听了音乐《不速之客》后,描述了这样一个"画面":

"一个冬日的午后阳光灿烂,我爬上一座山坡,向远处眺望,心里充满了对未来的憧憬和希望。爬着爬着,有点累了,我就坐下来欣赏周围的环境。不错,风景很美!我感到有点迷迷糊糊了。慢慢地远处出现了一个湖,湖面结着冰,上面好像有个人在跳舞,我仔细看,发现是一个美女在跳青春圆舞曲哦!(不好意思地笑了)

"我欣赏着她的舞姿,渐渐地我也跟着跳了起来,但不管怎么跳,我们总是保持着一定的距离。

"突然,冰面塌了,美女不见了,我的心抽紧了……

"我开始下山了,在下山的过程中,我又看到了更远处的湖面上有那个跳舞的美女,我还是想跟着她跳,但发现跳不起来……"

这是一个处于青春期男生的"画面"。那上山时的心情正是他刚考入高中,憧憬未来时的心情。一个学期下来,学习上的压力使他"有点累了"。除了读书,开始关心自己的情感生活、娱乐生活,发现"风景很美",陶醉其中,并产生了"迷迷糊糊"的感觉。一个女孩的出现,令他跳起了"青春圆舞曲"。也许是内心的紧张不安,也许是家长、老师的干预,"冰面塌了,美女不见了"。因为这件事,学习成绩受到了影响,开始滑坡,"我开始下山了"。

因为内心有与异性交往的向往,眼中就有美女在跳舞,"还是想跟着她跳"。但环境的压力和自己内心的矛盾,"发现跳不起来……"。

"画面"中反映的正是该男生的真实生活和内心世界。

活动点评

这是一个非常有趣的游戏,大部分人都可以进入状态而看到"画面"。有人会觉得"画面"中的人与事跟自己无关,或离得很远。但仔细分析一下,发现反映的正是自己的心态或生活。

我们成长过程中的压力、挫折、阴影或生活中的喜悦、梦想、成就会通过"画面"呈现出来。人际交往的冲突、自我意识的困惑也会在"画面"中表现。分析"画面"可以澄清问题、理清思路、认清自我。

一幅"画面"反映一段经历,经历中叙述着自己的故事,剖析故事就是剖析自己的人生。

学生感言

- 听着音乐,我感觉到的是压抑与悲伤,我有想哭的感觉……
- 音乐带给我的是浪漫的画面,我看到一个女孩子在拉小提琴,一对情侣在跳舞,非常轻松和愉悦,我也顺着他们的节拍,轻轻地摇晃着身体,很舒服。
- 我看到了大海,在海边的沙滩上,我与同学一起奔跑。突然天空暗了下来,海浪拍打在礁石上,发出轰鸣声,同学们都不见了,只剩下我一个人,我感到无助与孤独。

一会儿后,天又慢慢地亮了起来,我重新发现了同学,我快速地向他们奔去……

专家心理评析

"意象"一词是中国古代文论中的一个重要概念。古人以为意是内在的抽象的心意,象是外在的具体的物象;意源于内心并借助于象来表达,象其实是意的寄托物。

在心理学意义上，"意象"可以分为狭义与广义两个方面进行表述。狭义的意象，是在人的头脑中浮现出的画面及画面中的具体内容。而广义的意象，分两类情况：一类是画面没有具体内容，比如只有味道、声音、氛围、感觉，等等，即没有具体的图像，但感觉上存在；另一类是包括现实中的所有物体、行为、情感，等等，即我和世界都是意象，一切皆为意象。在音乐意象中，我们主要讨论的是狭义意象。

"意象"这个词，从语义上看，它由"意"与"象"两部分构成，"意"代表意义，"象"代表形象，所以"意象"也可以解释为有意义的形象。当然也不是所以有意义的形象都叫意象。

有学生在分享中说："在一段音乐背景下，我眼前出现了这样的画面：一个布满鲜花的绿草地，周边是明净、蓝色透明的湖，倒映着蓝天白云。湖上白天鹅时而低头，时而抬头。绿荫草地中间有一棵姿态挺拔的苹果树，绿色的枝叶，繁茂而散发出绿油油的光彩。树上挂满了红的、青的苹果。感觉自己就是那树枝上一只青带微红的苹果。

"树阴下，坐着一个身穿蕾丝纱裙的白衣女子，她微笑着。她有自己的梦想，并且努力着，坚持不懈地朝自己的梦想前进。"

在此游戏中，学生在音乐的聆听过程中，从心理感知上出现了形象画面。这反映了在音乐的刺激下，个体内心的感受，常常是潜意识主题的反映。

4. 我要……

活动目标

1. 让学生体验自己是否有把握机会的意识和善于表达的愿望。
2. 理解"机会面前人人平等",使学生学会把握机遇,不留遗憾。

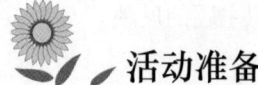

活动准备

1. 活动时间大约需要20分钟。
2. 活动场地以室内为宜。
3. 事先准备一份精美的礼物。

活动过程

1. 全体学生围坐一大圈,主持人出示精美礼物,适度的描述与诱导。提问:谁想得到这份礼物?
2. 想得到礼物的人举手,主持人从举手的人中,产生6名入围者。
3. 6名入围者走到圈中央,面对主持人一排坐好,在6名入围者中自愿产生

1名裁判。

4. 裁判产生后,主持人把权利交给他,5名入围者分别向裁判陈述自己希望获得礼物的理由,最后由裁判决定礼物归谁所有。

5. 礼物送出后,主持人请裁判、礼物获得者和4名入围者谈谈自己的感受。

温馨提示

1. 如果第一轮举手想获得礼物的人很多,主持人要注意考验他们,明确人人都有机会,但不是人人都有结果,对举手者可以试问:你对争取礼物真有勇气?你对获得礼物真有信心?你有信心就请走上一步。假如走上一步的人还是很多,继续考验,再做选拔,直到只剩6～7位。

2. 1名裁判听取5名入围者的陈述后,可以追加提问,如:"你认为这礼物具体是什么东西?""你得到了礼物准备如何处理?""假如不到礼物你的态度会怎样?"

3. 礼物一定要包装得精美和诱人,有人见人爱的效果。而且最好是能够便于集体分享的礼品,如巧克力并且数量多余一人一块。这样礼物获得者就有可能做集体分享,使全场的气氛达到高潮。

4. 假如出现6名入围者都不愿意做裁判的情况,主持人可以在场外聘请一名裁判。

活动实录

主持人捧出一个较大的、诱人的精美礼物放在圆圈中央,在场的人都为之眼睛一亮。"我们在座的每个,都有理由和机会得到它,关键是看你想要还是不想要?"主持人话音刚落,全场回应"要"。

"每个人都要,是不可能的,最后只能送给一个人,你觉得自己就是那个人吗?"主持人问大家。

"啊?"传来的声音明显轻多了。

"在礼物面前,机会是人人平等的,但结果是人人不同的。要看你是等待运气还是努力争取。下面我请现在还是想要获得礼物,有信心去争取礼物的人举手。"主持人看着全场数:"1、2、3……10名,很好,我们现场有10名同学有勇气、有信心去争取这份礼物。但我只会选取6名入围者。再想一想,假如你真的下定了决心,就请你走到圈子中央礼物的边上来吧!"主持人刚说完,就见有一名同学快速地跑了上来。

"1、2、3、4、5、6,好,就这6名同学成为今天的入围者,让我们用掌声对他们表示祝贺。"

6名入围者面对主持人一字排好,主持人向他们宣布游戏规则。

"你们已经从全班52名同学中脱颖而出,你们离目标就一步之遥,但接下来的竞争更激烈甚至残酷。首先要在你们中间产生1名裁判,他的权利是,可以决定将礼物送给5名入围者中的任何一人,他的义务是,帮助主持人完成礼物的发送任务,但自己就没有获得礼物的任何可能。你们想一想,谁愿意做裁判?"主持人给6名入围者2分钟的思考和决定。

时间到,小棠举手示意:"我愿意当裁判。"

"你确定吗?"主持人问。

"确定。"小棠肯定的回答。

"下面我把权利交给小棠,5名入围者请你们面对小棠裁判坐好。"主持人说完就退下。

小棠面对5名入围者开始发问:"请你们回答我一个问题。你认为这礼物中是什么?"

A、B、C、D、E 5名同学依次回答:"节拍器""围巾""书""手绢""玩具"。

"好,我再问各位一个问题,你为什么非常想得到这份礼物?"小棠继续问。

A同学:"我正在学吉他,特别需要一个节拍器,我希望它就是。"

B同学:"我阿姨对我特别好,她马上要过生日,我想送她一条围巾御寒。"

C同学:"书对我们学生来说最重要,我喜欢看书。"

D同学:"近来我的心情不好,我想用这块手绢擦去伤心的泪水。"

E同学:"我认为一定是个长毛绒玩具,我喜欢。"

听完这一轮的问题回答,小棠又追加了一个问题。"假如礼物不是你想象的,你还会要吗?"

A同学:"无所谓。"

B同学:"我可以送阿姨其他的礼物。"

C同学:"能获得礼物,不管是什么,都是好的。"

D同学:"伤心的眼泪不一定通过手绢擦去,我能够获得这份礼物,我会很开心。"

E同学:"玩具的含义很广,所以不是长毛绒玩具也没关系。"

小棠认真地看着每一名入围者,又问:"假如你的愿望实现,你又会怎样?"

"开心""如愿""满足""与大家分享""永远的纪念"5名入围者依次回答。

小棠想了一想说:"我决定了。"

"我觉得应该把礼物送给D同学,希望能给她带来快乐。"小棠宣布了大家期待的最后结果。全场鼓掌,D同学流出了激动的眼泪。

主持人说:"大家一定很想知道,礼物究竟是不是手绢,对吧?"

"对。"全班同学齐声回答。

"D同学,你愿意把它打开吗?"主持人征求D同学的意见。

"愿意,我很愿意。"D同学真诚地答道。

全场同学注视着礼物被一层一层的打开,露出一个非常精美的糖果盒。"啊,巧克力!"大家兴奋地喊了起来。D同学说:"A、B、C、E同学,你们帮我一起把糖分给大家吧。"同学们在分享巧克力的同时,脸上洋溢着快乐与幸福。

事后了解:D同学性格内向,从外地来本市读书,在许多方面不适应。最近发现自己的学习成绩也不理想,所以情绪低落,心情压抑,感到孤独、无助、自卑。今天的游戏不仅增强了她的自信,也融洽了与同学的关系。

活动点评

面对一份精美的礼物,人人都想获得它,这是非常正常的心理状态。但面对一个机会,是否人人都会去把握呢?这就不一定。所以"机会面前人人平等",这话不错。"面对同样的机会,每个人的结果不同",这话正确。

游戏开始许多人都想得到礼物,但面对只有一个机会时,不少人选择了放弃,因为缺乏竞争的勇气和信心。D同学最后是靠自己的真诚打动了裁判,她渴望得到礼物,更渴望得到同学们的关心。她愿意与同学们分享自己的礼物,更愿意与大家分享快乐与友情。当她把获得的巧克力与大家分享时,她的愿望真正实现了。

勇气改变行动,行动带来运气。对待这个礼物的态度,在某种程度上反映

了一个同学对待机遇的态度。假定送给大家的不是一个礼物，而是一个机会，比如一个参加某个竞赛或某次外出学习的机会，你的态度又如何呢？是主动争取，还是自动放弃？实际上，每一次的表现就为你今后获得机遇创造了条件。许多同学经常羡慕别人运气好，但很多时候又缺乏抓住机遇的勇气，最终失去了想要的东西。

通过"我要礼物"的游戏，让参与者体验"我要把握机会""我要积极竞争""我要与大家分享快乐""我要珍惜友情"，等等。

学生感言

- 实际上我心里也想要这个礼物，但当主持人说只能有一个人得到这个礼物的时候，我觉得机会太渺茫了。所以，当主持人说想要的同学要在20秒钟内走上前台时，我连身子都没有动。后来看到别的同学跑上前台的时候，我也想上，但时间已过了。我一时的犹豫，丧失了一次争取礼物的机会。我现在才觉得，仅仅想要得到什么是不够的，最重要的是要敢于尝试，敢于争取。

- 我很高兴最后得到了我想要的礼物。其他同学都说我运气好，其实，我觉得并不完全是这样。有句话说："心动不如行动"，许多同学和我一样，他们心里也想要礼物，但他们只是想想而已，没有采取半点行动。我则是每次都用心、用行动去争取。如果我在20秒钟内没有跑到前台的话，我根本就没有机会进行第二轮的竞争，正是第一轮的行动创造了第二轮的机会。所以我说，运气源于勇气，源于行动。

专家心理评析

游戏利用学生们想得到礼物的欲望，看看他们如何通过自己的努力，最终获得神秘的礼物。虽然礼物是什么大家都不知道，但学生们还是非常踊跃地想要获得，他们看中的是获得礼物的过程，而不是礼物本身的价值。这正是游戏设计的目的：让学生明白，虽说"机会面前人人平等"，但如何争取机会？该如何把握机会？如何利用机会？是大有讲究的。

"我要……"游戏，刺激学生的欲望，更激发学生把握机会的动力，在"得到"与"得不到"的情况下，学会分享与接收。所以，主持人特别要注意学生想要获得神秘礼物的理由及对获得礼物后的处理。

有学生在分享时说:"主持人说:这里有一份礼物,想要的人请举手。一贯争强好胜的我毫不犹豫地举起了手。同学中有好多人都举起了手,但被告知:只有一个人能够获得此礼物。能否获得这份礼物,取决于你想要它的理由和'裁判'的决定。明知得到这个礼物的可能性很小,但我仍然坚持想要。当'裁判'要我说出为什么想得到这份礼物时,我胡编了一个'献媚'的理由。想通过讨好'裁判'来获得礼物。但最终我没有打动'裁判'的心,也没有获得礼物。看到获得礼物的同学,心里不免有点妒忌,她凭什么获得'裁判'青睐。

"仔细想想,她是用真情赢得'裁判'的信任。而自己呢?理由看似'动听',其实,显露的是'虚情假意'的做作,那一刻我明白了,主持人通过多种形式,引导我们探索深藏于内心的真我,促使我们做一回真我,让自己活得更精彩!"

5. 留舍最爱

 **活动目标**

  1. 思考"生命中最重要的五样",通过对留与舍的决定,帮助学生澄清自己的价值取向。
  2. 在交流分享中,学生之间彼此启发、相互学习,完成价值观的重组。

 **活动准备**

  1. 活动时间大约需要20分钟。
  2. 活动场地以室内为宜。
  3. 准备水彩笔若干,每人一张A4纸。

 **活动过程**

  1. 将全体学生以6人一组分成若干小组,每人发一张纸、一支笔。
  2. 主持人要求大家把自己"生命中最重要的五样"东西写下来,小组成员内做一个交流。

3. 请每个学生想一想，假如要从五样中划去一样，你首先划去哪一样？划去的理由是什么？就这样依次再划去一样……直到最后还剩一样。

4. 小组成员交流划去的顺序和理由，在全班分享自己作出留与舍决定时的心理感受。

温馨提示

1. 创设一个严肃、安静的氛围，主持人要做好前期的引导，让每个学生能够在认真思考的基础上做出留与舍的决定，避免轻率和随意。

2. 每个学生写完自己"生命中最重要的五样"后，安排小组成员交流，让同学之间有一个相互启发、自我澄清的过程。交流后，允许学生修改自己的"生命中最重要的五样"。

3. 全班学生分享时，主持人一定要关注学生在做出留与舍决定时的心理感受，即是轻松、果断、明确地划去，还是犹豫、痛苦、拒绝地划去，因为要求最后只留一样对有些学生来说是比较困难的。

 活动扫描

活动实录

主持人宣布："请大家认真想一想，究竟什么东西是自己生命中最重要的？思考好的同学，请你写出你认为最重要的五样。"

靖同学没用几分钟就写好了，不过他只写了四样，分别是"足球、自由、音乐、财富"。同组的玫同学也很快写完了，她的五样分别是"名牌大学、出国、事业、前途、财富"。王同学的五样分别是"父母、朋友、老师、理解、尊重"。5分钟后，小组中6名成员都完成了"生命中最重要的五样"，主持人要求小组成员交流。

在小组交流中，大家看到每个人对生命价值的理解不同，对自己"生命中最重要五样"的思考也是不同的。靖同学侧重的是个性的发展，玫同学侧重的是前途的发展，王同学侧重的是情感方面。经过交流彼此看到了他人对生命价

值的理解，帮助自己重新思考，我生命中究竟什么才是最重要的，需要自己努力去维护、争取、创造和发展的。

在交流的基础上，主持人让学生们重新修改自己的答案，看到不少学生补充了"快乐""健康""亲情""感恩"等内容。

在基本清晰了自己生命中最重要的五样后，主持人让学生们做了"留舍我的最爱"的操作，"想一想，假如要从五样中划去一样，你首先划去哪一样？划去的理由是什么？就这样依次再划去一样……直到最后还剩一样。"这不是一个轻松的过程，需要认真地思考和慎重地选择，有时真的会感到沉重甚至痛苦。靖同学留下的是"自由"，玫同学留下的是"事业"，王同学留下的是"亲情"，还有的同学留下了"快乐"等。不管他们最后留下的是什么，主持人都给予积极的肯定，这是学生目前对生命价值的理解，随着他们的成长，肯定会找到新的、更成熟的答案。

活动点评

每个学生在纸上写下自己认为生命中最重要的五样东西。每个人都经过久久地沉思，慎重地写出了答案。当被要求依次划去其中四样时，每个在座的学生都会感到提笔的艰难，难以取舍。短短的十几分钟时间会感觉非常漫长，特别是当划到最后两样时，心中的一份沉重，让人久久不能忘怀。

对自己作一番认真的思考后，可以渐渐明了：究竟什么东西是自己生命中最重要的？当主持人要求写出"生命中最重要的五样"时，每个学生呈现出的东西是不一样的。有人写出的是"富裕、前途、朋友、自由、娱乐"，有人写出的是"父母、朋友、理解、事业、音乐"，还有人写出的是"活着、快乐、自主、有钱、旅游"。当主持人要求学生们把它一样一样划去时，有的人轻松、果断，非常明确自己的留舍是什么？有的人难以决定，因为他觉得每一样都很重要，无法割舍自己的最爱，这样的过程是痛苦的、残酷的，但最终是对自己的价值观进行了思考。在听取他人交流的同时，不断进行着澄清和重组。

对每个人来说，生命只有一次，是值得珍视的。但就因为只有一次的经历，所以，又很难创造完美的生命。对"生命中最重要的五样"留与舍的思考，能帮助我们及时地思索生命的价值，尽可能创造有意义的生命，这就是游戏的目的所在。

学生感言

- 这是一个自我价值观探索的游戏。虽然只是一个游戏,却使我的选择非常困难,有一种心痛的感觉。要知道,每个人都有自己的最爱,对于自己的最爱,谁都不愿意轻易地就放弃。如果能轻易地放弃,那它就不是你的最爱。而在此游戏中,却要你在你列出的最爱中逐个进行舍去,这对人的心理产生的震憾是无法想象的,无法用言语来表达的。

- 我写出的最重要五样是"生命""父母""高考""兴趣""自由"。当主持人要我们一样、一样地删去最后只留一样时,我感到很困难。因为这五样都是很重要啊!一定要删那就首先把"高考"删去,不高考照样可以生活。"兴趣"也删去、"自由"也被迫删去。"父母"与"生命"之间再要做个删选,我留下了"父母"。虽然,游戏让人感到压抑,但有一丝欣慰的是,我感受到了"父母"在心中的地位。

游戏结束时,主持人说:这只是一个游戏,在我们的生命中,完全可以拥有"五样"的全部,甚至更多。此时,我才松了口气地点点头。

专家心理评析

生命中最重要的东西是什么?不同的人对这个问题的回答是不同的,有的人认为:金钱、财物是生命中最为重要的;有的人认为:权力、地位是生命中最重要的;有的人认为:亲情、信仰是最重要的。同一个人,在不同的时期,不同的境界之中也有不同的认识,长久患病的人认为:健康才是生命中最重要的;孤独的人认为:友情、亲情才是生命中最重要的,饥饿的人认为:食物才是生命中最重要的……

其实,生命中有最重要的人,有最重要的物,有最重要的事,还有最重要的时刻。按照这样的分类,每个人的生命中,有许多重要的东西都值得珍惜。游戏让学生说出"生命中最重要的五样",真是让人很难取舍,但选择的目的,不是让人生只能拥有其中之一,而是进一步澄清内心把什么放在最重要的位置。学生阶段与将来成年之后,这种选择可能会有所不同,但亲情总会排在第一的位置。

这个游戏，让成年人做效果会更好，因为工作、生活、事业、家庭等人生的主题，让他们更加难于取舍，在做选择时，会触碰到内心深处的痛，越是困难的选择，越会是刻骨铭心。

有教师在分享时说："当主持人要求我留舍生命中最宝贵的三样东西时，我犹豫了片刻，闭上眼睛划去了其中一样。下笔时，我自问：真的舍得吗？不容我多想，又接受到了更残酷的第二道指令：在剩下的两样中再舍去一样！我感到了真正的痛苦，一直无法决定，两个都无法割舍！最后时刻，我将两个都划去了，一切都划去了，什么都没有，空荡荡的。虽然我知道这只是个游戏，然而仍然沉浸其中无法自拔。

"游戏让我学会了心存感激，对父母，对他人，对事业，对生活，对日月，对山川，对一切美好的事物都要心存感激。"

6. 价值拍卖

活动目标

1. 激发学生思考自己的价值观念,学会抓住机会,不轻易放弃。
2. 帮助学生体验和澄清自己的人生态度。

活动准备

1. 活动时间大约25分钟。
2. 活动场地以室内为宜。
3. 足够的道具钱、不同颜色的硬纸板、拍卖槌。

活动过程

1. 将拍卖的东西事先写在硬纸板上(最好是不同的颜色),以增加拍卖的趣味性及方便拍卖进行。
2. 每个学生手中有10 000元(道具钱),它代表了一个人一生的时间和精力。每个人可以根据自己对人生的理解随意叫买下表中的东西。每样东西都有底价,每次出价都以500元为单位,价高者得到东西,有出价10 000元的,立即成交。

1. 爱情	500元	12. 金钱	1 000元
2. 友情	500元	13. 欢乐	500元
3. 健康	1 000元	14. 长命百岁	500元
4. 美貌	500元	15. 豪宅名车	500元
5. 礼貌	1 000元	16. 每天都能吃美食	500元
6. 名望	500元	17. 良心	1 000元
7. 自由	500元	18. 孝心	1 000元
8. 爱心	500元	19. 诚信	1 000元
9. 权力	1 000元	20. 智慧	1 000元
10. 拥有自己的图书馆	1 000元	21. 名牌大学录取通知书	500元
11. 聪明	1 000元	22. 冒险精神	1 000元

3. 举行拍卖会,由主持人或学生主持拍卖。按游戏方式进行,直到所有的东西都拍卖完为止,然后请学生认真考虑买回来的东西。

4. 讨论交流

(1) 你是否后悔你买到的东西?为什么?

(2) 在拍卖的过程中,你的心情如何?

(3) 有没有学生什么都没有买?为什么不买?

(4) 你是否后悔自己刚才争取到的东西太少?

(5) 争取过来的东西是否是你最想要的?

(6) 钱是否一定会带来快乐?

(7) 有没有一种东西比金钱更重要,或比金钱带来更大的满足感呢?

(8) 你是否甘愿为了金钱、名望而放弃一切呢?

(9) 有没有除了比上面所说的这些更值得追寻的东西呢?

温馨提示

1. 拍卖过程中,要注意纪律,场面不能太乱,否则活动就会成为乱哄哄的滑稽表演。

2. 有的学生可能会重复使用自己手中的道具钱,主持人应注意提醒这些学生购买所付出的钱不能超过10 000元。

活动实录

有一个学生,在学习成绩排名中属于班级偏后水平。由于自卑,平时少言寡语。在拍卖的过程中,当主持人要拍卖名牌大学毕业证书时,他第一个举手以10 000元买了下来。当时,很多同学都感到很惊讶,就凭他的学习成绩,也想考个名牌大学,真看不出他还有如此宏伟的目标。因为在很多同学眼里,他是个没有什么想法的人,估计他能考上个高职院校就很不错了。但他说:"刚才看到大家都在竞拍自己想要的东西,我很羡慕,别人可以选择自己的人生,我为什么不能选择呢?我下定决心,一定要考一个好大学来证明我并不比其他人笨,在座的同学可以做证,两年之后我一定会拿到心仪中的大学录取通知书的。"同学们用热烈的掌声鼓励了他,大家好像第一次认识到了这个同学原来也有自己的抱负和追求。后来主持人追问了一句:"你的一生有很多时间,难道这张大学录取通知书是你追求的终极目标吗?""当然不是,我实际上对人生有很多想法,但有想法是不够的,人生需要踏踏实实,我考上一个名牌大学,将增加我对自己的信心,这对我将来的发展和成才是一个非常好的保障。所以,我需要够得着的目标来引领我。"又一次热烈的掌声响起。

一次拍卖会,竟能激发一个学习成绩落后的学生那种不服输的上进精神,这是出人意料的。

活动点评

每个人面临同样的选择,但每个人所做出的选择并不是完全相同的,这是

因为我们每个人所持的价值观并非完全一样。可以说，我们每个人都有自己的价值观，我们都根据自己的价值观做出自己的选择。价值观是我们行动的指南，它决定了我们面对抉择时如何选择。由于学生处于价值观念形成和发展的时期，很多价值观念还是不确定甚至是不清楚的。本活动就是用类似魔法商店的方法，帮助学生了解有关爱情、友谊、健康、美貌、爱心、金钱、欢乐等多方面的价值观念。因为在拍卖会上，学生个人的价值观念直接影响着学生在拍卖时的选择，学生可以从自己的取舍中了解自己的价值观念和人生态度，思考和澄清自己的价值观念。

活动开始时，大家都很兴奋。许多学生都准备买到自己想买的东西。他们也因不同的观点而进行激烈争论。在游戏过程中，有的学生比较盲从，看到别人在竞拍什么，自己也上去凑热闹，这反映了这部分学生的人格独立性比较弱，人生价值观念还没有真正形成。也有的学生价值观已比较清晰，一开始就出最高的价钱买自己想要的东西，这些都体现出了高中生个体发展的差异性。

在拍卖的22项价值中，每个人的态度是不一样的。由于中学生的价值观不是十分成熟，他们在做出选择时也并非完全正确。因此要他们学会选择，学会权衡利弊轻重，学会做出选择，选择属于自己的价值观。你觉得没必要买，就不要买，不值得买，也不要买。在这里，并不是说一定要买这一样，买到了就成功，买不到就失败了。关键是选择的东西是自己真心想要的。同时，学会抓住机会，不管前来竞拍的人有多少，都要敢于竞争。一旦锁定了目标就要紧紧抓住，不要轻易放弃。

生活就是由无数次的选择组成的。不同的选择构成不同的人生。如何看待自己的选择，就是如何看待自己的人生。选择并非一件易事，它在检验着每个人的见识、能力、志向和决断。选择，是生存智慧的浓缩，智慧的人生与消极的人生差别之一就在于会不会选择。虽然生命无法选择，但怎样度过是可以选择的。

学生感言

- 真想不到，大家对人生的理解是那么的不同。我本以为大家会把金钱看得很重要，因为现在拜金主义有一定市场，很多人都把钱看得很重要，我们学生也不例外，虽然有两个同学用10 000钱买到了"金钱"，但很多同学还是有自己的想法的。我的同桌想都没想,上来就用10 000元去竞拍"孝心",让我很感动。我金钱至上的思想在他面前显得那么渺小,我也曾经说要做一个有孝心的人,可我却选择了追逐金钱。我很羞愧,我该反思自己对人生到底看重什么!

● 这次活动中,有好几个同学什么都没有竞拍到。原因是他们想买的东西太多,每样东西都不能出足够的钱,所以竞拍时往往什么也买不到。这真应了那句古话"人不能太贪"。我想一个人一生的时间和精力是有限的,如果想要的东西太多,而不能集中精力去追求自己最想要的,到后来可能因为自己的精力投入有限,恐怕什么都得不到。要想有所收获,就必须有所放弃。

专家心理评析

所谓拍卖,指专门从事拍卖业务的拍卖行接受货主的委托,在规定的时间与场所,按照一定的章程和规则,将要拍卖的货物向买主展示,公开叫价竞购,最后由拍卖人把货物卖给出价最高的买主的一种现货交易方式。游戏利用拍卖的形式,进行模拟拍卖。所谓"价值拍卖",就是让学生在物质与精神之间,比较和选择自认为有价值的物品。拍卖过程对学生来说,是价值观的澄清与考验。

在"价值拍卖"的过程中,学生们的思考可能还不够成熟,表面上针锋相对激烈竞拍,却有可能缺少深度的思考,主持人在组织学生交流分享时,可以引导学生们对自己的拍卖所得做深度思考,我到底为什么要竞拍该物?谈谈各自的想法。支持学生间进行价值冲突的争论,在争论结束后,主持人也可以谈谈自己的价值倾向,希望用正向的、积极的价值观影响学生。

比如有一个主持人说:在"价值拍卖"时,看到大家争先恐后地竞拍自己所期望的人生选择,有人竞拍"健康",有人竞拍"爱情",有人竞拍"智慧"……而我毫不犹豫地用所有的"钱"竞拍了"爱心"。我觉得自己作为一名教师,一定要有一份爱心,这份爱心不仅对自己的家人,自己的同事,更是要对自己的学生。教育需要智慧,但更离不开爱心。没有爱心的教育不是真正的教育,我不后悔自己的价值选择,我觉得有爱心,我的教师职业生涯才会有意义。

7. 背后留言

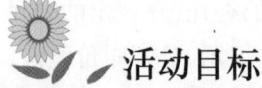

活动目标

1. 通过体验,培养学生客观对待他人评价的积极心态。
2. 通过背对背的评价,让学生意识到"别人眼中的我"是什么样子,通过他人的评价来整合及完善自我。

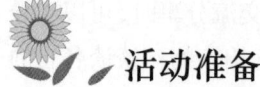

活动准备

1. 活动时间大约需要25分钟。
2. 活动场地以室内为宜。
3. 准备每人一张A4白纸、大头针若干,背景音乐。

活动过程

1. 主持人首先公布活动规则:每个人一张A4白纸,在纸的最上面一行写下自己的姓名和对留言者说的一句话,大家相互帮助用大头针把纸固定到自己的后背上。
2. 接下来学生们彼此在后背上写留言。

3. 10分钟之后,主持人示意大家停下,学生们再次围坐在一起,拆开背后的纸条,看看同学们对自己的评价。

4. 团体分享"背后的留言"。

(1) 别人因什么而欣赏你?因什么而不欣赏你?对别人的反应你认同吗?

(2) 哪些评价让你感到新颖、好笑而又确实符合自己?

(3) 你有没有看到自己潜在的优势或特长,可能你从未注意,而在别人的眼中可能就是那么明显?

(4) 这个游戏还给你哪些其他的感受?

温馨提示

1. 在活动开始之前,主持人最好要强调对待这次活动的态度:要真诚、客观、负责。

2. 留言过程中,学生们不能说话,要用非语言形式进行交流,留言内容是你对这个人的认识,包括优点、缺点以及建议,还可以写上自己最想对他说的一句话,不用留名。

3. 在不同的班级,活动气氛可能会有所差别。如果班级内部同学关系融洽,做这个活动应该会取得比较好的的效果。

4. 在活动中,有一个细节需要主持人及时做出调整。有的班级男女同学之间放得开,在活动中男女生会打破界限,让异性同学为自己写"留言",他们感觉这是很正常的事,不会有什么大惊小怪的。但有的班级男女同学之间比较矜持,就会出现男生只找男生写、女生只找女生写,都不好意思让异性同学写。这个时候,需要主持人来打破这个单调的局面。因为不找异性同学写"留言",就等于失去了一半的世界,失去了一半的建议。

活动实录

班级里有个学生,很喜欢对老师大加评论,任课老师几乎都逃不过他的嘴。

但他有一个致命的问题是，他的评论大多是嘲讽老师的缺点："语文老师的普通话一点也不标准，他考普通话是走后门通过的；数学老师真是济公活佛在世，穿戴简直是土得快掉渣了；英语老师像是从非洲来的土著人士，她的英语需要用美式英语来翻译；化学老师一激动就口吃，我真怀疑他是怎么娶到媳妇的……"他的行为让班级里很多同学都觉得不爽。在他的留言纸上，有一行话"每个人都不是完美的，评论家，以后我们想多听到你对老师的赞美"，这让他十分不好意思。在分享交流的时候，他说："人都说'当局者迷，旁观者清'，我现在明白了，主持人为什么要我们在他人后背上留言，因为人自身存在着很多东西自己是看不到的，就像看不到自己的后背一样。通过这堂课我清楚地认识了自己，也希望大家在以后的学习生活中能多说些实在的话，指出我的缺点，我会努力改进的。"随后教室里响起了一片热烈掌声。

活动点评

中学生的自我意识开始形成，他们很关注自己在别人心目中的形象到底是什么样子的，也都很在意别人的评价，只不过平时不表现出来罢了。这个活动就是让学生了解"别人眼中的我"是怎么样的。

活动开始后，同学们都迫不及待地开始写对留言者的话：

有的很俏皮，"兄弟姐妹们，咱们都是一家人，你就别绕弯子了，直接说吧！"

有的很幽默，"你是我的魔镜，今天就请你好好照照我是什么样子的，即使我是魔鬼你也要大胆照"。

有的很深情，"知道吗，我是个完美主义者，你的建议会帮助我更完美，谢谢你对让我更完美做出了贡献！"

有的很实在，"同在一个屋檐下，我们都是同学朋友，千万不要舍不得你的笔墨，呵呵，多写点吧……"

在悠扬的背景音乐声中，同学们纷纷开始给别人写"留言"。他们有的排成一排，有的围成一小圈，还有的干脆坐到地上，写得很投入。教师可在一旁来回走动，看看同学们的"留言"内容都有些什么。

当大家从后背上摘下对自己评价的那张"留言"纸时，他们又迫不及待地一口气扫描完，看着写满各种笔迹的纸，有的皱眉，有的点头，有的大笑，有的疑惑……还有的同学在打手势，虽然猜不透什么意思，但可以知道两人的心灵在交流。

活动过程中,有的同学之间化解了一些小小的误会,有的同学的自信心增强了,有的同学也意识到了自己存在的一些不足。总之,这个游戏让许多学生对自己有了一个更为客观的评价,更为全面的了解,这对于他们形成良好的自我意识,不断完善自己是非常有帮助的。正如一个学生所说:"自己脸上的一些脏是自己看不到的,但通过照镜子可以看到,而每个人的身上存在着一些缺点或是不足,是我们自己看不到的,就需要借助别人的眼睛来发现。他人的评价就像一面镜子可以帮助我们来认识自己完善自己,我们要好好利用这面镜子。"

参考:认识自己——名言名句

最困难的事情就是认识自己。(希腊)

自知之明是最难得的知识。(西班牙)

要想了解自己,最好问问别人。(日本)

只有在人群中间,才能认识自己。(德国)

天上的繁星数得清,自己脸上的煤烟却看不见。(马来西亚)

给自己唱赞歌的人,听众只有一个。(日本)

莫笑别人背驼,自己把腰挺直。(苏联)

最灵敏的人也看不见自己的背脊。(非洲)

越是无能的人,越喜欢挑剔别人的错儿。(爱尔兰)

每个人都知道鞋子挤脚的地方。(拉丁美洲)

自己的鞋子,自己知道紧在哪里。(西班牙)

自己的饭量自己知道。(苏联)

不会评价自己,就不会评价别人。(德国)

如果你指挥不了自己,也就指挥不了别人。(美国)

当面怕你的人,背后一定恨你。(英国)

学生感言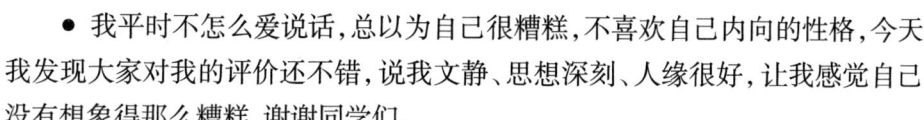

● 我平时不怎么爱说话,总以为自己很糟糕,不喜欢自己内向的性格,今天我发现大家对我的评价还不错,说我文静、思想深刻、人缘很好,让我感觉自己没有想象得那么糟糕,谢谢同学们。

● 平时我看别人的缺点很容易,可对自己的弱点却不怎么意识到。真是"不识庐山真面目,只缘身在此山中"呀!今天大家对我的留言,让我第一次意识到自己不曾意识到的一些缺点和不足，虽然感觉有点痛苦，可毕竟是真实的自己，既然大家帮我指出来了，那我就要有所行动了。我希望下次背后留言的时候，我收获的是更多的赞美。

专家心理评析

可能是出于情面的关系，很多人在当面评价他人时，总喜欢说一些别人爱听的话，这样的结果，使被评价人无法听到他人对自己客观、真实的评价。"背后留言"这个游戏活动设计得比较好，在他人后背上留言，让留言人可以比较轻松地表达自己的真实想法。当事人并不知道每一条留言具体是由哪个人写的，这样让留言人免除心理负担，写出对被评价者的比较客观的评价，特别是对被评价人的一些不足和缺点，避免了当面评价的一些尴尬。

一般情况下，人总是愿意听到别人说自己的优点或赞扬。游戏也让学生们明白"忠言逆耳""闻过则喜"的道理。

"良药苦口利于病，忠言逆耳利于行"，此言留传了上千年，其基本的思路就是要人接受别人难听的劝告，因为人无完人，人人都有不足。所以，要听者摆正心态，虚怀若谷，集思广益，兼听则明，耐心接受别人的批评。

"闻过则喜"的意思是听到别人批评自己的缺点或错误，表示欢迎和高兴，能够虚心接受他人的意见。这是一种很好的心理品质，也是让人不断进步的动力。

8. 搜索目标

活动目标

1. 让学生学会树立目标意识,让目标引领自己的行为。
2. 让学生澄清并明确自己近期的目标,懂得分清主次。

活动准备

1. 活动时间大约需要25分钟。
2. 活动场地以室内为宜。
3. 准备每人一张A4白纸和一支水彩笔。

活动过程

1. 请学生们在纸上写出你近期内要完成的五件重要事情,可以是学习、交友、旅游、练字、买衣服、读完某一本书或参加某方面活动,等等。

2. 假如你现在有特殊事情,必须在五件事中抹掉两项,体验一下你现在的心情如何?你会抹掉哪两项?

3. 现在又有特殊情况发生，你必须再抹掉一项，你的心情又如何呢？你又会抹掉哪一项呢？现在还要再抹掉一项，你又会做出怎样的决定呢？

4. 最后只剩下一件事了，这就是近期内你最想做的、对你来说最重要的一件大事，这就是你当前的奋斗目标。

5. 和大家谈一谈你的奋斗目标是什么呢？（几乎所有学生的奋斗目标里都有着学习进步这项）

6. 然后大家静坐在座位上，想下面三个问题：

（1）我是不是想要实现那个目标？我是不是一定要实现那个目标？

（2）我有没有实现目标的条件呢？我怎样发挥这些条件呢？

（3）实现目标的困难障碍难以克服吗？我要不要克服？我一定要克服吗？

温馨提示

主持人在给学生强调目标时，一定要让学生注意以下几点：

1. 希望的目标是跳一跳就够得着的，可以实现的，而不是高不可攀的。如：完成一项计划或在现在的基础上学习进步，等等，而类似于在半个学期内就提高某门学科的成绩30个名次的目标是很难实现的，因为太难以实现，所以这种目标对指导实际的学习行为往往效果不大，有时甚至会起到反作用。

2. 目标实现要有期限。将自己要实现的目标，明确一个实现的期限。如：短期目标可以是以一个星期、一个月为期限。中期目标可以是半个学期或一个学期等。

 活动扫描

活动实录

在这个活动中，很多学生搜索完自己的近期目标后，发现大都跟学习有关，要么是提高某一门学科的成绩，要么是做多少题，要么是背多少单词。有一名学生搜索的最后结果是希望自己在两个月内能听懂上海话。

当时有很多同学都觉得好笑，觉得这个目标不像是什么目标。但这个学生

却很认真地把此事当作一个重要的目标。因为他来自外地，平时许多上海同学用本地方言交流的时候，他就在一旁傻了眼。另外，他走出校园问路、购物时，许多人用上海话跟他讲，他常因听不懂而陷入尴尬。所以，他将听懂上海话作为近期的一个重要目标，这是他迅速适应新环境的一个重要举措。他计划每天要和上海本地同学学上海话20分钟。他还专门买了学说上海话的小册子和磁带，周六、周日练习。通过一段时间的训练，他听上海话的水平有了很大提高。

活动点评

有这样一个故事：有一种在松树上结网为巢的毛毛虫，夜幕降临时，它们就会集体外出觅食，排成纵队，一只紧跟一只前去食用那充满汁液的松叶。法国有一位昆虫学家突发奇想，做了一个有趣的实验，他将一队毛毛虫引到一个花盆的边沿上，让毛毛虫围成一个圆，然后在花盆的中间放上了可口的松叶。结果毛毛虫一个接一个，绕花盆转了一圈又一圈……七天七夜后，它们都因饥饿而死。

毛毛虫缺少的是什么？是目标。它们迷失在路线当中，而忘记了它们前行的目标是找到松叶。诸如这种情形，会发生在学生们身上。有很多学生对自己的学习缺乏一个明确的奋斗目标，往往会出现随波逐流，不能有效支配和调节自己的行为。比如说，一个学生现在的任务是完成作业，旁边有一个学生邀他去打球，结果他没有完成自己的任务却去打球了。这就是缺乏目标引领的结果。因为，人们所做的事情常与所设定的目标相违背，这十分常见。时刻铭记自己的目标和你所要完成的使命，检查自己现在所做的事情是否与目标相左，只有这样才能不断接近自己的目标。

这个活动，主要就是让学生学会澄清并明确自己近期的目标，懂得分清主次，时刻意识到自己确立的目标。无论面对怎样的困难，都要专注于目标，清楚地认识它，紧紧盯住它，热情地去追求，任何时候都不要忘记，只有这样，才能克服浮躁情绪，不被琐碎的事情迷失方向，只要选定目标，做出决策，然后采取行动，坚持下去，成功就能水到渠成！

学生感言

- 总觉得自己学习很用功，也很刻苦，今天的活动却让我发现，我的勤奋好像有些盲目。因为我并没有清晰的学习目标。我只是认真完成老师布置的作业，认真完成老师分发的试卷，我并不知道做完作业后又该做什么。没有目标，学习效率很低下。我今天找到了自己问题的症结所在，非常感谢这样的活动。

● 虽然我也有不少学习目标，但往往到后来都完不成，不仅没有促进我的学习，反倒是增加了我的沮丧情绪。刚才大家分享在目标实现过程中怎样克服困难的时候，我深受启发。我觉得自己的意志力太差，一遇到点困难就妥协了，所以很多目标到后来就不了了之了，如我给自己制定的每天要背20个单词，有次感冒，我借口身体不舒服就三天没背，就前功尽弃了。所以仅仅有目标还是不够的，还要有克服困难的决心和勇气。

专家心理评析

记得北京大学原校长许智宏说过一句话，"方向比努力重要"，我们可以理解为努力固然重要，但比努力更重要的是确定目标。有人说，没有目标的生活就像是蒙着眼睛拉磨的驴子，辛苦奋斗了好长时间，到头来却发现还在原地打转。

有一次，学校组织学生划船，每船6个人，学生们争先恐后地上了船，并且各自操起船桨奋力地划了起来。大家费劲地划了很久，结果发现船并未前行，而是在原地打转。看着其他船顺利地远行，有同学突然明白原因：我们船上缺少一个把握方向的"船老大"。经过大家的商量，确定把舵人，明确小船行驶的目标，再加上大家的协调配合，小船出现了乘风破浪、勇往直前的势态，让大家真正体会到确定目标的重要性。

目标与需要一起调节着人的行为，把行为引向一定的方向，目标本身是行为的一种诱因，具有诱发、导向和激励行为的功能。因此，设置适当的目标，能够激发人的动机，调动人的积极性。在发挥目标激励的作用时，应注意以下几点：

（1）个人目标尽可能与集体目标一致。
（2）目标的难度要适当。
（3）目标内容要具体明确，有定量要求。
（4）目标应分近期的阶段性目标和远期的总体目标。

第五篇　创新实践篇

你可以让石头在水上飘起来吗？你可以把梳子成功地卖给寺庙的和尚吗？你可以让鸡蛋从高楼下落而完好无损吗？……这些看似不可能的事，只要转换思维方式，完全有可能实现。

没有创新，社会就没有进步，个人也不能发展。创新能力的培养不仅体现在学术的殿堂里，也体现在日常的生活学习中，创新是生活的真谛。培养自己的创新精神，关键在于自己要有创新的意识。

所谓创新精神和实践能力，就是要有大胆创新、破旧立新，并在实践活动中创造出超越前人、超越他人的新观念、新产品的精神和能力。

培养学生的创新精神，不仅是社会发展的要求，也有助于学生独立人格的培养。一个具有创新能力的人，必然是一个自尊、自立、自主、自强的，具有独立人格的人。

当代社会是一个开放的社会，许多创新活动需要多人协作才能完成，每个从事创新活动的个体要善于利用全社会、全人类的智慧进行工作。培养学生创新精神，就是要培养开放意识、合作意识和与他人沟通协作的能力。

培养学生创新精神，关键在于培养学生的创造性思维。创造性思维是指以超越常规的眼界从特异的角度观察思考问题、提出全新的创造性解决方案问题的思维方式。

本单元的游戏活动，对培养学生的创新思维有着积极的促进作用。创新，其实并不难，只要你敢于打破常规，敢于挑战"不可能"，因为"一切皆有可能"。活动让学生体验在探究中寻找快乐，在创造中体验成就感。

1. 卖梳子

活动目标

1. 培养学生敢于挑战不可能的勇气和解决问题的智慧。
2. 培养学生的发散性思维,学会创新。

活动准备

1. 活动时间大约需要20分钟。
2. 活动场地室内、室外均可。

活动过程

1. 将全体学生分为若干个组,每个小组6人左右。
2. 主持人讲清楚游戏情境及规则。

游戏情境:

有一家效益相当好的大公司,为扩大经营规模,决定高薪招聘营销主管。广告一打出来,报名者云集。

面对众多应聘者,招聘工作的负责人说:"相马不如赛马,为了能选拔出高素质的人才,我们出一道实践性的试题:就是想办法把木梳尽量多地卖给和尚。"

绝大多数应聘者感到困惑不解,甚至愤怒:出家人要木梳何用?这不明摆着拿人开涮吗?于是纷纷拂袖而去,最后只剩下三个应聘者:甲、乙和丙。

负责人交待:"以10日为限,届时向我汇报销售成果。"

假定你是那三个幸运的应聘者之一,请在规定的时间里,每个小组的学生讨论"如何把梳子卖给和尚",看哪个小组提出的方案中能卖给和尚的梳子最多,并在实际生活中具有一定的可操作性。

3. 推销梳子成果汇报。

温馨提示

1. 要向学生说明梳子一定要卖给和尚。
2. 梳子的形状、样式、颜色等不要事先规定。

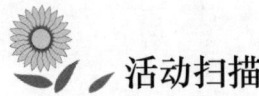 **活动扫描**

活动实录

在讨论"如何把梳子卖给和尚"的过程中,学生们的思维非常活跃,不断有新的类似问题浮出水面。有一个学生听到主持人讲完问题后,他说在一篇文章中看到海尔集团首席执行官张瑞敏曾问:"石头怎样才能在水上漂起来?"答案是"打水漂",靠石头的速度在水上漂起来!石块的比重大于水,一般情况下,是绝对不可能漂起来。但有了一定速度的推动,石块不仅漂起来了,而且漂出一连串的连环跳;漂得飘逸、潇洒、精彩、风流,在水面上形成阵阵涟漪。这个故事给了他们很大的启发,让他们一开始就对解决主持人提出的问题抱有信心。

另外一个学生听完主持人的问题后,他说这个问题和他曾听说过的"如何把冰箱推销给北极的因纽特人"的问题是同一种性质的,他们觉得这里面肯定有很多地方值得借鉴,受这个故事的启发,"把梳子卖给和尚"应该不是什么很难解决的问题。也有一个学生说,他看到过一篇关于产品推销的文章,说是把斧子推销给美国的布什总统,最后也成功了,想必从中也可以受到启示。

主持人惊讶于学生的阅读是如此的丰富。学生在讨论过程中,他们不断有新的想法涌现。这个活动不仅激发了学生的想象力和创造力,而且还让学生在平时阅读的文章派上了用场。无论是"把梳子卖给和尚""让石头在水上漂起来""把冰箱推销给北极的因纽特人"还是"把斧子推销给布什总统",它们都激发了人们的注意力,当这种注意力和勇气结合起来时,就会带来意想不到的成果。

学生的潜力是巨大的,只是我们没有去挖掘。我们的使命就是应该给学生创造适合把自身的创造性发挥出来的环境,让他们的潜能得到充分发挥。

活动点评

起初,当主持人宣布这个题目的时候,很多同学都认为:梳子怎么能卖给和尚呢?但慢慢地学生们开始讨论这个看似不可能的事,他们有的在梳子上面做文章,有的从和尚角度面做文章。讨论逐渐热烈。

主持人采取"头脑风暴"的做法,引导学生大胆说出一切可能的方法,然后在这些方法的基础上再挑出一些在实际生活中可操作的比较好的方案。

有的小组学生说,可以把梳子卖给寺庙里那些有胡子的老和尚,用梳子梳理胡须,但销量不大。

有的小组学生说,把梳子卖给和尚当柴烧,需求量肯定很大的,但用梳子当柴烧,未免太奢侈了,实际中几乎是行不通的。

有的小组学生说,把梳子当保健品卖,梳子可按摩头皮,具有舒筋活血的功效,可游说寺庙里的和尚,让他们每个人买一把。如果能到很多个寺庙里推销,数量还是比较可观的。

有的小组学生说,可在梳子上刻上本寺庙的图案或让人做善事的警句,作为赠品送给来烧香拜佛的香客,这样只要游说寺庙的方丈买很多梳子就可以了。如果寺庙香火旺的话,则卖掉梳子的数量应该很大的。

也有的小组学生说,把经文刻在梳子上,这样每个和尚都需要很多梳子;还有的小组学生说,梳子可以做得大一些,用来当寺庙周围的篱笆,销量也不少。

…………

不论是哪种情况,主持人首先肯定其想法的可能性,其次再分析其想法的可行性，最后由全体学生选出最好的方案并给予鼓励表扬。生活中有很多不可能，但只要不断创造，不可能便成为可能。敢于在不可能的地方创造出可能，需要的是要有敢于突破常规的勇气和解决问题的智慧。

学生感言

- 一开始，主持人说把梳子卖给和尚，我觉得是在故意捉弄人。和尚明摆着不用梳头发嘛！当小组同学开始讨论的时候，我忽然发现，我的思维太狭隘了，认为梳子仅仅是用来梳头的，也就是受了主持人所说的思维定势的影响吧。小组同学讨论得很热烈，后来发现可以有很多方法把梳子卖给和尚，只不过是不同的方法卖的数量不一样。我们在平时太容易受到思维定势的影响了，主持人说创新要打破思维定势，创新真不是一件容易的事。

- 我认为这个游戏不仅是考验我们解决问题的智慧，更是考验我们面对困难时，特别是面对难以解决的问题时所持有的一种态度。记得以前聘请过的一个德国籍中国足球队教练说过一句话"态度决定一切"，我觉得十分有道理。我们小组同学刚开始讨论时，大家都觉得这不可能，是很难的事，态度都很消极，不怎么愿意讨论如何解决问题。看到其他小组同学讨论热烈的时候，我们或许是受到了启发，大家的态度变得积极起来，慢慢地，我们小组同学竟然也讨论出了六种卖梳子的方法。所以我觉得以后无论遇到什么样的困难，首先不能被困难吓倒，要冷静，然后再想办法解决。只要有敢于面对问题的决心和勇气，办法总归是有的。

专家心理评析

心理学上有个概念，叫"功能固着"，它是指个体在解决问题时往往只看到某种事物的通常功能，而看不到它其他方面可能有的功能。如人们一般都认为钥匙是用来开锁的，箱子是用来放东西的，而忽视了它们还有的其他功能。虽然很多时候，"功能固着"可以为我们提供一种思维捷径，但"功能固着"对解决新问题往往有很大的阻碍作用。人们能否改变事物固有的功能以适应新的问题情境的需要，常常成为创新解决问题的关键。

在人们的认知常识中，梳子的一般功能就是梳头发，而和尚是没有头发的，要把梳子卖给和尚,确实会让人感觉不太可能。这时我们思考问题的着眼点就不能仅仅局限于梳子的梳头功能上,而应尝试突破常规思维,克服功能固着的负面影响。此时我们就要充分发挥自己的想象力,除了梳头这个功能外,要充分拓展梳子的其他功能,如梳子的保健功能、礼品功能、文化功能、艺术功能等,一旦打开了思路,问题也就变得不再那么难以解决。

在日常的生活中,教师可以多找一些"看似不可能"的情境问题,诸如怎么让石头在水上漂起来,以此来训练学生的发散性思维,帮他们克服功能固着,让他们真切体验到"看似不可能"其实可以变为"一切皆有可能"。

2. 遵从指导

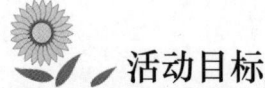

活动目标

1. 让学生懂得要打破思维定势,养成良好的阅读习惯。
2. 让学生养成做事通观全局的思维习惯。

活动准备

1. 活动时间大约需要20分钟。
2. 活动场地以室内为宜。
3. 准备"遵从指导"的材料每人一份、秒表一只。

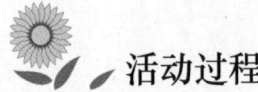

活动过程

1. 活动规则说明:

主持人向学生说明,这是一个需要速度的游戏。总共30道题,请你先看一遍题目,然后在右边的空白纸上按题目的要求做,速度当然是越快越好。做完后请你看看你花了多少时间,能挑战我们的纪录吗?

2. 活动计时准备：开始！

（1）在纸的正中写上你的姓名。

（2）在姓名旁边写三个"好"字。

（3）把你的性别和生日写在纸的右上角。

（4）在纸的最上方写上今天的日期。

（5）在纸的左下角画三个正方形。

（6）在这三个正方形外各画一个圆。

（7）再在这三个正方形里各画一个三角形。

（8）在你的姓名上方写上你父母的姓名。

（9）把你们三人的生肖属相分别写在姓名的旁边。

（10）把你的生日数字单个相加，把答案写在生日的下面。

（11）在纸的左上角写出你所读过的一所学校的名称。

（12）把你最喜欢的一样东西写在纸的左边。

（13）把你最讨厌的一样东西写在纸的右边。

（14）在纸的右下角画五个五角星。

（15）在你的姓名下面画一条波浪线。

（16）在父母的姓名旁边写上他们的生日。

（17）算算你父亲比你大多少岁。

（18）算算你比你母亲小多少岁。

（19）再看看你父母相差多少岁。

（20）在你最讨厌的东西上打一个×。

（21）在你最喜欢的东西旁边画一个☺。

（22）接下去的三题你不用做。

（23）将题目前面的单数题号圈出来。

（24）在题目前面的双数题号上打√。

（25）在纸的下端写出28乘以82的答案。

（26）把第7题中你所画的三角形全部涂黑。

（27）把第14题中你所画的五角星全部涂黑。

（28）看完后你只需要做第1题和最后两题。

（29）数一数当你"幡然省悟"时已做了多少题。

（30）在你的姓名下面写上"遵从指导我第一"。

3. 活动体验分享。

温馨提示

1. 主持人不要过分提示指导语，只说一遍就可以。
2. 活动时间一般以3分钟为宜，不宜过长，时间到了就停止游戏。

活动扫描

活动实录

在主持人宣布游戏活动开始的时候，学生们各个兴奋不已，他们都想成为速度最快的人。有个男学生很聪明，被戏称为班级的"小诸葛"。"小诸葛"头脑反应快，一向以速度快著称。但在平时的考试测验中，成绩有时并怎么突出，原因是他经常审题错误。当材料发到他手中的时候，他就迫不及待地做了起来。主持人在他旁边观察了几秒种，发现他比一般学生回答问题的速度是快不少，当有的学生才回答到第三题的时候，他已经回答了七道题。但过了没多久，就有两个学生很快交卷了，时间不超过两分种，"小诸葛"一看，自己还有十几道题没做完呢！他觉得自己的速度已经够快了，今天难道有谁能超过他吗？是不是那两个学生先放弃了，也有可能是他们故意想炫耀自己。虽然"小诸葛"心里还在嘀咕，接着又有几个学生交卷了，这时候"小诸葛"沉不住气了，他举手问："老师，你看看他们真做完了吗？是不是他们不参加比赛了呀？"主持人笑了笑，没有说什么，示意他可以继续做。又过了一分钟，主持人宣布游戏结束。此时"小诸葛"还有八道题没有做完。他一脸的困惑，今天真是邪门，怎么有那么多学生都比自己强，是不是什么地方出了问题？当主持人点破要仔细看题目要求的时候，"小诸葛"顿时恍然大悟，他直拍脑袋，后悔自己没有认真看题目要求。在体验分享的时候，他说道："我一直以为我很聪明，所以拿到题目后我就迅速做题而没有认真看题目要求。我想速度最快的就是做题最快的，其实这是我的思维定势害了我。这次活动让我懂得了，做事情之前应先弄清规则要求，否则，就会欲速则不达甚至是南辕北辙。教训深刻。"后来他在做题时审题变得

比以前仔细认真了,学习成绩也有了很大的提高。

活动点评

　　游戏开始时,许多学生就迫不急待地开始做题目,他们都想成为最快的人。有的同学拿到卷子后先大体浏览了一下,并按照要求很快完成了游戏;有个学生在一分钟内就做了十几道题,得意的表情一览无余,当看到另外一个学生用了不到一分钟就交卷时候,他感到很惊讶。慢慢的,又有几个同学迅速交了卷,脸上都挂着胜利的微笑,而其他的学生则拼命地做题,他们很纳闷别人为什么会做得那么快。等到三分钟后主持人宣布游戏结束的时候,许多学生还没有做完题目。等到主持人提醒大家要认真快速地看一下题目要求,浏览一下整个试卷,在试卷最后看到只需要做第一题和最后两个题就可以了时,许多学生大呼上当受骗。

　　很多时候,我们往往只按照自己的习惯性思维做事情,没有按照要求做事情,到头来功亏一篑。习惯是一种力量,习惯就是一种素质。好的学习习惯,好的思维习惯,不断调整自己的习惯,经常鼓励自己的习惯,"吾日三省吾身"的习惯……都是一个人成功的必备素质。好的习惯会带来成功,而失败也常常是许多不好的,或不科学的,甚至是坏的习惯造成的。习惯是什么?习惯是一种心态,一种心理定势,一种潜意识中的存在。当一个人形成良好的心理定势时,我们就可以说他在心理上成熟了。而心理一旦成熟了,人就成功了。

学生感言

- 主持人宣布游戏结束的时候,我才做了一半。知道了游戏的真正目的后,我觉得在这个游戏中,自己的行为陷入了平时的一种思维定势中,只追求速度却忘了看清题目的要求,真是聪明一世糊涂一时呀。

- 这个游戏我没有被"骗",因为我以前曾经有过类似的经验教训。有一次英语考试中,题目要求选出"哪一个是错误的选项",结果我没有看清楚,按照一般的思维习惯,就选出了一个正确的选项。这主要是我的惯性思维害了我,所以做题之前我一定要了解题目的要求,哪怕是曾经见过的题目,这样就不会被自己的思维定势束缚住了。可如果不了解题目要求的话,到头来就会做"无用功"。

专家心理评析

心理学上有个耶克斯-多德森定律,大意是人的动机强度与解决问题的效率之间并不是线性关系,而是呈倒U形的曲线关系。只有当动机处于适宜强度时,解决问题的效率才会出现最佳;而当动机强度过低或过高时,都不利于解决问题。这是因为过强的动机往往会使得个体处于过度焦虑和紧张状态,导致其在解决问题的过程中有急躁心理,很容易出现看不清任务要求或丢三落四或忙中出错甚至钻牛角尖,反而不利于问题的解决。

"遵从指导"游戏给我们的启示就是在解决问题时,一方面要保持冷静沉着的情绪状态,不要急于求成。另一方面,要养成解决问题前看清任务要求与规则要求的好习惯。如在平时的考试中,考卷发放后,教师都要求学生先不要急于做题,而是要先花2～3分钟快速浏览试卷。浏览试卷,一方面可以让紧张的考试心理得到适当缓解,另一方面可以让人从全局的角度把握试卷,看清题目总数、各种题型,做到心中有数,以便合理分配时间和精力。因此,无论是考试、做作业还是做其他事情,我们事先都一定要仔细审察,遵从正确的指导,做好充分的准备。不仅要从大处着眼,也要从细节着手;不仅要注重局部,更要总揽全局;不仅要注重效率,更要重视要求与规则。那种自以为是、仓促行事只会欲速不达、适得其反,是要极力避免的。

3. 心中的塔

活动目标

1. 让学生在团体合作中体验领导、配合、服从等角色。
2. 培养学生学会悦纳自己、欣赏他人。
3. 帮助学生开拓思维,积极创新,大胆表现,追求形式与内涵的和谐。

活动准备

1. 活动时间大约需要30分钟。
2. 活动场地以室内为宜。
3. 每组准备大报纸4张、透明胶带纸1卷、剪刀1把。

活动过程

1. 将全体学生分成若干小组,每组以7～8人为宜。

每组领取材料一份:报纸4张、透明胶带纸1卷、剪刀1把,在20分钟内完成建"塔"任务,并取好"塔"名。

2. 各组推荐一名学生做全班交流,介绍"塔"名和设计创意。

温馨提示

1. 选出两名观察员,全程观察各小组建"塔"过程,特别注意组内成员的角色确定过程。交流结束时作观察报告。

2. 在建"塔"过程中不许用语言交流,请观察员提醒督促。

3. 建议在各组完成建"塔"任务后,小组成员与作品合影留念。

报纸的用量可根据时间长短、场地大小来确定,各组的用量基本相同,但要备有余地允许各组适量添加。

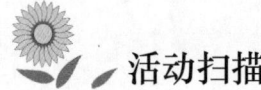

活动实录

大约在美国的"9·11"事件后不久,主持人组织了一次"心中的塔"的活动,这次活动中学生们建出的"塔"有显著的特点: 1. 高塔,2. 双塔。

主持人要求每个参与者静静想一想,自己心目中想建的塔是什么样的?然后慢慢地把它与同伴沟通(不用语言交流),形成小组的共同愿望,建成一座"我们的塔"。大约沉默了5分钟后,主持人看到各个组不约而同地开始建起了双塔,取名"不倒的双塔""和平的双塔""永远的双塔""历史的双塔"等,虽然"9·11"中倒塌的美国高楼离我们很远,所有的人也只是在电视或图片上见过它,但"9·11"是在学生心中留下了深深的震憾,今天他们通过建"塔"游戏,把内心的震憾表达出来了。

"伊拉克战争"爆发,世界人民都关注着这一历史事件。表面上看当时我们的学生每天教室、食堂、寝室三点一线,没有多大的变化。但通过游戏"心中的塔",从他们建的"塔"与取名中,可以看到他们内心的想法。与"9·11"事件后学生建双塔不同,这次他们建的塔大多是方正、低矮、简陋、平稳,取名"难民平安塔""祈求和平塔"。

在国际、国内出现比较重大的社会热点问题时,游戏中都会及时反映出来。

如"回归塔"——期盼台湾回归、"神舟六号发射塔"——神舟六号发射成功、"奥运塔"——2008年北京成功举办奥运会、"世纪科技塔"——2010年上海世博会、"感恩塔"——教师节礼物等。

小小游戏表现了学生的时事敏感、内心思索和综合素质。

活动点评

学生们的想象力和创造力是主持人无法想象的，每次游戏都会出现令人耳目一新的作品。有的组会以高取胜——高到碰到天花板；有的组以塔群取胜——多到小组成员每人一塔组成和谐的塔群；有的组以"名"取胜——模仿名塔如东方明珠电视塔、比萨斜塔、七级佛塔、金字塔等；有的组以"热"取胜——社会热点为主题如不倒的双塔、祈求和平塔、回归统一塔、神州六号发射塔；有的组以功能性取胜——设计一些有实用价值的塔，如垃圾处理环保塔、海湾导航塔、太阳能转化塔、学子愿望塔、多功能展览馆塔等。

在建"塔"过程中，学生们不仅运用主持人统一发给的报纸材料，他们还会寻找其他道具创造个性化的作品。如有的小组学生会利用报纸上现有的照片进行装饰；有的小组学生利用笔、杯子、餐巾纸、发卡等小饰物进行创意；有的小组学生会将凳子做成塔的内部基座，非常坚固；更有创意的是把报纸贴在人体上，设计出可活动的大型塔。虽然他们的变化超出了原定的材料规定，但学生们的大胆创意，令人赞叹不已，主持人没有理由去阻止他们的想象力和创造力的表现，所以在点评中给予充分的肯定。

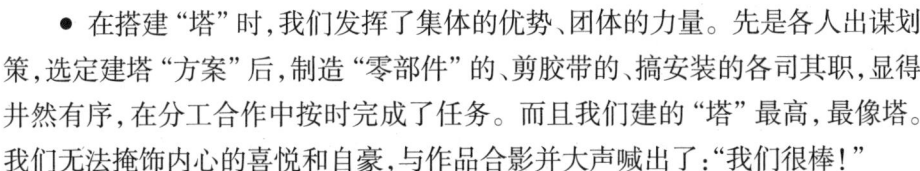

学生感言

- 在搭建"塔"时，我们发挥了集体的优势、团体的力量。先是各人出谋划策，选定建塔"方案"后，制造"零部件"的、剪胶带的、搞安装的各司其职，显得井然有序，在分工合作中按时完成了任务。而且我们建的"塔"最高，最像塔。我们无法掩饰内心的喜悦和自豪，与作品合影并大声喊出了："我们很棒！"

- 我印象最深刻的是"塔中情"游戏，同样的一叠报纸，剪刀和胶水，全班分成几组同时建"塔"，我们组建的"塔"最高、最漂亮，因为我们懂得合作。在建"塔"过程中，一个同学自发当起了"领导"的角色，而其他人就听他的分配。为了更好地完成任务，我们有时候需要当起"领导"的角色，更多的时候

我们只需要做一个配合者。没有人不服气自己只是配合者,因为不管做什么,我们的目的是一致的。在高高的"塔"即将完成时,对于塔顶怎么做,出现了意见分歧。当然有的意见会被淘汰,不过意见被淘汰的人并没有难过,而是继续配合其他成员完成任务,并且共同体验成功的乐趣。我们四个由初识的成员组成一个团队,在不能语言交流的情况下,以最快的速度创造了我们心中的"神舟六号发射塔"。在整个过程中,我们都很投入地设计着,大家似乎心有灵犀,分工合作。虽然老师的评价没有好坏之分。但是在我们以最快的速度完成任务后,四个人不约而同地鼓了掌,那掌声的一致让人觉得纳闷,但是这恰恰是反映了人有好胜的心理。渴望成功和别人的认可,希望自己的生活充满掌声。

● 学生们的合作力和想象力发挥出来,真是让人刮目相看哦。有的小组做出了一个"东方明珠电视塔",有的小组做出了"双子塔",两个塔之间还挂着一个大大的爱心。还有一个小组把报纸卷成四根支柱,支柱的上方绑在一起,下方放在地上,四个支点构成了一个不规则的四边形,上面再套上一个尖尖的高帽,帽上剪了几个方洞。一个现代派的艺术作品出现在大家的眼前,引得同学们一阵赞叹。这个小组的同学还把这个塔取名为"协心塔",因为这是我们小组的成员齐心协力做出来的!

● 主持人让我们在没有语言交流中,用废报纸完成一个有创意的"塔"。起先大家都有些不习惯,彼此也不默契,但渐渐地在没有语言的环境中,我们变得越来越默契,废报纸变成了艺术品,裁剪粘贴,一张平铺的报纸变成了一座独一无二的建筑物,我们创造了令自己满意的作品。

游戏让我们学会了互相磨合,这对我们以后的学习生活及人际交往是非常有用的。

专家心理评析

谈起创新创意,很多人都觉得那是科学家、发明家的事,觉得创新离我们很遥远。其实,创新并不是很神秘的事情,创新意识和创意能力的培养可以在日常的游戏活动中实现。

我们可以利用废旧报纸、胶带和剪刀等,相互合作,共同制作"心中之塔",以此培养设计与创意能力。如何求稳,如何保持高度,如何让柔软的报纸变得坚硬，如何搭出有创意的塔，制作过程中不仅需要让学生们知道应用一定的数理知识，如数学几何中学习的"三角形是最稳定的形状"和物理中学习的"物体越高，重心就越高，则物体就越不稳"等理论知识，更重要的是可以让他们体验想象和创造的无限乐趣，体验到集体的力量为他们的创意设计提供了无限的智慧源泉。

只要有创新的意识和理念，简单的活动中也会有令人惊喜的无限创意！

4. 传球夺秒

活动目标

1. 让学生体验团队合作能够提高效率。
2. 在实践探索中培养学生创新意识,开发创新智慧。

活动准备

1. 活动时间大约需要20分钟。
2. 活动场地室内、室外均可。
3. 准备彩色小球若干个、秒表一只、记时员一名。

活动过程

1. 将全体学生分成若干个小组,每组8人,并推荐一名学生担任组长。由组长向主持人领取彩色小球一个。
2. 主持人宣布游戏规则:每个组员都要接(接触)球,但前后接(接触)球的人不可以是相邻者,以每个组员均接(接触)过球用时最短的组为胜。

3. 主持人用秒表为各个组记时，完成一轮记时后，请各小组成员作演示。

4. 主持人要启发大家用更快、更好的方法取胜，最终请用时最少的前三个小组做全班分享。

温馨提示

1. 开始各小组学生均采用"传"的方法，配合不好，则会影响速度，因此第一步要让同学们体验合作提高效率。

2. 启发小组成员分析原因、总结经验、吸取经验，在训练合作的基础上，不断开拓，尝试改变方法的优越性。

3. 及时宣布不断被刷新的用时新纪录，提示改变方法，提高速度；不断宣布产生的新方法。要注重过程而不是结果。所以，主持人不要急于公布最佳方法，对新思路、新方法要质疑、验证如何在探索的基础上获得成功。

活动实录

当主持人宣布完游戏规则后，各组成员都迫不及待地"传"了起来。开始大家坐得较远，小球在空中抛来抛去，不时掉在地上。当主持人报出其他小组的纪录时，大家才有了紧迫感，不由自主地紧缩成一个小圈。"传"了一遍，要求再"传"一遍，大家有一个共同的感觉："再来一次，一定会更好！"一个又一个新奇的想法从学生们的脑中蹦出来，游戏过程中不断传来好消息，用时越来越短……

一个小组的方法是把非相邻同学的手由上到下按顺序排好，让小球做自由落体运动，速度比让小球从斜面往下滚又快了一些，居然只用了3秒多。纪录一次次被打破，同学们的积极性一步步在提升。当一种方法的速度达到极限时，主持人鼓励继续努力突破，怎么办？这时小组成员又开始冷静下来思考新的方法。

活动点评

游戏的魅力不在于最后的结果,而是探索的过程。所以主持人一定要把握好学生们的情绪,通过不断的刺激,产生积极的、主动的、愉悦的探索欲望。用秒表记时,不断宣布最新纪录有很好的催化作用。中期让各组成员做一次演示,是一次强化和交流的机会,通过面对面的交流,再一次激发起学生们继续探索的积极性。

"有没有更好的办法让时间变得更短些?这个游戏的时间还可以变得更短些。"主持人可以向所有小组的学生提出更高的要求。

现场的气氛变得热烈而高亢,有一个小组成员们的成绩居然不到一秒,这个成绩把整个活动推向了高潮。他们把球固定不动,发出一个口令后,每个成员几乎同时用手去接触小球,整个游戏的时间差不多就是人的反应时间,只有0.5秒左右(因为球是凸面的,每个人的反应时是不一样的,在接触球时每个人是有先后的,所以这样做符合游戏要求)。

最后要求主持人验证和记录的呼声此起彼伏,令人应接不暇。积极的气氛空前高涨。游戏的关键是学生们通过一次次的实践,发现了新方法、实现了新突破,探索着并快乐着。

学生感言

- "传"球时实际上是球动人不动,人处于被动状态,是否可以变球动为人动呢?当然可以啦!有的小组同学开始把球固定在中央,每个人伸出手去碰球,这样快多了。但是否可以更快呢?因为8个人,8个脑袋,8次反应需要时间啊。假如改小球为自由落体运动不是更快吗?一种新的办法又产生啦!此时,秒表实际上已经无法记时了。是否还可以有更好的方法呢?经过同学们的商议、探索,奇妙的方法层出不穷……

- "有没有更好的办法让时间变得更短些?这个游戏的时间还可以变得更短。"主持人不断启发我们去思考新的方法。

在接下来的讨论反思中,有的小组成员把非相邻同学的手按顺序排好,由高到低组成一个斜面,让球从斜面高处往下滑,速度快了许多,只有5秒,当大家在看到成绩由最初的30多秒提高到5秒时,高兴地连自己都不敢相信。我们的创造性发挥出来了,我们体验到了成功的喜悦。

专家心理评析

每一件看似不可能的事情摆到面前时,这种"不可能"的心理定势,使每个人都会想到放弃。但只要开动脑筋,发挥团队合作的集体智慧,就会不断挑战新的纪录,取得新的成功。但又发现,使小球传递速度发生本质性变化的真正原因,除了合作,更需要创新。

创新就需要打破思维定势,逆向思维是创新思维中常见的一种思维方式。当大家都朝着一个固定的思维方向思考问题时,而你却独自朝相反的方向思索,这样的思维方式就叫"逆向思维"。本游戏中比赛的关键是让小球快速通过小组每个人手,受常规思维定势的影响,很多人头脑中思考的问题是"球如何快速经过每个人的手",此时的场景是"球动人不动,人处于被动状态",如果采用逆向思维,通过"让球不动,让人快速接触球"这一探索尝试,就会发现这一逆向思维解决问题的方式比原来的速度更快,甚至可以用时不到一秒钟。可见,当我们遇到问题时,如果常规的正向思维不理想,那就不妨倒过来想一想,也许会有意想不到的突破与惊喜。

5. 比比谁高

🌻 活动目标

1. 通过游戏训练学生的思维，发挥集体智慧，激发个人的想象力、创造力。
2. 让学生体验在合作中竞争，在竞争中合作。
3. 倡导学生个性发展，认同美、佳、绝多元化的评价标准。

🌻 活动准备

1. 活动时间大约需要20分钟。
2. 活动场地以室内为宜。
3. 准备扑克牌、吸管、回形针若干。

🌻 活动过程

1. 把全体学生分为若干个小组，每6人为一组，领取材料：一副扑克牌、100根吸管，其中20根带弯头的、20只回形针。
2. 要求小组成员合作，在10分钟内利用现有材料搭建有高度的作品，并且命名。

3. 各组派一名学生讲解搭建原理,根据最后的高度及综合结果(外形的美观、结构的稳固、用材的科学、创意的新奇等),评选出如"最高""最美观""最省料""最稳固""最新奇"等最佳作品。

温馨提示

1. 三种材料均要用上,不可以只使用其中的部分材料。
2. 比最高是指直立高度,不可以倚靠墙面、钉着地面、人手扶立等。
3. 各组派出一个学生组成"评委组",分别到各组征求意见并评定最佳作品。

活动实录

小组成员面对100根吸管、20只回形针和一副扑克牌,大家都在思考着,但不知从何下手?

A组的小博士聪聪分析说:回形针可以用来做什么?——连接与装饰;吸管可以用来做什么?——建高的主体材料;扑克牌可以用来做什么?——底座与加层。大家觉得有道理,根据他的思路开始动手了。先用30张扑克牌做底座,在一张扑克牌上挖四个小孔,插上四根吸管,在四根吸管的上方同样放一张挖了四个小孔的扑克牌,就这样一层一层往上加。理论上可以加25层,因为有100根吸管,24张牌。但由于搭建中不平衡,所以到6层以上就开始倾斜起来,大家又开始用回形针做成长链来调整其平衡,效果还不错。但由于20只回形针太少,所以搭建至10层后就很困难了。

B组的思路又怎样呢?我们来看一下。

他们用的材料很少,但高度已经超过了A组。他们是用54张扑克牌做基座,在基座上面挖三个小孔,把三根吸管同时插入,建立一个稳定的三角形底座,接下来用回形针把一根吸管固定在这底座上面,之后就一根一根依次伸长(都用回形针固定),一直接到20根时还比较轻松。但缺点是太单调,缺乏美感。

C组、D组、E组的成员们也都在积极行动,好作品一定会诞生。

活动点评

运用三种互不相关的材料,搭建有高度造型的作品。作品是什么?没有主题规定,没有形状规定,一切都是"想怎么做就怎么做"。看似无形但其实是有形的,高度性、美观性、稳固性、新奇性限制着作品的最佳性。所以比要求做出一个有明确主题要求的作品更难。它成功的第一步可能就在于它是选题和创意。

这样的创造是在一个组内完成,所以有谁拿主意——主设计,有谁做配角——做技工,有谁当"领队"——管协调,有谁搞外联——管宣传等,都需要在大家的信任、协作和认同中进行。一个最佳作品的出现,一定包含了全组成员共同的心血,是团队合作的产物,是集体智慧的结晶。

学生感言

● 用简单的材料,要比谁搭得高,开始我们真的感到很难,不知从何下手。6名同学都想不出又快又好的方法,但每个人又都想做设计师。转眼54张扑克牌一抢而空,就按平均每人6张来说,又能搭多高呢?组长意识到这个问题,只有大家一起考虑搭一个,才可能最高。于是他马上做出决定:把所有的扑克牌统一使用。这样,我们由个体思考回归到小组思考,共同完成最后的作品。

● 我们小组共6名同学,大家都在积极参与,我感到无力可施,就在一旁观察。既观察自己小组的进展,也关注其他小组的创作过程。当我发现他们有好的设计方案时,立刻提供给本组成员,使我们的设计过程不断吸收别人的经验,在别人的基础上进行创新,可以少走弯路。

开始觉得自己像个多余的人,现在觉得我也找到了一个"岗位",为小组出了一份力。

专家心理评析

我们对扑克牌、弯头吸管、回形针这些物品本身的功能十分熟悉,它们与搭高没有必然的联系。现在要利用这三种物品来进行搭高比赛,搭建的作品不仅要"最高",而且还要"最美观""最省料""最稳固""最新奇"等,这些多组合的评比要求,实际上最终比拼的还是小组成员的创意与智慧。

在创新的理念与思路中,组合创新是一种极为常见的创新方法,包括功能组合、构造组合、材料组合、意义组合等。本游戏中,小组作品要想取胜,小组成员可以采用组合创新的思路,对扑克牌、弯头吸管、回形针这些物品的材料性质、功能用途、象征意义等进行组合创新,突破定势,大胆想象,发挥集体的智慧,设计出充满个性的开拓性创意作品,不仅可以呈现出作品的高度,也可以彰显出创新的高度。

6. 高空飞蛋

活动目标

1. 体现小组成员的团队合作精神。
2. 帮助学生克服定式思维,在探究中寻找快乐,创造中体验成就感。

活动准备

1. 活动时间大约需要30分钟。
2. 活动场地在室外且有三层楼以上高处的活动场地。
3. 每组准备鲜鸡蛋两只、报纸两张、塑料袋、胶带纸、细绳子。

活动过程

1. 将全体学生分成若干小组,每组以4~5人为宜。
2. 主持人把上述材料发给每个组,让学生们在15分钟之内用所给的材料设计完成保护装置,每组留一名学生在3层楼高的地方投放鸡蛋,其他同学可以在楼下空地上观察及检查落下的鸡蛋是否完好。

3. 高空落下鸡蛋完好的小组是优胜组,可以进入决赛,决赛可以提高难度,如从4楼或5楼往下投鸡蛋。

4. 全体学生交流成功与失败的经验及教训。

温馨提示

1. 两只鸡蛋,一只用于试验,一只用于比赛。强调用材的统一,以示竞争的公平性。

2. 强调探索的过程,在实践中不断改进、创新和突破。

3. 鼓励学生总结成功的经验与失败的教训。

活动扫描

活动实录

有的把塑料袋做降落伞,也有用报纸做降落伞,有的把鸡蛋放在纸船里,也有把鸡蛋挂在空中,有的用多层报纸包裹,也有把着落器做成锥形体。

第一小组用塑料袋做降落伞,用两张报纸包住鸡蛋防震,结果鸡蛋碎了。

第二小组用报纸做降落伞,下面挂一只用报纸做的船,把鸡蛋放在吹足了气的塑料袋里,放在船上,结果鸡蛋也碎了。

第三小组用塑料袋做降落伞,用多层报纸包裹鸡蛋并挂在空中,鸡蛋下面再加一个用多层报纸做成的锥形体着落器,结果成功了。小组全体成员兴奋地欢呼起来。

其实第三小组并不是一开始就这样设计的,他们曾讨论了多种方案。因为每组只有两个鸡蛋,一个用于试验,一个用于表演,所以在反复论证的基础上才开始实际试验的。在这期间,他们观看其他小组的试验,分析失败的原因,不断修改自己的方案。所以他们的成功一半来自大胆的探索,一半来自智慧的设计。

其他小组同学在失败的基础上又开始新一轮的设计研究,因为只剩下一个鸡蛋了,所以大部分组学会了论证、研讨,甚至组与组之间交流后,再实施"高空飞蛋"行动。

结果并不重要,重要的是过程。相信通过游戏让学生们学会了研讨、反思与创造。

活动点评

只用一张报纸,一个垃圾袋和一段很短的绳子,如何把一个鸡蛋从三楼扔下来不碎,的确难度挺大的。垃圾袋做降落伞,报纸作缓冲器,通过很短的绳子,让缓冲器与降落伞保持平衡,鸡蛋才能稳稳地落地。高空扔鸡蛋这个活动体现了集体的智慧大于个人的智慧。也许在某一点上,个人的决断比集体的决断更高明些,但在大多数情况下,集体的智慧大于个人的智慧。所谓群策群力,"三个臭皮匠顶个诸葛亮"说明的正是这一点。

要让鸡蛋不破很难,大部分组都会失败,但小组成员共同探讨,吸取别人的优秀经验,不断改进,不断创新,最后就出现了成功的组。增加难度刺激成功者投入新一轮的创新。付出越多,体验越深,成功的喜悦越强烈。

学生感言

- "高空飞蛋"游戏具有挑战性,我们怀着兴奋的心情开始了尝试。塑料袋、报纸、几段绳子,两只鸡蛋,仅有的材料少得可怜。鸡蛋是一碰就要破的东西,要从三楼扔下来不破,这可能吗?小组中有人认为是不可能成功的,所以他们站在一旁怀疑、指责,说"风凉话";有人认为一定可以成功的,所以积极地设计方案;还有人持怀疑的态度,所以他们一边尝试一边动摇。由于多数人信心不足,所以我们组最后没有成功。看到其他组同学享受成功的喜悦,我们心里有一种说不出的滋味。

- 我们组5个同学从一开始就进行了分工,2人外出采集信息,看看其他组有什么好的"点子",2人主要进行设计制作,1人负责"高空飞蛋"的操作。在别人失败的基础上,我们不断改进装置,使它变得越来越科学、合理。最后我们确定了几个原则:1.用降落伞减缓鸡蛋的下降速度;2.鸡蛋一定要挂空,并用空气保护;3.在鸡蛋下部要有着落器缓解鸡蛋落地时的冲击力;4.鸡蛋从高空飞落时,要控制好风向,避免飞落到有锋利乱石的地面。根据以上原则完成的装置,既轻便又结实,从三楼落下的鸡蛋完好无损。后来有同学提出挑战四楼,我们又成功了。

专家心理评析

因为鸡蛋的易碎性,使"高空飞蛋"活动似乎成为一个不可能完成的任务。所以,在设计此活动时,要考虑高空的高度和可以用以保护鸡蛋的材料。设置怎样的条件,可以恰到好处地刺激学生们的想象力和创造力,让他们有兴趣开展探索与尝试,有信心将不可能变为可能。

学生们在挑战游戏的过程中,首先要在克服"不可能"的消极心理暗示,要有敢于挑战"不可能"的勇气。挑战"不可能",肯定需要突破常规,需要小组成员有创新的思维和解决问题的新方法。日常生活中有很多看似"不可能"的事情,其实都蕴藏着各种"可能"。只有具备突破现有的知识体系、思维模式、行为习惯的勇气与决心,用创新的眼光、多维的视野和科学的知识去积极应对,那些看似"不可能"的目标,才可能在一定条件下得到激发,完成从"不可能"到"可能"的飞跃。

在游戏的过程中,几乎每个组都经历了失败的体验,但学生们在主持人的激励下,在思考—提议—合议—质疑—实践的过程中,终于获得成功。这样的过程,对学生来说,是经历激发思考,拓展思维、培养意志、追求成功的训练,这样的收获是终身难忘的。

7. 畅想拼图

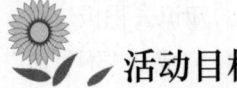 **活动目标**

1. 让学生体验集体智慧和合作带来的快乐。
2. 通过畅想拼图,开拓学生的思维,丰富想象力,提高创造力。

 **活动准备**

1. 活动时间大约需要25分钟。
2. 活动场地以室内为宜。
3. 准备不同颜色、不同形状的纸片若干。

活动过程

1. 每名参与者到场地中央领取一张彩色纸片,根据纸片提供的信息(如颜色、形状)寻找拼图伙伴,以最快拼出者为胜。开始大家会根据颜色形成拼图小组,经过共同努力,可以拼出不同颜色的长方形图案。
2. 主持人确定各小组的拼图顺序后,要求大家把纸片交还到场地中央。

3. 主持人要求每名参与者再次到场地中央领取一张彩色纸片，根据纸片提供的信息（如颜色、形状）寻找拼图伙伴，以最快拼出者为胜。此时会出现两种情况，一种人根据纸片颜色寻找拼图伙伴，还有一种人根据相同图形、不同颜色组成拼图小组。

4. 当大家认同了以相同图案为分组依据后，立即拼出了各种形状不同的图案。主持人发出指令：2分钟拼图，比一比哪个组拼出的图形最多，并给每个图形命名。

5. 各组派代表演示拼出的图形及命名。

温馨提示

1. 根据参加游戏的人数，确定纸片的裁法，一般把一张A4大小的彩色纸片按照规则与不规则图形裁剪成6～7份，假如有8种不同颜色的纸，就可以获得48～56张不同颜色和形状的纸片共学生们领取。

2. 假如出现第二轮拼图还是以颜色为拼图依据时，主持人不妨对比两次拼图所用时间，点评时让学生体验：目标明确、任务明确效率就会成倍提高。继续重复交回纸片，做第三次拼图。

3. 游戏的重点是畅想拼图部分，所以要鼓励学生克服思维定势，积极开动脑筋多拼、快拼，通过集体交流，开拓视野，达到相互启发、相互学习的目的。

活动扫描

活动实录

"拼图"过程并不是一帆风顺的，因为大家并不知道最终的答案是什么？加之各组6～7名同学的不同意见、不同想法需要融合。有时离胜利就一步之遥了，出现一个错误的意见，结果前功尽弃，重新陷入迷茫。有的小组派出观察员，注意观察其他小组的进程，大胆吸收他人经验，结果轻松完成拼图任务。也有的小组成员保守、自我，一不吸取他人经验，二总是怀疑纸片多一片或少一片，强调外界客观原因，阻碍了团队内部的信任与合作，结果迟迟无法完成拼图

任务。

在第二轮"按相同图形"分组时,根据各组的不同图形可以拼出非常丰富的图案,加上命名更好。如:8个半圆图形可以拼出"大圆盘""立体风轮""帆船队""彩蝶飞""花瓣""冰糖葫芦""钻石"等。8个菱形可以拼出"大风车""稻穗""腰带""飞机中队""雪松""群山""舰艇""汽车"等。学员们的想象力是非常丰富的,绝妙的构图和贴切的命名总是引来阵阵掌声。

活动点评

这是一个十分有趣的游戏,由于思维定势的缘故,主持人说:"根据纸片提供的信息,寻找拼图伙伴,以最快拼出者为胜。"大家首先想到拼出一个规则的图形,因此根据颜色相同这一信息组成拼图组就成了首选。第一轮结束后,主持人肯定了优胜组。在接下来的第二轮中,优胜组的成员往往会思维定势,有人提出:"我们继续拿同样的纸片。"但由于人多,拿哪一张纸片不是完全由自己决定的。一定会有人提出:"拿同样的形状的朋友过来。"这是非常关键的信息,听到这样的喊声,大家很快明白主持人新的意图,所以第二轮总是能够顺利的"按图形相同"为线索分组,在这基础上开展"畅想拼图",使活动气氛达到高潮。

学生感言

● "现在,请拿到相同形状纸片的学生集中成为一组,在3分钟时间内看哪一个小组拼的图案多,每一种图案都要取一个名字"主持人说。

于是,大家群策群力,我们拼出了很多美丽的图案:"一行白鹭上青天""沉鱼落雁""七彩花环""雁南飞""白鹤亮翅""高山流水""百年树人""鹰击长空""鱼翔浅底""闭花羞月""心心相印"。我们心里充满了创造的快乐,充满了竞争合作的快乐,充满了发扬团队精神的快乐。

● 因为每组成员拿到的纸片图形是不一样的,所以我发现有的组拼出来的图案漂亮、丰富,而像我们小组就信心不足。不少成员用羡慕的眼光看着别人,心里嘀咕着:"运气不好,肯定比不过他们了。"我们小组一时出现了冷场。主持人看到这一情况,过来对我们说:"每个组的情况不同,我们的评判标准也是不同的,拼得多、拼得漂亮并不是评判小组成功的唯一标准,重要的是看小组成员的合作力、想象力、创造力。"听了主持人的一席话,我们明白了,要在自己现有的基础上开拓思维,创造出富有特色的作品。

专家心理评析

"拼图"是我们从小就经常接触的一个受人欢迎的游戏活动,在玩拼图的过程中,可以激发人的创新意识,锻炼人的想象力、思维力、逻辑判断力,等等。"畅想拼图"这个游戏活动让大家体验的是一个"畅"字,不仅包含想象的"流畅"性,也包含合作的"欢畅"性。在拼图过程中,小组成员可以采用"头脑风暴"的方法,不受"像不像""好不好""行不行""对不对"的束缚,每个人都可以充分发挥自己的想象与灵感,对拼出的图案进行创新设计,最终形成小组的创意作品,并对作品赋予丰富的文化内涵或创意解读。

"畅想拼图"不仅培养了小组成员的发散性思维和想象能力,也培养了小组成员在团队合作中的主动性、协作性、果断性、决策性等优秀素质,是一项简单易操作又趣味无穷的创意活动,值得反复练习与体验。

8. 平面魔方

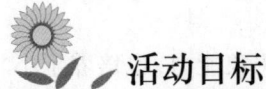

活动目标

1. 让学生学会打破思维定势，体验合作创新。
2. 让学生掌握理性分析与寻找规律的探究方法。

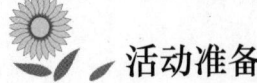

活动准备

1. 活动时间大约需要15分钟。
2. 活动场地室内、室外均可。
3. 准备8张尺寸一样大小的正方形纸片，写上1～8的序号；地面上用粉笔画出9个大小适中的正方形（同学能站在里面），或者用9张大小适中的不同颜色的纸代替。回形针若干。

活动过程

1. 将全体学生分为若干小组，每组8人。
2. 每组的8名学生手持标有序号的纸片分别站在由9个方框组成的正方

形内(最后一个方框为机动位置),经过一番移动,将最初序号和最末序号颠倒过来。

3. 方法不限,方法多者获胜。

初始位置				最终位置		
1	2	3			8	7
6	5	4		4	5	6
7	8			3	2	1

温馨提示

1. 提醒学生看清"初始位置"与"目标位置"的关系,分别为"S"形。假如小组成员顺利完成了移位任务,也可以鼓励学生试一试"三"形,即:

	8	7
6	5	4
3	2	1

比较两种情况有何不同。

2. 在活动中主持人观察"领导者"的产生与管理水平、组员间的合作态度与效率。

3. 做好各小组用时的平衡,对误入"绝境"的小组给予适度的指点。

 **活动扫描**

活动实录

做"平面魔方"游戏时,第2小组只想出了一种办法。他们分析原因有两个:

第一,因为小组成员不自信造成的。其实最简单的旋转方法一开始就想到了，但由于大家都觉得不可能那么简单，所以否定了这个方法，花费了很多时间去寻找好方法。其实生活中的很多事也是这样的，有时明明是正确的却因为自己的不自信而错失机会。

第二，大家总是把纸片胡乱地排，但当"瞎猫碰见死老鼠"地找到方法时，却又忘了之前的步骤是怎样走的。其实生活一定也是有很多次机会像这样与我们擦肩而过，剩下的也许只有遗憾。

曹同学说：做"平面魔方"这游戏颇有感触。使我懂得了许多事情的处理方法不是单一的，要尝试走不同的路线，择其优者，必定事半功倍。起初，我们想在纸上画上九个格子，标上数字后再盘算，但那样很麻烦，数字又移动不了。我们又直接站位、不断实践，可是8个人站着，又互不熟悉号码，空间感给我们带来了极大的混乱。最后，大家拿出各自的号码牌，在桌上拼凑，然而这样虽方便，但繁多的步骤根本记不住。经多次反复设计，我们才找到最正确的方案：先用号码牌拼凑，大致记住个人走向，再真人实践，这样，大家都能记住自己的路线了。这个钻研、实践、小结、改进的过程，我认为是远比游戏结果更重要的。

活动点评

在做"平面魔方"游戏过程中，可能由于学生之间不熟悉自己的位置，在移动过程中很混乱，从而使得他们迟迟不能得到结果。但指导者不必急于喊停，相信大家经过几分钟后，会慢慢趋于理智。开始是大家都在转动，后来就自然出现"领导者"，他会要求大家尝试着根据某一规律有序地进行移动。在碰到困难时停下来讨论，有了新主意后继续转动，很快达到了目的。

也有的小组成员更聪明，他们围成一圈，把代表各自号码的纸片放在地面上，移动纸片，寻找答案。这样的小组成员往往得出的不止一种答案，他们把一个团体合作的活动抽象为智力题目。在找到了多种答案后，再通过小组成员合作转动加以验证。

学生感言

- "平面魔方"告诉我"条条大路通罗马"，一件事可以有许多解决的方法。我想平时对待生活、学习，不应该怕麻烦，耐心地用心地去寻觅最佳之道，这样才会比仅仅获知一个答案学得更多。对生活，我们应该抱以积极乐观的态度，像喜欢游戏一样用心去办每一件事。我们爱生活,生活才会爱我们。

● 做"平面魔方"游戏时,看着同学们认真的模样,我虽没有上场但也很投入其中。我本以为我们班没有太大的凝聚力,但在那一刻,看到女生们埋头讨论方案,男生们踊跃变换队形时,我很感动。我觉得我们班还是十分优秀的,今天让我感受到了凝聚力的重要。

专家心理评析

"魔方"是被称为世界上最难玩的三大玩具之一,也是受到很多学生和成人欢迎的游戏。"魔方"练习不仅是对一个人意志的磨练,还可以培养人的动手动脑能力、记忆能力、以及空间想象力,开发人的记忆力、理解力、想象力、观察力、思维力,并培养一个人的创新意识和创造力。

"平面魔方"这一游戏虽然跟我们平时说的魔方有所不同,但这一活动让我们认识到:所有的事情都有它的解决之道,看似麻烦很难解决的事,其实也是有很多不同解决的方法。只要有创新的意识,在解决问题的过程中,通过分析、综合、抽象、归纳等方法,跳出常规的逻辑框架与思维束缚,就容易找到问题的创新解决方式。此外,团结的力量也是很重要的,小组成员只有相互配合、相互信任、保持冷静、齐心协力共同出谋划策,才有可能最终获得成功。

第六篇　意志责任篇

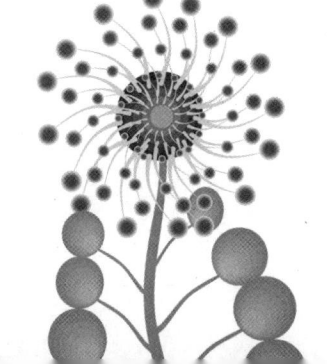

  胡萝卜与鸡蛋放入水中煮沸后,胡萝卜由开始的结实变得柔软,鸡蛋由内在流动液态变成结实的固态,从中你得到了怎样的启示?

  心理学认为:意志是人在完成有目的活动时所进行的选择、决定和执行的心理过程。有目的地培养学生良好的意志品质,使他们成长为坚强、独立、自治、有韧劲的人,是学校实施素质教育的重要环节,也是教师义不容辞的责任。

  我们在追求成功的过程中,会遇到很多困难,对待困难你选择逃避、怯懦还是直面、勇敢?做任何事情都不会一蹴而就,需耐心与始终如一的努力。一个坏毛病的改正,一个学习计划的执行;处理好与同学的关系以及养成好习惯都离不开坚强的意志品质。逃避与怯懦是坚强意志的对立面,只有坚持不懈地克服困难,才能形成良好的意志品质,才能把握自己的人生之旅,走向成功的彼岸。在体验成功喜悦后真正理解意志的价值。

  一个对社会真正有用的人,首先应该是一个有着健康心理、健全人格的人,一个富有社会责任感的人。只有具备高度责任感的人,才有前进的动力和明确的奋斗目标,才会不畏艰难努力进取,承担起对家庭、对社会的责任,成为社会的有用之材。

  本单元的游戏设计大都简单易操作,但你要明白,意志的养成并不像游戏这么简单,责任心的培养更不是一朝一夕的事。只有在平时有意识地锻炼自己,磨练自己,才能让自己变为一个意志坚强、富有责任感的人。

1. 举手仪式

活动目标

1. 让学生体验坚持所需要的耐心和毅力，培养学生的意志力。
2. 让学生认识到意志力的培养要从小事做起。

活动准备

1. 活动时间大约需要25分钟。
2. 活动场地室内、室外均可。
3. 准备记时秒表一个。

活动过程

1. 全体学生按体操队形站立，每个人的两只手臂放在胸前举平，身体不准晃动，坚持10分钟（教师可根据学生实际情况选择），看谁能坚持到最后。
2. 团体分享：
（1）当时间过了一半的时候，你有什么感受？

（2）当你坚持到最后的时候，你有什么感受？

（3）在坚持的过程中遇到了哪些困难，你是如何克服的？

（4）你觉得这个游戏对你的学习与生活有什么启发？

温馨提示

1. 若在室外进行，注意避开高温或极寒天气。

2. 主持人最好也参与这个游戏，和学生一起体验，给学生树立一个榜样。

3. 游戏过程中，为了打发难捱的时间，主持人可在学生举手的时候播放一些激励歌曲或音乐，也可给他们喊一些激励的口号等。等时间到的时候，主持人要给予那些坚持到最后的学生鼓励，此时游戏还可继续做下去，可把时间再拉长一分钟，看还有哪些学生能坚持？若有学生能坚持到最后，主持人最好在全班同学面前大力表扬，以鼓励他的耐力和毅力。

 活动扫描

活动实录

张同学在活动中不仅坚持举手到最后，而且当主持人说谁还可以再坚持的时候，除了几个学生多举了一分钟外，大多数学生都马上把手放下来，可能是他们早已迫不及待想休息了。只有张同学继续坚持。这时有一个同学开玩笑地说："快放下吧，别死撑着，干嘛这样跟自己过不去！"张同学没有理睬，他继续坚持，又过了两分钟，他的脸早已憋得通红。此时，有人开始为他加油鼓掌，紧接着，许多同学都开始为他鼓掌加油。最后他一直坚持到15分钟才把手放下。

主持人问他："当其他很多同学都放弃的时候，你怎么能坚持15分钟的？"

"我能坚持到最后，一是觉得我确实想看看自己的坚持力和意志力究竟有多强？另外，我觉得如果把注意力老是放在手上或是希望这个游戏尽快结束的话，就会觉得时间过得特别慢。胳膊容易疲劳酸痛。为了让自己坚持得更久一些，我当时就集中注意力背诵苏轼的诗词，这样反倒是时间就不知不觉过去了。只是在最后两分钟的时候，我确实感觉到快要支撑不住了，但当时大家正给我鼓掌加油呢，我就竭尽全力地坚持，直到实在坚持不下去。"他的回答令主持人和许多同学都对他刮目相看，钦佩不已，大家再一次为他鼓掌。

那名中间要他放弃的同学，此时正羞愧地低着头。在体验分享的时候，老师没有忘记让他谈谈他的感想。他说："不好意思，我没有为张同学鼓励加油。我觉得这仅仅是个游戏，没有必要太认真。但让我感到惊讶的是张同学竟然坚持了15分钟，他的意志让我佩服，我才坚持了3分钟就放弃了。这可能就是我学习成绩很差的原因吧。"

主持人表扬了这名学生勇于自我反省的精神，希望他能从这个简单的游戏中意识到自己的不足，并在今后的学习生活中加强对自己意志力的训练，让自己成为一个不轻易放弃的人。

活动点评

游戏刚开始，许多学生认为举手坚持10分钟很简单，他们觉得这个游戏没什么挑战性。但当他们举手四五分钟的时候，许多学生开始叫苦，觉得胳膊酸痛，吵着快点结束，有一部分学生由于各种原因就干脆放弃了，还有的学生为了减轻自己手臂的举力，把手臂搭在前面同学的肩上。虽然只有短暂的600秒，但很多人都难以坚持到最后，究其原因就是缺乏坚强的意志。

无论是学业的成功还是理想的追求，其中肯定会遇到很多挫折和困难，这时候千万别轻言放弃，培养自己坚强的意志是走向成功的一个前提。通过这个简单的游戏，可以反思自己在平时是否有坚强的意志？做事情是否能善始善终，坚持到底，如坚持写日记，坚持锻炼身体，坚持自己的一项业余爱好，等等。

在人生的道路上，有很多事情都需要我们坚持不懈地付出努力。成功不仅仅是一瞬间的辉煌，它需要付出艰苦的努力，需要日积月累的坚持，没有坚强的意志和毅力的支撑，成功离我们会很遥远。

学生感言

● 主持人宣布这个游戏的时候，我觉得简直是小儿科的事。但过了不到三分钟，我就觉得臂膀酸痛，我没有坚持到最后。看来，不能小看任何一件事情。如果自己没有十足的把握，就不能低估它。我自己在学习中也经常半途而废，可能跟我很容易放弃有关。我很敬佩那些坚持到最后的同学，也许我跟他们的差距就在于我缺乏坚强的的意志力吧。

- "行百里者半九十",今天的这个游戏让我对这句话有了切身的理解。在游戏刚开始的时候,我和同桌各自相互鼓劲,一定要坚持到最后。但是随着时间的推移,我感觉自己的臂膀越来越重,胳膊也越来越酸,当时真恨不得时间过得快一点。在坚持到八分半钟的时候,眼看离成功不远了,但此时我感觉自己实在坚持不下去了,一不留神把手放了下来,真是功亏一篑。而我的同桌却坚持到了最后,虽然他胳膊痛得不得了,但看到他那成功的喜悦,我真后悔没有再多坚持一会。

- 今天我不仅举手坚持到了最后,而且主持人说谁还能再坚持一分钟的时候,虽然胳膊早已麻木,但我一咬牙,竟然奇迹般地坚持到底。当主持人表扬我的时候,我突然惊讶于我的毅力。原来每个人都有很大的潜力,只是在平时我们都没有认真去挖掘。只要我们相信自己能够坚持到最后,我们就真的能坚持到最后。

专家心理评析

健康良好的心理素质是人生取得成功的基石。顽强的意志品质,则是其中的一项重要的心理素质。举手臂是很简单的事,但要举手臂坚持10分钟却又是很不简单的事。我们很多人总看不上类似举手臂的小事,总觉得是小儿科的事情,很容易做。其实,任何简单的事情要长期坚持做好也是非常不容易的。大哲学家苏格拉底曾给他的弟子们布置了一道作业,让他们每天把手甩一百下。一个星期后,百分之九十的弟子都说坚持做了;一个月后,只有一半的弟子坚持做了;一年后,当他再问此事时,只有一个弟子坚持下来了,那个人就是柏拉图。可见,伟大的人物之所以伟大,往往就在于他们具有常人所没有的持久耐力和坚强意志。

现实中的很多经验表明,成功者和失败者的差别往往不在于力量的强弱,也不在于知识储备的多少,而是在于是否拥有坚强的意志力。意志力可以让人具有更多的定力和自控力,可以助力人们在成功的路上走得更远。意志的锻炼不能挂在嘴上,最终还是要靠自己在平时的学习和工作中进行锻炼。虽然很难,但要知难而进。只要自己克服心理上的惰性,让意志成为自己的一种习惯,到那时也许就不觉得付出努力是很痛苦的事了。

2. 突出重围

活动目标

1. 培养学生在面临重大危机的时候，能保持冷静的头脑和克服困难的信心、勇气。
2. 培养学生智慧解决问题的能力。

活动准备

1. 活动时间大约需要30分钟。
2. 活动场地室内、室外均可。

活动过程

1. 主持人讲解游戏规则：

假定你被敌人包围了，情况十分危急，包围圈是由许多人手拉手围圈而成。要求你尽快想办法冲出包围圈，可采取钻、跳、推、拉、诱骗等任何方式（以不伤害人为原则），力求突围挣脱，冲出包围圈。其他学生则站立，手拉手围成一个

包围圈；外围的学生必须要尽全身力气，动足脑筋，绝不让被围者逃出。若圈内的学生从某两个学生手拉手的缝隙中逃出，则这两个相邻的学生双双要进入圈内作为被包围者。

2. 游戏开始：

主持人可通过随机抽学号的方式，让一名学生站在包围圈中央开始游戏。倘若被包围的学生灰心失望，一时冲不出"包围圈"，则主持人可增加两名学生到圈内作为"突围者"，其他的学生可鼓励他继续努力。一段时间后，再换其他成员试之。

3. 分享突围过程的感受，讨论：

（1）闯关突围会令人回忆起什么？

（2）突围者成功了几次，失败了几次，为什么会失败？

（3）突围者在游戏过程中的感觉如何？单兵作战容易吗？

温馨提示

1. 要注意场地安全。有人称这个游戏为"暴力游戏"，游戏的场地最好在草地上而不要在坚硬的水泥地面上，所以在做游戏的时候，一定要向学生讲清楚可能会发生的碰撞以及跌倒等问题，要学生们做好预防。事先须移去危险器物。

2. 有健康顾虑者（如先天性心脏病、心脏功能欠佳者等）不要参加，以防意外发生。

3. 突围方式以不伤害他人为原则。这个游戏虽然可以允许圈内突围者任意采用钻、跳、推、拉、诱骗等任何方式，但一定要提醒学生，不可以对外围的学生进行过分的暴力攻击，如用脚踢对方的腿或手等部位。

4. 包围圈男女学生的搭配问题。这个游戏还有一个用途，那就是用于异性交往。男女学生的身体接触在日常生活中一般是不允许的，而在这个游戏中，男女学生手拉手围成一个圈，是游戏的需要并且大家都这样做，一般就不会觉得害羞了。在包围圈的形成过程中，主持人可根据班级的实际情况，让男女学生交叉站立，然后手拉手围成一个圈；如果学生们比较保守，不愿意的话，则可先分为男女各一个包围圈，过一段时间，将两个包围圈合并为一个，同样可达到目的。

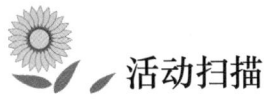 活动扫描

活动实录

在第一轮游戏活动中,圈内有两个学生想办法冲出了包围圈,剩下一个女学生最后被大家围在圈里面,突围无法成功。可能是外围的学生已经有了经验,无论她是用挠痒还是用蛮力硬往外冲,都无法冲出。那女学生不断地想办法冲出去,可坚持了五分钟,还没有冲出来。她不时地跌倒在地上,明显体力不支,气喘吁吁。眼看她已经没有希望突出重围,主持人想早点结束游戏,以免除她的尴尬;也因为游戏做了很长时间,外围的学生也都很疲倦了,个个都显得筋疲力尽。正当主持人要劝其放弃的时候,她突然从地上猛然爬起,趁大家放松警惕的时候,使劲用力从男女学生的连接处冲了出去,大家还没弄明白怎么回事,她已兴奋地叫喊着:"我成功了,我成功了!"原来,她是故意跌倒在地上,以麻痹大家,让大家以为她确实没有能力冲出去了,实际上她在积蓄能量,寻找时机。大家被她这种不甘失败,不怕困难坚持到最后的勇气和毅力所感动,给予她长时间的热烈的掌声。

这个女学生所体现出的,不仅是策略性地运用了一些技巧解决了问题,更让人感动的是她那不服输的韧劲和敢于克服困难的决心和坚持到最后的毅力。

活动点评

第一轮的学生采用"拼死硬冲"的方法,结果很多学生因为包围圈太紧而无法冲出。第二轮的学生,以分散大家注意力,找薄弱环节,朝不同方向冲出去。结果两人成功,一人失败。第三轮的学生,采用主动示弱,麻痹对手的方法击溃包围圈,迅速突围成功。采用第三种方法,冲出的速度最快,因为她找到了他人的弱点,以此战胜了对手。

游戏给我们的启发是,对待困难的事情,不要被吓倒,要有战胜困难的信心和勇气。另外,要想解决问题,不要一味的蛮干,当一种方法解决不了时,就要调整心态,换一种思维去解决问题,诸如,以智取胜(挠痒法),借助他人力量取胜(分散冲击法),等等,这样解决问题,不至于使自己陷于僵局,并且更便于灵活操作,使问题得到圆满的解决。

学生感言

- 在做这个游戏时,我是第一组中三名突击者之一,我们三个人中一名女生,两名男生。经过商量后我们决定把男女生连接处作为突破口。我们两名男生在一边佯攻,当女生得手后,我们马上强攻突围。前后大约用了一分钟,顺利完成了突围任务。通过这个游戏,使我深深地体会到,在遇到困难时一定要相互帮助,才能解决困难。解决问题时不能仅仅凭借热情和蛮力,还要运用智慧。同时也要讲究策略,要动脑子,冷静分析形势,要用集体的智慧战胜困难。后面的突围队员的难度比较大,因为守围者的经验越来越丰富,对突围者的勇气、智慧和合作要求也越来越高。但只要团结一致,突围一定能够成功。

- 人生就是一个不断突围的过程。高考是一次突围,使你走出你成长的故乡,接触外面的世界。接下去的考研或者工作又是一次突围。每一次人生的突围都会使你的人生得到一次飞跃。

专家心理评析

在日常生活中,我们往往会遇到许多意想不到的棘手问题,经常会处于突围与被困的争斗情境中。面对问题困境,许多人都会感受到巨大的心理压力,不知道如何是好,有很多人会因害怕困境而产生放弃或投降的想法,此时,我们要学会尝试突出重围,而不是选择逃避。当然,面对问题,也要学会创新地解决、智慧地解决。如本游戏中许多人冲出包围圈,没有采取蛮力或强攻的方式,而是采用挠痒法、分散冲击法等方法智慧解决。如果你一味地在惯常思维的指引下去解决问题,则往往让人会走入真正的"困境",有时甚至会陷入"绝境"。这时你不妨换一种思维去分析问题、解决问题,尝试新的解决路径或方法。体验过"突围"和"包围"后,你会发现,人本身的潜力是很大的,解决问题的智慧也是多样的。面对困境,只要你能敢于面对,沉着冷静,也许最后给你带来的可能就是"柳暗花明又一春"的感觉。

3. 护蛋行动

活动目标

1. 让学生体验责任感,体验感悟父母的养育之恩。
2. 让学生学会坚持,培养他们的耐心和意志力。

活动准备

1. 活动时间一周、两周或一个月都可以。
2. 活动场地室内、室外均可。
3. 准备每人一只生鸡蛋。

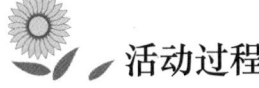

活动过程

1. 主持人宣布游戏规则与要求。

主持人让每个学生准备一个生鸡蛋。这个道具被当作一个小生命,要求学生每天护送鸡蛋从家到学校,到学校时,把鸡蛋带到主持人这里,由主持人做一次标记,然后再把鸡蛋带回家,每次做的标记都不同,并且要保护鸡蛋完好无损。若鸡蛋破损,则要受到适当的惩罚,如重新开始游戏时,必须带两个鸡蛋或三个鸡蛋等。时间为一周、两周或一个月,看哪一个同学能坚持到最后。

2. 主持人和学生按游戏规则实施游戏。

3. 集体分享游戏体验。

温馨提示

1.要与家长沟通,讲清楚游戏的内容与要求,希望家长配合。这项活动大多数学生都会认真对待,但也有个别同学嫌麻烦,鸡蛋不带回家,而是放在教室里或是放置在学校的某个地方,第二天直接到主持人那里做标记,这样使得这项活动的难度就降低了许多,活动本身也失去了意义。因此,主持人可事先跟家长沟通,让家长知道有这么个活动并给予积极配合。

2.主持人要严格监督。活动中间可电话采访学生家长,问其有没有每天把鸡蛋带回家,这种必要的监督可保证活动的真实性和公正性。对学生而言,也是其是否具有诚信的表现。

 活动扫描

活动实录

这次活动中,最典型的一个案例是一名女生重新认识了自己的母亲,修复了和母亲的关系。这名女生出生在一个经济条件比较差的家庭里。在她6岁的时候,父亲因车祸而离开人世。母亲没有再婚,而是一个人独自养育自己的女儿。由于母亲文化程度不高,收入较低,加上又是单亲家庭,这个女孩在成长中受到不少的委屈。女孩总觉得母亲对不起她,经常对母亲大发脾气。有时她会抱怨自己为什么这么不幸,为什么自己的母亲这么无能,心里充满了愤怒和委屈。她对母亲的关爱无动于衷,她甚至认为这种关爱无法补偿她现在的不幸处境。她和母亲的关系变得紧张,她经常指责母亲,母女关系充满着火药味,争吵、指责、抱怨、愤怒充斥于母女之间,这让她更加痛苦不堪。当主持人宣布游戏活动时,她很兴奋地参加了。在最后的学生感言交流时,她流着泪内疚地表达了对妈妈的理解和感激。"护送一个鸡蛋这么几天,我就感觉到特别不容易,很难想象,如果那只鸡蛋真是一个小孩子的话,不知道还要辛苦多少倍呢!我只知道母亲对不起我,但我忘了她把我从小养育到现在所付出的辛苦,我很后悔自己对待妈妈的行为,今后我一定要做一个懂得感恩的人。"

活动点评

　　这个游戏不是一节课所能完成的,需要的时间周期比较长,需要主持人有一定耐心。有的学生刚开始可能觉得护送一个鸡蛋是小事一桩,没什么困难。可是在一天中要两次在路上保护好鸡蛋也不是件容易的事情。有的学生则比较大意,把鸡蛋简单用纸包一下就放在书包里,没想到,第一天就被其他同学不小心给挤碎了;也有的学生因没有跟父母沟通好,放在冰箱里的"护送蛋"被父母做成菜了;还有的学生在坚持了一个多月后,不小心把鸡蛋弄碎了,功亏一篑……为了不让鸡蛋碎掉,学生们想了许多办法来保护鸡蛋。有的学生对游戏很认真,在家里找了木块让父母做成一个小木盒,木盒里还放了海绵,把鸡蛋放在里面,非常安全;有的学生在塑料泡沫中间挖了一个可以容下一个鸡蛋的洞,把鸡蛋放进去,然后再在上面盖上塑料泡沫封好口。塑料泡沫抗震性强,所以效果要比塑料袋、草稿纸好得多,这种办法很快就被很多同学仿用了。随着时间推移,新办法也层出不穷。有几个学生还发明了一种既可以护蛋又可以娱乐的办法。现在超市里卖的苹果或梨的外面往往有一种防止磕碰的包装,他们就找来许多,包裹在鸡蛋外面,因为裹了一层又一层,效果不错。

　　结合"护蛋"过程中的酸甜苦辣,学生们意识到,护送一个鸡蛋都需要花费那么多的心血,父母养育自己所花费的心血不知要比护送鸡蛋多多少倍,他们真切地感受到父母养育自己的艰辛。这个游戏也让学生懂得了责任,并学会了做事要有耐心,有毅力,只有坚持到最后才能取得成功。

学生感言

● 通过这次的"护蛋"活动,我深切体会到父母抚养我们的艰辛,父母养育我们要比保护好一个鸡蛋难上千万倍,以前我总是觉得父母疼爱我是应该的,现在觉得是那么不容易,我以后要好好珍惜父母对我无微不至的关怀和照顾,更要报答他们。

- 保护好一个鸡蛋真不简单,刚开始几次我还有兴趣,可到了后面,我就有点不耐烦了。要不是有老师和同学的督促,我真想中间就放弃了。不过,我想想,假如我手里的鸡蛋真是一个小生命的话,我觉得中间把它放弃有点残酷,想到这里,我就坚持小心地保护好鸡蛋。这次活动还是很有收获的,不仅培养了我的责任感,更培养了我的耐心和恒心。这就是这项活动的真正意义所在吧。

专家心理评析

乌鸦有反哺之义,羊羔知跪乳之恩,感恩不仅仅是我们中华民族的传统美德,也是人之为人的一项重要品格。对于感恩教育,仅仅是通过说教的方式恐怕是很难让学生记忆深刻的,而体验式游戏却能够让学生对感恩有更加直观和深刻的感受。

我们都知道鸡蛋是很容易破碎的,无论是保护装置不当还是路上哪一个环节不小心,都可能会让鸡蛋"性命不保"。因此,有爱心,有责任心,才能做一个真正爱护鸡蛋的有心人,才能想尽各种办法保护好鸡蛋,也才能最终完成护蛋的神圣使命。

如果把鸡蛋比作即将孵化的生命的话,那护蛋游戏就可以让学生体验到什么是付出、关爱与责任,进而间接体验到父母抚育自己的付出与艰辛。只有体验到父母恩情的人,才有可能在感恩体验中升华自己的爱心、感恩心和责任心。

4. 手指力量

活动目标

1. 让学生认识到在目标一致的情况下,合作可产生不可估计的强大力量。
2. 让学生认识到任何人在合适的条件下,都可最大限度地发挥自身的潜能。

活动准备

1. 活动时间大约需要25分钟。
2. 活动场地室内、室外均可。
3. 准备安全的海绵垫。

活动过程

1. 先选取一名学生作为被举人,体重适度,不要太重。另外选取16名学生做托举人。
2. 被举人平躺在地面上或是桌子上,双臂抱胸。
3. 16名托举人各伸出一个食指,不同的人分别用食指顶住试验者身体的头部、颈部、肩膀、后背、臀部、大腿、小腿、脚。

4. 准备就绪后,主持人喊一声"1、2、3",大家一齐向上用力,就能把被举人托举起来。

5. 再从学生中选一名体重更重的同学,重新做一次,看结果如何?

6. 集体分享游戏感受。

温馨提示

1. 安全防护要到位。由于对实验者来说,脱离地面有一定的危险性,所以他身下要有安全的海绵垫或其他安全措施。还要让参与实验的学生注意安全。特别是当托举人用手指顶住被举人的后背或肩膀部位时,被举人可能会感觉痒而发笑,这样会引起其他学生发笑而导致大家的力量不一致。

2. 刚开始选取的实验者体重不要太重,第二次可选取体重较重或最重的。身体功能欠佳(哮喘、心脏病等)者,不宜参加游戏活动。

 活动扫描

活动实录

有老师在做这个游戏时,先找了班里体重最重的同学作为被举人,由于在讲活动要领的时候,有的学生没有认真听,第一次托举失败了。原因是口号不一致,托举人也有点少。老师没有及时寻找原因,而又找了班里体重比较轻的一个学生再试,第二次虽然举了起来,但许多学生都觉得很多手指的力量并没有像老师所说的那样大,游戏的效果受到了影响。所以在安排实验者的时候,一定要由轻到重,这样游戏效果的说服力比较好。

活动点评

当主持人说许多人一起用一个手指就能把一个人托举起来的时候,许多学生都认为不可能的,也有人半信半疑。一个男生愿意做被举人,其他学生都纷纷表示愿做托举人。当一切准备就绪后,还没等主持人喊号子,同学们就开始托举被举人,结果没有举起来,因为大家用力不一致,有的快了,有的慢半拍,大家的合力没有达到最大化。此时站在旁边的学生指出他们用力不均匀,帮他们出主意;另有一个学生就说:"我就知道抬不起来,那么重的一个人,几个手指头怎么能举起一个人呢?"主持人示意大家不要急躁,重新再来,让每一个托举人和主持人一齐喊号子"1、2、3",结果在喊"3"的时候,被举人被托举了起来,大家一片欢呼。

有的学生提议,让班上体重最重的男学生作为被举人,看能不能举起来。按照刚才的经验,大家一齐喊号子,那个被认为不可能被举起来的男学生还是被举了起来,大家又是一阵欢呼。

在分享体验的时候,作为被举人的学生感慨地说:"我一直担心大家的手指不争气,没想到他们竟能够把我举起来,真是有点不可思议。'人心齐,泰山移'是有道理的。"其他学生说:"虽然这个游戏让我意识到合作可以产生很大的力量,但刚才没有喊号子时并没有把人举起来,所以我要说只有目标一致的时候,大家的合作才能产生更大的合力。"还有的学生说:"什么事情都不能凭自己的主观想象,要验证一下才能知道事情的真伪,所以在生活中要敢于尝试。"

学生感言

- 有人观察到蚂蚁是善于合作的动物,虽然蚂蚁本身体重很轻,力量也很小,但它们能把比自己身体重几倍的东西搬到自己的洞穴里,靠的就是目标一致的合作。有时我觉得虽然每个人的力量是有限的,但如果我们班的每一个同学都能为班级建设贡献自己的一份力量,那我们班级一定能成为一个优秀的班集体。

- 这个游戏让我感受最深的是,力量必须在目标一致的情况下才会产生最大的合力。虽然刚开始时同学积极性很高,人也很多,但没有喊号子,每个人用力不一致,此时并没有产生最大的力量,所以就没有把人举起来。到了后来,在老师的指挥下,大家一起喊号子,一起用力才把人举起来。我想,一个班级里虽然人很多,但如果大家的想法各异,目标不一致,力量就会分散,班级建设就很难取得成效。同样,一个人的精力也是如此,即使一个人精力很充沛,但如果被到处分散,不能集中于一件事上,则往往也很难把事情做好,可见集中精力做好一件事是很有必要的。

专家心理评析

有个寓言故事说,在非洲的草原上如果见到羚羊在奔逃,那一定是狮子来了;如果见到狮子在躲避,那就是象群发怒了;如果见到成百上千的狮子和大象集体逃命的壮观景象,那是什么来了——蚂蚁军团!这个寓言故事告诉我们:个体弱小,没有关系,只要与伙伴精诚协作,形成团队,就能变成巨人,从而势如卷席,勇不可挡,团结奋进,无坚不摧。

很多小小的手指能够把一个很重的人举起来,再一次证明了合作的力量。虽然我们经常说"人多力量大,人多好办事""集体的力量是无穷的",但如果团队成员的目标不一,人心不齐,那人多并不一定力量大,三个和尚没水吃的故事就是经验教训。

"人心齐,泰山移。"一只蚂蚁的力量微不足道,但一群蚂蚁却可以让狮子大象集体逃命,那是因为每一只蚂蚁都同心同德。只有个体的目标一致,行动一致,团队才会产生巨大的能力与能量。反过来,只有在集体的帮助下,个人的潜力才能得到充分的发挥和张扬;也只有在合作的团队中,自我的价值才能得以充分地彰显和体现。

5. 祝福花篮

活动目标

1. 通过游戏让学生体验"男女搭配,干活不累"的心理原因。
2. 根据自己的强项与弱项,在团队中找到合适的位置。

活动准备

1. 活动时间大约需要20分钟。
2. 活动场地室内、室外均可以。
3. 准备彩色的小纸片、报纸、缝衣针和线、彩色笔、条形白纸、胶带纸若干。

活动过程

1. 把全体学生分成若干小组,每组6人,要求3男3女,推荐一名学生担任组长。组长向主持人领取工具包一个,内有:报纸一张、彩色的小纸片18张、彩色笔、条形白纸、胶带纸、缝衣针6枚和缝衣线一卷。

2. 主持人要求各小组成员集体合作，在10分钟内完成预定任务。

3. 主持人点评，全体学生交流感受。

温馨提示

1. 鼓励学生把花篮挂到尽可能高处，但要注意安全。

2. 如果时间不够也可以将任务减量，但时间与工作量的安排要有一定的紧张度，使有的组可以完成，有的组来不及完成。

3. 如果碰到有较多组员不会折花篮、不会折千纸鹤、不会叠幸运星的情况，允许外派组员到其他组现场学习，游戏的总时间可以适当调整。

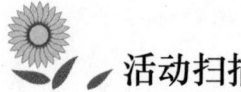

活动实录

6人小组分好了，大家一致推荐王同学为组长，向主持人领取工具包。当她从主持人手中领到工具包打开一看，花花绿绿的纸一大堆，还有针与线，不知道主持人会要求小组完成什么任务。

大家正在猜想时，主持人宣布：10分钟内小组集体完成以下任务：
- 用报纸折一只花篮
- 用彩色小纸片折6只千纸鹤
- 用彩色小纸片叠6颗幸运星
- 取缝衣线穿好6枚针
- 用彩色小纸片折6朵小花
- 最后把花篮挂到尽可能高处
- 写一句祝福语。

王同学暗暗高兴，折千纸鹤、叠幸运星是自己的拿手好戏。她很有信心地对同组成员说："我们开始吧！"但是没有人响应，王同学觉得奇怪，问："为什么不动手啊？"3名男生无奈地说："我们不会呀。"另2名女生也不好意思地说："我们也不会。"王同学感到压力很大，但她想到了自己的责任。她首先安排一名男生折花篮，另两名男生"穿针引线"，然后让2名女生跟自己学做千纸鹤、幸运星，当大家都完成了手中的任务后，她让每个人拿一张彩色小纸片，照着她的样子做小花。所有的千纸鹤、幸运星、小花都做好了，女生们设计造型、书写祝福纸条,男生们寻找高处,想办法把"祝福花篮"挂上去。

"愿快乐天天相伴你,让幸福日日相随你!"——王同学小组的花篮高高地挂在了天花板上,千纸鹤飞出来了,幸运星洒出来了,美丽小花探出来了,衷心的祝福溢出来了。

活动点评

游戏包含了多种能力要求和心理体验,这是一个充分体现"男女搭配,干活不累"的活动,游戏中特意设计了体现女生专长的内容,如:叠幸运星、折千纸鹤、穿针引线等。也设计了体现男生专长的内容,如:登高挂花篮。所以,要求男女学生在游戏中充分配合,才能圆满成功。

游戏中要求完成的量都设置为6,目的是想要说明:一个组6名成员每人一份任务,可以自己完成自己的量,也可以"能者多劳"。

不是每个组的学生都会折叠花篮、千纸鹤、幸运星,需要学生现学现用。可以同组成员之间的传授学习,也可以派员外出学艺,其他组的成员是你的竞争对手,他可以教你,有可能拒绝,这既能看出你的求学水平,还可以看出你的承受能力。

学生感言

- 望着高高挂起的"祝福花篮",我们开心地笑着。真实地体会了一回"男女搭配,干活不累"。在我们的"花篮"里,有女生折的千纸鹤、叠的幸运星、穿好线的缝衣针,有男生做的彩色小花、大花篮。我们每个人都做了自己最擅长的事,小敏、小琴心灵手巧,她们就折千纸鹤、叠幸运星。小强、小刚悟心好,学得快,现学现做小花与花篮,唯一不是近视眼的小枫赶紧"穿针引线",剩下的高个子阿伟就"登高望远",悬挂花篮,最后我们的"祝福花篮"挂到了天花板上。

- 主持人说:"今天我们要通过小组的合作,做一只'祝福花篮'。"同学们首先想的是,祝福谁?送给谁?讨论的结果是送给生病住院的李同学。我们最后没有按要求完成任务,而是将所有的纸叠成了52颗幸运星(全班52名同学),用线把它们穿起来形成一条幸运星链,在链上挂上祝福的话。我们把幸运星链放在李同学的桌上,希望他早日康复,早日回校读书。

专家心理评析

"祝福花篮"主要是针对男女生专长差异而进行设计的游戏,不仅体现了"男女搭配,干活不累"的特点,也让我们清醒地意识到,团队是合作的场所,也是一个互联互助的平台,一个人的沟通能力、配合能力、领导能力,都可以在团队协作和实践中锻炼出来。

世上无完人,每个人都会有他的强项和弱项。不同的个体,要能够充分认清自己的优势与不足。在团体活动中,要注意把自己的弱项变为强项,把强项变得更强。对待其他成员的弱项或不足,不要太多抱怨,要学会宽容理解,要相互协助一起解决问题。虽然每个人都渴望忠诚于自己的天性和已有的行为方式,但在团队合作中如果不能善待同伴而过于囿于自己的诉求,往往会事倍功半或适得其反。俗话说"三个臭皮匠赛过诸葛亮",只有团体成员之间相互合作并充分发挥每一名成员的优势,才能把各自不同的优势转化为团队的最强能力与智慧,取得最后的成功。

6. 接受现实

活动目标

1. 通过体验,使学生认识到承认错误是需要勇气的。
2. 让学生意识到敢于承认错误是自身敢于承担责任的表现。

活动准备

1. 活动时间大约需要20分钟。
2. 活动场地室外、室内皆可。

活动过程

1. 学生在比较空的场地围成一圈。随机或自愿报名参加游戏,根据场地的大小决定人数多少,人数一般在16～20人,也可更多。
2. 全体学生按照体操队形站立,站4～5排,每排4～5人,前排侧平举,后排前平举。
3. 主持人发出口令:主持人喊1时,举左手;喊2时,举右手;喊3时,抬左

脚;喊4时,抬右脚;喊5时,不动。学生按要求做。主持人和不参加游戏的同学做监督者。

4. 有人出错时,出错的学生要走出来站到大家面前先鞠一躬,然后单膝下跪,举起右手高声说:"对不起,我错了!"若有学生喊"对不起,我错了",则游戏重新开始,以此循环,可根据实际情况选择终止,也可直到只剩一个学生为止。

5. 全体学生分享活动感受。

温馨提示

喊出"对不起,我错了"这句话或许对一些学生来说并不算难,但要当着众多同学的面单膝下跪,可能有些学生难以接受,也有的同学认为这是对人的不尊重。因此,做游戏之前,主持人一定要事先和学生沟通,向学生解释清楚,取得他们的认同,千万不要强行要求,不然会给主持人和学生之间带来一些不必要的误解。

活动扫描

活动实录

游戏开始5分钟后,已经有3个学生因为出错而半跪在地上,并且他们都很坦然地向大家表白"对不起,我错了"。这时,有一个高个子男生不小心也出错了,他很不情愿地半跪在地上,嘴里还在嘟囔着什么。虽然对旁边的同学来说,这只不过是多了一个出错的同学而已,但对于出错的这个高个子男生来说,心态可能复杂了点,他可能觉得承认犯错有点尴尬,自己个子很高,当着众人的面道歉,或许对他来说有一种失败的挫折感。接下来游戏继续进行,他单腿跪在地上,但眼睛却盯着周围的人。他的行为有点与众不同,当其他同学在认真做游戏的时候,他总是大声嚷嚷,有时候他的声音甚至掩盖了主持人的声音。当看到有的同学差点出错时,他就欢呼雀跃:"哈哈,你也会出错呀?总算轮到你了!"他不是给予别人鼓励,而是起哄怎么还不出错呀,或是故意吓唬身边的人让其出错。

在游戏中,主持人发现了这个学生的这些细节。在集体分享游戏体验心得的时候,主持人借助点评的机会把这个细节指出来并进行了分析。"希望别人也像自己一样出错,可能是为了平衡自己失败的心理,也可能是一种不希望别人获胜的消极竞争心理。我希望同学们要以欣赏的心态、双赢的心态去面对生活中的竞争,不要把游戏中的这种消极心态带到真实的生活中,也更希望大家在实际生活中敢于承认自己的错误,并能坦然面对自己犯错误时的尴尬,因为这是一个人人格独立的表现,也是一个人自信心和责任感的表现。"当时那个学生红着脸低下了头。课后,他留了张纸条给主持人,上面写着:"老师,虽然刚才我心里很难受,但我还是要特别感谢你,你的观察力很敏锐,你好像看透了我的弱点,我在平时嫉妒心是比较强的,只希望自己能出人头地,所以竞争的心态有点灰暗,谢谢你让我看清了自己的这一弱点,以后我会不断完善我自己。"

活动点评

刚开始喊口令的时候,速度可适中,随着说"对不起,我错了"的人越来越多,主持人喊口令的速度可越来越快,以提高游戏的难度,直到最后一个学生。

起初,有的学生犯错误的时候,可能存在侥幸心理,认为其他学生看不清楚或者主持人看不见就不敢大声说"对不起,我错了"。这需要事先和学生讲清楚,做这个游戏更多的是要考验自觉性和敢于承认自己错误的勇气。

也许我们每个人都会犯错误,然而在面对错误时,大多数情况下是没人承认自己犯了错误;少数情况是有人认为自己错了,但没有勇气承认,因为很难克服心理障碍;只有极少数情况下有人站出来承认自己错了。而这个游戏从一种简单的认错行为中,让参加的学生感受到勇于承认错误的重要性。能够坚持到最后不犯错误,需要很强的注意力和灵活的反应能力,还需要耐心和毅力。更重要的是,能够在众人面前敢于承认自己错了,这是需要勇气的,因为这体现了一个人敢于对自己行为负责的精神。

学生感言

- 我认为自己总是正确的。今天特别有感触的是,低下头来说一声"对不起,我错了",是需要勇气的,我希望自己今后做错事的时候不妨也说一声。
- 今天这个游戏让我觉得,每个人都要敢于对自己的行为负责,不能为了面子而强行掩盖自己的错误,那是一种缺乏勇气、缺乏责任感的表现。

- 今天这个游戏,我坚持到了最后,虽然很累,但我觉得很开心。因为我一直都在全神贯注,我没有分心。我觉得做什么事情都要认真负责,我今后想做一名外科医生,如果不认真负责的话,那将会出人命的,想到这里,我觉得我必须对自己的行为负责,最好不要有机会说"对不起,我错了"。

专家心理评析

平时,我们每个人都想把事情做好、做完美,但生活中的事情太多、太杂,不可能都做得尽善尽美。通过仔细观察我们会发现,许多人面对自己的错误时,总要为自己找各种托辞:"我不是故意的","我不知道不能这样做","这不全是我干的","本来不会这样的,都怪……",等等,甚至狡辩抵赖,或者为了推卸责任而指责别人。有时即使意识到自己错了,亦无法克服心理障碍,害怕当众承认自己错了,在别人面前没了尊严,没了威信。"对不起,我错了"这个游戏,可以让人真切地感受到自己身上常披的"戒备的盔甲",真切地体验到在"承认错误后"的心理负担尽释和轻松。其实,大胆地承认自己的错误,不为自己犯错找各种借口,意味着自己敢于承担责任,不仅远远胜过无谓的雄辩滔滔,胜过无聊的自找烦恼,更能赢得周围人的信任、理解和宽容。

我们都是凡人,在工作生活中难免会犯错误,这都是很正常的事情。关键是当我们意识到自己错了后要勇于诚恳地承认错误,并及时地道歉改正。这样,既有利于学习工作的进步和完善,也有利于人际关系的和谐。

7. 承担责任

活动目标

1. 让学生能够正确看待别人的错误。
2. 让学生学会做一个负责任的人。

活动准备

1. 活动时间大约需要30分钟。
2. 活动场地室内、室外均可。

活动过程

1. 将全体学生分为若干个小组，每组4人，两人相向站着，另外两人相向蹲着，一个站着和蹲着的人是一组。
2. 站着的两个人进行"剪刀、石头、布"猜拳，猜拳胜者，则由胜方一组蹲着的人去刮对方输的一组中蹲着的人鼻子。
3. 输方轮换位置，即站着的人蹲下，蹲着的人站起来，继续下一局。

4. 若开始的新局中,上次胜方站着的人若在猜拳中输掉,则上次胜方蹲着的人要被上次输方站着的人刮鼻子。

5. 在接下来的一局中,胜方也轮换位置,即原来站着的人蹲下,蹲着的人站起来,开始新的一局。

6. 活动可反复进行几个回合,可由小组成员自行决定。

7. 问题讨论:

(1) 如何看待自己的责任和别人的过错?

(2) 当自己的同伴失败的时候,有没有抱怨?

(3) 同组中的两个人有没有同心协力对付外面的压力?

温馨提示

1. 作为对输方一组学生的惩罚除了刮鼻子外,还可以采用做俯卧撑的办法,具体数量可参考学生的实际能力。

2. 主持人要注意观察失败一方两个学生在面临惩罚时所出现的情绪反应。

 活动扫描

活动实录

在活动中,赵同学被刮了4次鼻子,与他搭档的是张同学。张同学平时在班级里很善于"辩论"。他把很多课余时间都花在学习上,班级值日打扫卫生,他经常给自己找"借口"逃避。卫生委员曾多次劝说过他,班主任也对他的行为提出过批评,但好像认为值日责任无足轻重。在本次活动中,偏偏不走运,每次轮到张同学与对方猜拳,结果都是他输掉,害得和他同组的赵同学每次都要被"刮"鼻子。赵同学刚开始还能忍受,后面就开始抱怨起来,嫌张同学对他不负责任,张同学也不甘示弱,认为是运气不好,自己没有什么责任。赵同学很生气,轮到赵同学猜拳的时候,他就故意输掉,也害得张同学多次被"刮"鼻子。张同学本来想跟赵同学争辩什么,可看到他刚想说什么就又缩了回去。可能是体验到了由于赵同学的"不尽责"而自己被"刮"鼻子的尴尬,想到自己刚才失

败的猜拳，他不再抱怨什么。在游戏分享的时候，他的发言让许多同学都感到意外："今天的活动，好像是专为我设计的，我首先向赵同学表示道歉，我没有理解他的感受，更没有意识到刚开始时他的受罚是因为我的不尽责造成的，现在我意识到了，这是我的责任。我在平时打扫卫生时总喜欢逃避，这是我逃避责任的表现，今天我向卫生委员表示，今后打扫卫生时我肯定不会缺席了。"卫生委员和同学们都鼓掌表示鼓励。

活动点评

当主持人把游戏规则讲清楚的时候，有一个学生顺口插了一句："老师，猜拳谁输了谁该受惩罚，不应该让同伴代为受罚。"这个学生说得有一定道理。一人做事一人当，每个人都要为自己的行为负责，自己出了差错就理所当然地要受到惩罚，但这个游戏并不是单个的人参与，而是小组团体参与。作为一个集体或团队，每个人都应为集体的荣誉负责，为团队的胜利而努力。每个人都应尽自己的责任去努力，但也有失败的时候，也有犯错误的时候。如果团队内的其他成员对此抱怨、发牢骚或者横加指责，虽然犯错误的同学说不出什么，但无疑会影响团队的情绪。相反，若其他成员进行安慰、鼓励，同心协力，一同面对问题，一起解决问题，则失败的学生会备感温暖，会以更加积极的心态面对任务，会更好地去解决困难，取得成功。

敢于为自己的行为承担责任，这是有高度责任感的表现，但若当别人失败的时候也敢于承担一定的责任，那是一种博大的胸怀，一种让人从内心心存感激的宽容。

当问题出现的时候，作为团队的一员，我们希望每个人都要意识到自己所肩负的责任，同时我们更希望少一份抱怨，多一份理解；少一份牢骚，多一份帮助。

学生感言

● 今天的活动，当我的同伴在猜拳一开始输掉时，我就忍不住大叫："今天怎么这么倒霉，跟你搭档，真是不幸呀。"虽然我感觉没什么，但同伴的脸上好像有点挂不住。让我第一次意识到了自己竟然是个喜欢抱怨的人，猜拳本来就是随机的，胜负有时也难以自己把握，我的牢骚让他感觉不舒服，而我却还没有意识到。只是当轮到我猜拳的时候，我本以为自己能胜的，可结果却是我输了，同伴不得不为我受一次罚，但他没有表现出任何不快，这让我很不好意思。

- 我们一组搭档比较和睦，我们彼此鼓励，没有发牢骚。特别是当我连着两次猜拳都输的时候，我的同伴没有抱怨，而是让我保持耐心，他愿意为我的失败承担责任，这让我非常感动，因为他受罚是由于我的失误引起的，而他却如此宽容。我想到在平时，有的人即使自己犯了错误都不愿意承担责任，而他却敢于为别人的失误承担责任，我为有这样的同伴而感到骄傲和自豪。

专家心理评析

人在社会中，无论其角色地位怎样，都承担着各种不同的责任和使命。从本质上来讲，责任其实是一种态度。一个人只有牢记责任，才能谈得上尽心尽力。虽然一个人能力有大有小，但有了责任感的人，就会有战胜困难、履行职责的强烈使命感，就会有动力、进取和勤奋工作的热情。因此，责任便成为推动我们个人、团队和社会不断前进的原始动力。这就要求我们每个人都应找准各自角色，摆正自身位置，勇于直面和担当自己的责任，只有这样，才能减少因此而带来的不必要的遗憾、失误、过错乃至损失。

当然，每个人都有缺点，在工作学习中都会有犯错误的时候，这个时候如果给予指责和批评，虽然是合理的，但往往很容易引起人的自我保护意识，容易让人为自己的过失辩护或找各种理由，不利于责任心的培养。相反，如果能给予一定的宽容和理解，对大部分人来说，则会促使一个人内在的自我反省，会更容易激发人的责任心，当然，对错误持有宽容态度并不意味着是非不分，也不意味着无原则放纵，而只是希望宽容能够帮助改正错误。

8. 信任后仰

活动目标

1. 让学生体验在一定的风险中,学习如何信任及支持他人。
2. 培养团体成员彼此间的信任感。
3. 让学生从活动中建立个人在团体中的责任感。

活动准备

1. 活动时间大约需要30分钟。
2. 活动场地室内、室外均可。
3. 准备一定高度的台子,也可以是学校里教室用的课桌或椅子等。
4. 准备有保护性的海绵垫。

活动过程

1. 将全体学生分为若干组。每组10人左右,两人为一搭档。
2. 一学生站在台子上,下面的学生两人为一搭档,一个学生先用左手握紧自己的右手腕,另外一个学生也是如此,然后再让另一个学生的右手握住第一个学生的左手,则第一个学生的右手握紧另一个学生的左手,形成非常牢固的一个"手结"。其他几对搭档也是如此,然后让他们排成一排,形成一道比较安全的手臂网。

3. 台上学生将左右手交叉抱住自己的双臂,并闭上双眼,准备从高台上往后仰面倒下。此时,他需对台下的同学说:"你们准备好支持我了吗?我相信你们!"台下的同学需要大声说:"我们准备好支持你了!请相信我们!"然后,台上学生往后倒下,台下的学生把他安全地接住。

4. 再换另一名学生,遵循上述的程序,如此依序直到小组内所有自愿者皆完成这项体验活动。

5. 游戏分享讨论:

(1)在活动中,你站在台上或站在台下,各有什么样的感觉?

(2)活动中你会怎么做或怎么想,才会相信其他人会安全地支持你?

(3)从信任后仰开始直到结束,你觉得身体有什么变化?

(4)透过这样的活动,你觉得大家彼此间的关系会有什么改变?

温馨提示

1. 注意绝对安全,场地选择相对要松软些,最好有保护性的海绵垫。

2. 台上的学生倒下时需两脚直立,且双手交叉抱在胸前,倒下时身体尽量保持直线,不要扭曲。

3. 台下的学生在组成手臂网时,要摘掉眼镜、手表等易碎或易损坏的东西,以保证台上的同学的安全。

4. 台上的学生往后倒下时,台下学生组成的手臂网可以由低到高形成一个斜坡,这样可以减少台上同学身体对台下学生手臂的冲击力,减少疼痛。

5. 身体健康有问题的学生(如哮喘、心脏病、恐高者等)不建议参加。

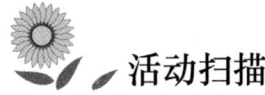 **活动扫描**

活动实录

在做这个游戏的时候,有一个长得较胖的周同学非常害怕站到台上去。他担心自己后仰下去会砸伤台下的同学,更重要的是,他担心同学没有能力接住他。而且,在台下同学中,有一个跟他有成见的同学。这让他更害怕后仰倒下。在同学们和主持人的一再鼓励下,他闭上眼睛终于后仰倒了下去。或许是由于紧张或是由于害怕,在后倒过程中双臂应该是紧抱的,但他却把双臂张开来了,落地时一只胳膊正巧打在跟他关系不好的那个同学的眼睛旁。周同学感到很内疚,跑过去向那个同学表示歉意,并扶他去医务室。而那个同学比较大度,表示没什么。这让周同学很感动,两个人的距离一下子拉近了很多,后来他们还成了好朋友。

活动点评

这个游戏有一定的危险性,所以,有一些学生不敢站到台上去,此时主持人可进行鼓励,希望学生大胆尝试,但不要强迫学生必须完成这个游戏。

建立信任是人际交往中很重要的一环,特别是在一个班集体中,同学之间的彼此信任是一个班集体持续健康发展的关键。只有团体成员之间有信任感,个体才能感受到安全感,从而愿意打破自身的沉默、退缩与焦虑,进而能进行自我探索与自我表露,与团体成员建立起有意义的人际关系。

这个游戏,不仅需要台下做保护者的学生有责任感,更需要台上学生有信任别人的勇气。如果仅仅把信任别人挂在口头上,而当涉及重大事情时则顾虑重重,这种信任是肤浅的。主持人可把信任这个话题延伸至生活中:什么时候你会放心地让别人完成你请他为你做的事?在家中,父母亲会信任你做哪些事情?在班级里,哪些人会受到较多人的信任,他们有什么特别的地方?

另外,做这个游戏,也让我们看到团队的合作精神是非常重要的,台上学生之所以敢于往后倒,也是相信台下的同学能团结合作,有能力保护好他。如果台下同学意见不一,不能很好地协作,台上学生不会有安全感,这个游戏恐怕就要出问题了。

学生感言

- 我的同桌自始至终都没有参与这个游戏,因为他害怕。我忽然发现信任是很脆弱的,不是一下子就能建立起来,看来,取得一个人的信任不是件容易的事。如果我们没有相互信任就没有勇气后仰倒摔。在一个班集体中,我们需要相互信任。人际关系中,人与人之间的相互信任是最基本的。

- 站在台上往后倒之前,我嘴上说我信任他们,但我的腿还是不停地发抖,因为我一直担心下面同学的手没有抓紧,我会掉在地上摔伤。我知道我的担心是多余的,但还是忍不住。直到他们把我接住了,我一颗紧张的心才算落了地。我这才意识到,信任别人是很难的。

- 在台下做保护者的时候,我忽然觉得自己责任重大,万一他倒下来时我手松了,那不是很危险吗?我和搭档相互鼓劲,千万别松手,无论多么痛,一定要挺住。保护好自愿者,让他们有一个安全感,这不仅仅是建立信任的问题,更反映了我们对别人负责的精神。

专家心理评析

信任是维系人与人之间关系的最基本的纽带,特别是能在生命安全面临一定危险的情况下信任别人,不仅可以激发别人的责任感,也体现了一个人对待生命的豁达境界和生存智慧。

站在台子上往后仰的时候,生命的本能会让我们产生一定的恐惧。有人会毫不犹豫地向后倒下去,有的人却浑身颤抖恐惧无比。敢不敢向后倒,这反映出对别人信任度的大与小。如果对台下的人比较信任,则心里的恐惧感会减小很多。那些放心地倒下去的人,是把自己的值得信任的部分投射到了身后的保护者身上,这样的人如果做保护者,相信他们也会是尽职尽责的。若我们信任他人,"回报"往往也会是信任,从这个意义上来说,信任他人,就是信任自己。在平时,我们要与身边的同学、老师、家长和朋友之间,建立相互信任,唯有如此,我们才能把学习和工作做好,才能保持和谐的人际关系。

第七篇　学习管理篇

　　你想象过一分钟能做多少事情吗？你在发呆中是不是浪费了许多宝贵的时间？听课的时候你是否能注意力集中？在学习的过程中你会借用别人的资源为自己所用吗？……不知道你是否思考过这些跟学习紧密相关的问题？

　　学习实在是一个很复杂的事情，有关学习的方法和技巧有许许多多，但最终对自己的学习是否有帮助，则需要自己去体验领会，适合自己的才是最好的方法。

　　学习是一项复杂的脑力劳动，学习的效果受到多种因素的制约。如何提高自己的学习效率和学习效果是每个学生都关心的话题，也是每个老师责无旁贷的职责。

　　时间管理是影响学习的一个重要因素，许多学生往往不能科学有效地利用自己的时间。实际上，只要加以训练，有效地利用时间是一种人人都可以掌握的技巧。

　　学习中不仅要吸收前人的知识，也要敢于怀疑，敢于打破思维定势，敢于创新而不是墨守成规。不仅如此，学习还要讲究学习策略，学习过程中还要学会与人分享交流，善于吸收他人的智慧，这样不仅有助于自己的人际关系和谐，还让人的视野更开阔，学习的效果更持久深刻。

　　本单元设计的游戏，目的是通过活动体验让学生对自己的学习加强管理，从而提高时间利用率和学习效果。当然，仅仅靠游戏是不能囊括学习方方面面的，只是希望学生能从游戏活动中受到启发，感悟其中的道理并加以实践，促进自身学习的进步，做一个智慧的学习者。

1. 时间分割

活动目标

1. 通过扮演时钟，训练学生们的反应力和配合性。
2. 让学生懂得珍惜时间，学会合理安排时间。

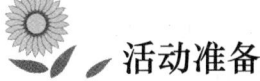

活动准备

1. 活动时间大约需要25分钟。
2. 活动场地以室内为宜。
3. 1厘米宽、100厘米长的纸条每人一条，长短不一的小棍子3根为一套，准备若干套。另外印有圆形图案的白纸每人一张、水彩笔一支。

活动过程

1. 个人扮时钟：请若干名学生自愿上台，发给长、短小棍各一根，长棍代表分针，短棍代表时针。听主持人的口令扮演出时钟上时针与分钟的关系，如：6时、8时、3时20分、11时5分等。

2. 小组扮时钟：请学生自愿组成三人组，主持人分别发给每人一根小棍子，最长的代表秒针、次长的代表分针、最短的代表时针。听主持人的口令，三人一起组合表示一个时间。

3. 撕纸条：主持人把事先准备好的1厘米宽、100厘米长的纸条，发给每个学生。告诉大家，每个人手中的纸条代表时间，假如这个时间是一天，那就是24小时。每个人想一想：自己的一天是怎样度过，睡觉用了多少时间，把它撕去；吃饭、看电视、玩游戏、踢足球、聊天、发呆等分别用了多少时间，把它们一一撕去，看看还剩多少时间是用来学习的？大家比一比谁留给学习的时间最多？

4. 发给每个学生一张印有圆形图案的白纸和一支水彩笔，请大家想一想，假如这个圆表示一周的时间，你怎样进行管理，如何合理分配？请各人画出"时间管理饼图"，画完后进行交流。

温馨提示

1. 注意用棍子的长短来区分秒针、分针。

2. 画"时间管理饼图"时，一个圆代表的可以是一天，也可以是一周、十天等。圆形分割可以用线条，也可以用彩色笔涂出色块。

3. 画"时间管理饼图"的目的是启发学生思考如何合理安排自己的时间，所以画完后的交流很重要，主持人根据学生的时间管理计划做出恰当的点评。

活动实录

小A同学自告奋勇地"扮时钟"，但当主持人的口令传出：4：40、7：20时，他非常糊涂，总是搞错，引来了同学们的阵阵笑声。最后他承认："自己对时间是很马虎的，没有仔细思考如何利用。回到家，常常想先玩一回再学习，结果一玩起来就没有了'刹车'，一玩到底，把学习放到了一边。在自己的眼里，根本没有时间的概念，凭兴趣、凭感觉来对待生活与学习。"

小B与小A截然不同，对"时钟"的扮演做得非常出色，引来同学们的阵阵掌声。当主持人让她与大家分享经验时,她说:"在我还很小的时候,妈妈就给我买了一只小闹钟,告诉我时间这样'滴答、滴答'地溜走的。聪明的人可以将它的脚步变慢,笨的人会使它走得更快。我就决心要做聪明的人,让时间慢慢走。后来我长大了,发现时钟对每个人来说,走的速度是一样的,但聪明的人是抓紧时间多干事,提高效率。我一天中会多次地看看时间,所以对分针、时针的位置特别清楚。"

活动点评

学生们在"扮时钟"时表现得十分投入,反应迅速,动作灵敏,表达准确。特别在三人组合中,彼此配合默契,以最快的速度表现出口令要求的时间。我们游戏的目的,不仅仅是为了扮演一个时钟界面,而是通过简单的游戏,让大家正视:时间在悄悄地从我们身边溜走,我们如何管理它、利用它。

"撕纸条"游戏直观地反映了我们平时的时间管理状况。有的人最后留的只有一小段,看看别人比自己多,觉得奇怪,开始反思自己是怎样度过一天的。发现有很多时间,是被无谓地浪费掉的。假如自己抓紧一点,可以腾出不少时间用于学习。所以老师也看到有的学生在撕去的部分中,重新捡回一些碎片,弥补在学习时间上。

有过"撕纸条"体验,撕到心痛的感觉后,再来画"时间管理饼图",主持人发现不少学生对时间有了珍惜的态度。在学习、运动、娱乐、交友、休息等内容的安排上趋于合理。

学生感言

- 我觉得"撕纸条"蛮有意思的,开始我一点都不在意,快速地撕去了睡觉、吃饭、踢球、玩游戏、聊天的时间。当老师说:"现在留的时间应该是我们学校的时间了吧!"我一看自己手上拿的纸条,真是吓了一跳,只有可怜的一小段了。看看别人,都比我多。我不明白是他们前面撕得太少,还是自己撕得多?是他们学习时间用得多,还是自己吃喝玩乐的时间太多?最后,我算是想清楚了一点,不管别人怎么样,自己确实没有很好地管理时间,从今以后,我要学习合理地安排时间。

- 画"时间管理饼图"的方法很好,它可以把用于各方面的时间直观地显示出来。我首先想到学习应该是第一的,所以占比多于1/2,睡觉占1/3～1/4,留下的时间用于锻炼、交友、娱乐等。要保证有充分的时间读书、有充足的时间休息、有充沛的精力娱乐与交往,并且有充实的心情面对生活。

专家心理评析

现代管理大师彼德·德鲁克有这样一句名言:"时间是最高贵而有限的资源,不能管理时间,便什么都不能管理。"英国博物学家赫胥黎说得更形象:"时间是最不偏私的,给任何人都是24小时,同时时间是最偏私的,给任何人都不是24小时。"

计划可以把时间任意分割,毅力又可以使它无限扩展。在当下,它最容易被忽视;过后察觉又让人最感惋惜,可以毫不夸张地说,管理时间就是管理生命。对于我们每个人而言,珍惜时间,科学合理地利用时间,提高时间的利用率是非常重要的。通过"时间分割游戏",可以让人对自己的时间利用情况有更清醒的认知与反省,可以让人意识到时间规划和管理的重要性。在日常生活与工作中,我们每个人都要学会合理安排学习、工作与娱乐等,科学合理地分配时间和精力,提高学习和工作效率,进而提升自己的生命质量。

2. 于无声处

活动目标

1. 让学生体验心静的感觉，学会集中注意力，懂得聆听。
2. 让学生用心感受，通过眼神和身体接触（如手、背）彼此间传递及交流的信息。

活动准备

1. 活动时间大约需要20分钟。
2. 活动场地以室内为宜。
3. 准备《天籁之声》的音乐。

活动过程

1. 将全体学生分成两组，围成两个同心圆，里圈和外圈的人面对面坐好。轻轻地闭上眼睛，做5个深呼吸，慢慢地放松，静静地感受来自周围的声音……2分钟后睁开眼睛，交流听到的声音。

2. 让所有的学生里圈和外圈的人面对面坐好，轻轻地闭上眼睛，做3个深呼吸，聆听《天籁之声》，慢慢地睁开眼睛注视对方，默默地去体会对方此时此刻的心情和想要表达的心境……

3. 让所有的学生里圈和外圈的人面对面坐好，轻轻地闭上眼睛，做3个深呼吸，聆听《天籁之声》，慢慢地伸出双手与对方的手轻轻地贴在一起，去感受对方要传达的信息……

4. 让所有的学生里圈和外圈的人背对背坐好，轻轻地闭上眼睛，做3个深呼吸，聆听《天籁之声》，慢慢地背靠背，去体会对方通过背脊要传达的信息……

5. 全班学生集体交流，分享活动感受。

温馨提示

1. 本游戏需要非常安静、没有干扰的环境，在温度、湿度十分舒适的情况下，才能让人进入用心聆听、用心说话、用心体验的境界。

2. 本活动的感觉是细微和敏感的，所以对学生来说，以同性学生一组为宜。

3. 音乐的选择非常关键，以聆听大自然的声音，如流水声、雨声、涛声、虫鸟鸣叫声为适宜。

 活动扫描

活动实录

教室里的灯光渐渐暗去，我们调整了坐姿，全身开始放松……

周围非常安静，安静得可以听到自己的心跳，"你听到了几种声音？"主持人的问题，让人感到惊讶，难道还有其他声音吗？细细想想，还真有不少声音呢，远处的汽车声、扩音器的电流声、空调的送风声、主持人的脚步声、人的咳嗽声、衣服的摩擦声、人的呼吸声等，"无声"处并不是真的没有声音，而是需要用心去聆听平时被掩盖、被忽视的声音。有了会聆听的耳朵，在人际交往中不就可以听出"话外音"吗？

聆听着《天籁之声》，身体渐渐地放松，慢慢地睁开眼睛注视对方，去体会对方此时此刻的心情……

聆听着《天籁之声》，身体渐渐地放松，慢慢地伸出双手与对方的手轻轻地贴在一起，去感受对方想要表达的心境……

聆听着《天籁之声》，身体渐渐地放松，慢慢地背靠背，去获取对方通过背脊传达的信息……

非常奇妙的感觉，在无声的注视、轻微的接触中，彼此间传递着某种信息，游戏告诉我们，这是需要用心灵去解读的密码。

活动点评

这个活动看起来极其简单，但学生们还是很认真地静下心来聆听和感受。人与人的交往方式，除了用语言之外还有许多，如眼神、肢体语言等。在游戏中，我们与人目光对视，与人手指接触，与人背脊相碰时产生的一种躲闪的情绪，感到不习惯。假如是这样，没有关系，这不是一种错。但我们可以回顾一下。自己与人的交往中，有没有用眼神、用肢体语言去表达、去交流。有时一个肯定的目光、有力的握手、轻轻地抚慰都是最好的支持和鼓励，它比纯粹的语言可能更有效果。

善解人意就是要用心去体会、用心去感悟、用心去表达。平时面对复杂的人际交往关系，我们很少想到要站在对方的角度去思考、去感悟、去行动。游戏"于无声处"，让你做了这样的体验与感悟。

学生感言

● 我是第一次这样静心地感受无声的世界。周围可能有一些干扰的声音，但我听到了自己内心的声音。如：你自信吗？你有能力吗？你能成为父母要求的那种人吗？我行！我能够！我不行！我做不到！遥远的地方有几个声音在争吵，而且越来越近，越来越响，越来越烦，我终于睁开了眼睛，看到现实中的自己。

● 《天籁之声》是这样的悠扬，我感觉自己轻轻地飘了起来，飘着飘着来到了小溪边、草地上、树林中。听到的声音是那样的悦耳，看到的目光是那样的柔和，接触到的肌肤是那样的舒展，一切是那样的唯美。没有压力、没有竞争、没有烦恼、没有痛苦，一切是那样的如意。

慢慢地睁开眼睛回到了地面，也回到了现实中。世界不可能这样完美，但心灵可以这样完美。

专家心理评析

"于无声处"要求游戏参与者都静下心来听声音并记住听到了几种声音，有的人只听到了几种声音，而有的人却听到了十几种声音。实际上，听到声音种类的多少，并不仅仅取决于听力，还取决于一个人的心理是否平静和专心程度。

一个人听到的声音少，并不说明他的听力不好，很大程度上可能是由于他的心浮气躁。古人云："非宁静无以致远，非淡泊无以明志；静心才能生慧，心静才能悟理。"只有学会静心，才能远离浮躁，抛除杂念干扰。因此，无论是学习还是工作，我们都要管住自己的心，不该想的不想，把注意力集中于自己的目标或要完成的任务，只有这样，我们做事情才能专心致志，心无旁骛，提高做事的效率与成效。

除了要学会静心之外，这一游戏也让我们要学会聆听。如当学生迟到、上课打瞌睡、作业不能按时完成、成绩大幅度滑坡、情绪低落等情况发生的时候，很多教师往往会主观地确认"可能"的原因，而不听学生的申辩就加以指责批评。教师没有"倾听的耳朵"，学生就被封住了"开放"的嘴巴，这样也就不可能有效地帮助学生从困境中走出来。

3. 时装秀

活动目标

1. 通过"时装"设计与展示，培养学生的自信与团体的合作。
2. 让学生打破思维定势，发挥想象力和创造力，追求美、创造美。
3. 在交流中学会展示自己、欣赏他人，培养学生接纳自己，包容他人的胸怀。

活动准备

1. 活动时间大约需要30分钟。
2. 活动场地以室内为宜。
3. 准备大量报纸、透明单面胶、12色水彩笔、打包带若干、音乐。

活动过程

1. 将全体学生分成若干个小组，每组6人，每组推荐1名学生担任组长。
2. 组长向主持人领取时装设计材料：报纸、透明单面胶、12色水彩笔、打包带若干。

3. 在15～20分钟内完成男女两套"时装"的设计与制作,选派男女各1名学生参加"时装"表演,在"时装"表演的基础上,派1名学生介绍设计创意。

4. 展示结束评出"最佳设计奖"和"最佳表演奖"。

温馨提示

1. 要求组内6名学生相互合作、积极配合,"时装"表演的人数可以是2人以上,鼓励全体参与展示。

2. 鼓励学生开拓思维、创新设计,展示各种富有艺术风格、个性特色的作品。

3. 允许采用报纸以外的材料。

 活动扫描

活动实录

嘉同学对服装设计特别感兴趣,当主持人宣布今天的游戏是"时装表演"时,她就兴奋极了,她自荐当组长。在她的带领下,其他5名组员都特别有信心,她们首先打出广告:"四季"时装设计中心。嘉同学任"总设计师",另有1名"色彩设计师"、2名"裁剪师",其他2名同学都是"模特"。他们的总体设计主题:"春""夏""秋""冬"。"春"和"秋"是女装,"春"以淡绿、淡黄为主色调,"秋"以紫色和橙色为主色调。"夏"和"冬"是男装,"夏"以深绿与红色为主色调,"冬"以白与黑为主色调。服装上的装饰与配件由"模特"自己设计添置。如"春姑娘"用"幸运星"串起来当项链,"秋姑娘"用餐巾纸做小蝴蝶,分别粘贴在自己的头上、肩上产生动感。她们不光在色彩上以示春、夏、秋、冬,而且在款式上、质地上也显示不同季节的特点。在表演环节,他们在音乐衬托下根据服饰特点,反映出季节的主题。

嘉同学小组不论是设计还是表演都非常出色,受到大家的一致好评,当之无愧地获得了"最佳设计奖""最佳表演"。大家一致要求嘉同学说几句。嘉同学笑着说:"我从小就想做一名时装设计师,今天好像找到了一点感觉,谢谢大家的鼓励。但今天最大的感受是明白了一个成功时装设计师的背后是一个齐心合力的团体。"

热烈的掌声响了起来,证明同学们认同了嘉同学的观点。

活动点评

虽然主持人发给各组的材料是相同的,但学生们具有丰富的想象力和艺术创造力,用报纸设计出的作品令人赞叹不已。不论是色彩的搭配,还在服饰的点缀上都颇具特色。

某小组成员根据各自的特长,自然产生了"设计师""裁剪师""美工师""表演模特"等角色。不少组的学员除了运用报纸做材料,还加进了其他配件,如发夹、胸针、手表、笔、手帕、围巾等。

"时装"表演使活动达到了高潮,学生们兴奋地展示着小组合作的作品,作品体现了他们对美的理解与追求,对传统的挑战与个性的张扬。他们用自己的语言和方式,诠释了富有时代特征的"时装"意义。快乐来自成功的团队合作,来自积极的追求与表现,来自同伴的认同与鼓励。

学生感言

- 为我们的模特设计制作了两套时装。刚开始我们拿着报纸毫无头绪,不知道怎样设计才能体现我们的个性与创意。通过大家的商议,终于出现了一个好方案——一件新型旗袍。新疆班一个同学做了一个颇有个性的帽子,上面还插上一朵玫瑰花。第二套服装是在有了经验的基础上进行的,所以很快就完成了——一件西装。

我们还打破常规,在一个模特身上展现两套异性服装,这是所有组中唯一的。在游戏中,大家都出了不少力,我也觉得团结就是力量,要不是大家的配合与智慧,这样的作品是不可能完成的。

- 一开始大家很乱,各做各的,而且模特也出了一些问题。于是我们赶紧停下来,一起计划了服装的主旨,分配好各人的任务。就这样作品一点点地诞生了。那个新疆班男生特别有想法,他给我们组设计的时装取了一个特别有趣的名字——"唐僧南游记"。

这个游戏的目的不是评比谁的时装最出彩,而是让我们从毫不相识到相识,不懂配合到齐心合力。

专家心理评析

人们都具有追求美的共性。日常生活中人们熟悉的时装模特走秀表演，不仅让人领略到当下最新潮时尚的服装，也让人感受到模特走步时所展现的自信、优雅与个性气质，感受到美的生命力。

感受美要求人的衣着能代表其性格、爱好、理想、兴趣，以及仪表、风度和气质等个性风貌。"时装秀"游戏为参与者展示个性特点和审美理念提供了契机。参与者在制作"报纸服装"的过程中，每个人都努力打破思维定势，充分发挥自己的想象力和艺术创造力，制作了体现其个性特点与审美追求的作品，以此来展现自己的设计创意与审美理解。如有小组是以旧上海为背景，设计了20世纪20—30年代的小姐旗袍装，以及拉车的车夫装，还有的是"夏日海滩装""皇帝格格装""婴儿护士装"等，都很精彩。

游戏过程中，小组成员有人做设计，有人扮模特，有人做欣赏者，大家集思广益，充分体现了集体的智慧融合，并让每一个人在交流中学会展示自己、欣赏他人。此外，灵活的构思、新颖的设计、个性的创意也在小组自主与合作的氛围中得到最好的彰显。

4. 用途无限

活动目标

1. 通过相互交流和彼此启发,让学生开拓视野,丰富想象力。
2. 通过"头脑风暴",积极思考、大胆倡议、科学选择,让学生克服定势思维,激发创造力。

活动准备

1. 活动时间大约需要20分钟。
2. 活动场地以室内为宜。
3. 准备塑料可乐瓶、纸、笔若干。

活动过程

1. 将全班学生分为若干小组,每组6～8人,各组推选一名学生担任组长。
2. 请组长到主持人处领取一只塑料可乐瓶、一张白纸和一支笔。
3. 小组成员在5分钟内讨论:塑料可乐瓶可以有多少种用途?讨论结果记

243

录在纸上。

4. 全班学生交流,在交流的基础上,小组成员将可乐瓶用途归类。

温馨提示

1. 在"头脑风暴"中,要激发学生想象出各种各样的用途,不要有过多的约束和顾虑,在充分想象的基础上再做合理选择。

2. 在整理用途时,要注意归类总结,尽可能丰富用途的类别。而不要只停留在一种类别中的多种答案,如:可以做容器,用于盛水、盛油、盛可乐、盛糖……这样的答案,思路是封闭的。

 活动扫描

活动实录

第三小组6名成员都是男生,当他们拿到塑料可乐瓶后,就开始"你抢我夺"。就在相互的抢夺中,他们想到了两个用途:当足球,当橄榄球。主持人肯定了他们的想法,让他们安静下来再仔细想一想,还有什么用途?此时他们背靠背地认真思考了起来。大约过了3分钟,他们开始围成一圈交流自己的想法。只见组长美滋滋地记录着大家的好主意。

小A说:自我防卫时的武器、小孩子做玩具车的轮子。

小B说:替代化学实验室里的洗瓶、家里浇花用的水壶。

小C说:事先把它灌好水冰冻,可以做简易的降温设备,还可以做花篮装饰品。

小D说:化学实验室中"钠与水反应"的装置,取其中部分还可以做漏斗。

小E说:固体、液体、气体的容器,做花瓶、花盆。

小F说:取部分可以做勺子,里面装上沙土做"保龄球"。

最后大家又补充说:里面装上沙子替代表演用的"沙球",静物写生用的道具,空瓶子可做缓冲器,土制"炸弹""大风铃"。

一个小组的成员就想出了这么多用途,集思广益真是收获多多啊!

活动点评

本游戏主要是通过"头脑风暴"的方式，打开学生们的思维方式，鼓励大家发挥充分的想象力，对生活中熟悉而又普通的塑料可乐瓶的用途做拓展性的思考。

主持人给每个小组发一个塑料可乐瓶，是让学生们能更直观地触摸和感受它的材质、形状，从而从塑料可乐瓶的常规用途，联想出新的用途。

特别要鼓励个性化的、突破性的答案。激励学生们打破常规思路，克服思维定势，创造性地开发出新用途。

学生感言

● 一件不起眼的东西，一件被人丢弃的东西，经我们的创意可以变成许多可利用的资源。

塑料可乐瓶，我们组讨论出几十种用途：花篮、哑铃、浇花水壶、烟灰缸、保龄球、道具、储蓄罐、花盆、鱼缸、救生圈、凳子（多个在一起）、灯罩、垃圾桶、量杯、漂流瓶、铲子、帽子、礼品、按摩器、擀面杖、冰袋、笔筒、沙锤、枕头、节水器、雕塑、花瓶、杯子、土炸弹、鞋子、皮带、漏斗、烛台、喜庆道具、莲蓬头。许多都是平时想不到的用途，但只要发挥了想象力，奇思妙想层出不穷。一个个新颖独特的建议，使我们眼前一亮，那些不起眼的瓶瓶罐罐，可以用来当作装饰品，也可以用来娱乐消遣，这大概就是社会提倡的废物利用吧。

● 回家后，我与爸爸、妈妈一起做了"用途无限"的游戏，我们一起思考了"一根绳子"的用途：

捆扎物品、连接一个物体与另一个物体、跳绳、扎头发、编织东西、拴东西、串纸鹤、当鞋带、升旗、吊灯、晒衣服、马鞭、拔河、挂毛巾、健身、测量、画圆、做物理实验、攀岩、做安全带、逃生用品、魔术道具、钓鱼线、引火材料、蜡烛烛芯、风筝线、包棕子、开灯线、打结、计数、拉车、打水、攀爬、测身高、做标记、牵引、取暖、拔牙、搬运、警戒线，共计数十种。真没想到，一根绳子会有这么多的用途。

专家心理评析

"用途无限"游戏主要是对人的发散性思维的一种锻炼和考验。一个塑料可乐瓶，日常生活中也许除了装可乐以外就很难有其他用途，但是假如在不限制任何条件的情况下，让你尽情地去想，就可以想出无数种用途。

想象是人脑创新活动的源泉，联想使源泉汇合，而发散思维就为这个源泉的流淌提供了广阔的通道。发散思维鼓励人们寻找和考虑新颖而独特的方法、机会、观念和解决方式，而不能满足于提出一个固定不变的答案。因此，我们要训练发散性思维，首先要做到的，就是要突破思维定式，摆脱固有思维的束缚，要多个角度去思考一个问题，以寻求多种想法、观点或者答案；然后在这个基础上进行想象，从而产生多条思路，并且使多条思路向外扩展，扩展为多角度思维空间，进而可以为解决问题寻找到更多的可能性和路径。只有这样才能让我们的思维变得更加灵活多样、敏捷准确，从而提高自己的创新能力。

5. 资源共享

活动目标

1. 让学生认识彼此交换信息、共享资源的重要性。
2. 让学生在共享资源的过程中体会助人与被助的快乐。

活动准备

1. 活动时间大约需要30分钟。
2. 活动场地以室内为宜。
3. 准备展示板一个、A4白纸8张、剪刀8把、固体胶8个、直尺8把、铅笔8支、半圆形纸片8张、大信封（每人一个）。

活动过程

1. 将全体学生分为若干小组，每组8人。给学生每人分发一个装有物品的信封，每个信封里放着一模一样的《任务说明书》，但物品各不相同。

任务说明书

剪一个8.2厘米×14.3厘米的长方形纸片,上面粘上一个圆形纸片,并用铅笔在圆纸上写上你的姓名与小组名称,然后将它粘贴到展示板上,最后,把空信封交到老师的手中。你们每个人的信封里,有一些东西,如固体胶、铅笔、尺子、剪刀或半圆形纸片。为了完成这个任务,你需要与他人分享彼此的材料,因为你的信封里没有装着足够你完成任务的材料。你可以与其他成员协商,但只能以非语言的方式去做,也就是说,不可以说话。看谁最先完成任务。

2. 学生打开信封,按照《任务说明书》的要求完成任务。

3. 讨论:大家在活动过程中有什么感受?在这个游戏中你体会到了什么?

温馨提示

1. 在完成任务的过程中,主持人要求学生保持安静,一切沟通交流活动都不能使用语言,这实际上也是增加沟通难度的一个策略。

2. 主持人在各个小组间巡视,监督学生的活动过程,仔细观察学生在活动过程中的各种表现:有没有违反规则,学生在活动过程中会出现哪些具体的反应,等等,这些都可以作为讨论的素材,在讨论过程中要加以引导启发。

3. 对于手中多余的资源,有的学生不给其他小组用,目的是为了打压别人,为自己争得机会;有的学生则会主动分给其他人用,他们觉得竞争时不必打压对手,可以做到"双赢"。这一点,在活动分享的时候,主持人可以着重强调说明"双赢"的重要性。

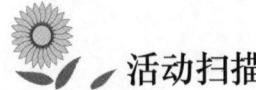

活动实录

张同学学习成绩很优秀,但他很少跟别人分享自己的学习经验,害怕别人超过自己。当别人向他请教问题时,他总是说自己还没有弄懂,最后找个借口敷衍了事。他的家庭条件比较好,父母都是高中的教师,对张同学的学习特别关心。自从他上高中后,父母给他买了许多学习参考书和复习资料。但遗憾是，张同学很少把自己的学习参考资料借给其他同学。有一次，老师布置的一道很难的课外习题，第二天上课的时候老师提问，很多同学都没有做出来，只有他一个人做了出来，他很是高兴。当其他同学向他投来羡慕的目光时，他不小心说出他的一本学习辅导书里有这道题的详细分析与解答。有好几个同学都想跟他借这本书看，但他不愿意把自己的学习资料借给别人，于是就撒谎说这本书丢失了。后来又有几次类似的情况发生，渐渐地，大家都觉得他是个很自私的"优秀者"。许多同学不愿意和他交往了，他跟同学的关系也变得日渐疏远起来。在这次活动中，当其他同学都在兴高采烈地进行资源交流时，几乎没有同学愿意和他分享资源，当活动快结束的时候，他还没有完成老师布置的"任务"。他感觉自己受到了冷落。

在活动分享的时候，主持人特意让他谈谈自己的活动感受与心得："今天的活动，让我感到非常不好意思。我感觉在平时有点自私，我没有跟大家分享我的学习经验，也没有把我的学习资料借给其他人看，我太狭隘了。我希望以后多跟大家交流，也希望大家给我一个机会，我会和大家一道分享我所有的资源。"

活动点评

当学生拿到信封，看了《任务说明书》，拿出自己的物品在小组内交换，并进行一定的任务分工时，他们开始困惑和抱怨，因为他们整个小组的资源并不足以完成任务。不仅每个学生得到的物品各不相同，各个小组间的物品也不尽相同，每个小组至少缺少完成任务所需的一种物品：有的小组缺固体胶、有的小组缺纸、有的小组缺尺子……这时他们会向主持人提出要求：如要纸张、要胶水……主持人可不必理会。

虽然主持人给大家的《任务说明书》是针对个人的，但学生们一般会想到在小组中解决，因为小组合作效益高。但当发现手中的资源无法完成任务时，有的学生就先在小组内共享资源，后来发现资源还不够时，他们就会想办法去寻找新的可以利用的资源，这时他们自然就会发现他们所需要的资源可以在和其他小组的交换中得到。如信封可以当作纸来用，固体胶的盖子可以当作圆规。当实在没有办法时，就会再想到其他小组，看看是否有他们需要的资源。

还有的小组比较聪明，他们对小组成员的任务进行分工：一些人专门剪纸，一些人剪圆，一个人写名字，一个人专门和其他组协调。

主持人可以把这个游戏联系到实际,在生活学习中,我们有没有类似占用了丰富的资源却不愿共享的情况?如学习中,问问题不回答、笔记不借给别人、参考书不借给他人等情况。生活中,当有同学需要你的帮助时,你有没有提供帮助?当你遇到困难时,你有没有得到过其他人的帮助?对这种帮助,你的感觉怎样?

与别人分享资源,是一种心胸宽广的体现,是善于合作的表现。心胸狭窄,目光短浅,是不会得到别人的喜欢的,得不到别人的尊重。帮助别人,不仅给别人带来的方便,其实在帮助别人的过程中自己也会有所收获。资源共享,能带给我们更大的收益。

学生感言

- 在活动中,当我把自己的材料借给邻座小张用时,他非常惊讶于我的大方。当时他做了个夸张的动作,连着向我鞠了好几个躬,并用大拇指表达他对我的赞赏,我感到很开心。我能理解小张的表达,因为当我得到别人帮助时,我也有一种"雪中送炭"的感觉。

- 曾听到一个有趣的故事,说是路边几个卖吃食的小贩因天一直下雨无生意,快到中午的时候,他们都饿了,于是卖烤饼的吃一块自己烤的饼;卖西瓜的吃自己卖的西瓜;卖辣香干的开始吃辣香干,卖杨梅的也只好吃杨梅了。雨一直下着,由于他们彼此不说话,4个小贩就一直这样吃着。卖烤饼的吃得口渴极了,卖西瓜的吃得肚子胀极了,卖辣香干的吃得辣极了,卖杨梅的吃得酸极了。我想,要是他们能凑到一起,把各自的东西分给其他人吃,那该是一顿非常好的午餐。这四个小贩缺乏一种分享的智慧,要不他们就不会那么惨了。今天的这个游戏活动,也需要我们分享各自的资源,学会合作,我们小组的同学都比较快地完成任务,我想这得益于我们都具有分享的观念。

专家心理评析

"分享快乐胜过独自拥有"。如果你将自己所拥有的资源、思想、知识等,分享给别人,那么别人一般情况下也会把他们的想法反馈给你,并且将自己的想法和资源与你共享,这是一种相互之间的交流互助,在分享的同时,也能让自己有很大的收获。

游戏过程中,有的小组成员主动与别的小组成员分享直尺,分享剪刀,分享胶水……他们因彼此分享和帮助而实现了多赢,真正验证了那句"帮助别人就是帮助自己"。

"资源共享"这个游戏,让我们意识到分享互助的重要性。现在社会各个行业都在讲共赢。实际上,只有先学会了分享,学会了共享,才有可能共赢。现代社会,一个人想千里走单骑是非常困难的,因此要特别强调团队合作。所谓团队,其重要特征就是要共享:共享资源,共享好方法,共享灵感。把好的东西拿出来共享,依靠团队力量将其优点放大复制,将其缺点及时弥补,取长补短,扬长避短,以求共同发展,才能实现共赢。因此,在日常的学习工作中,我们每个人都要培养这种善于分享、合作共赢的积极心态,以便更好地助力自己的学业进步、人际和谐和事业成功。

6. 寻找变化

活动目标

1. 通过寻找变化的游戏,让学生体验"变"的快乐,感悟"变"的意义。
2. 在变化自己的同时学会欣赏他人的变化,并在变化中成长和完善自己。

活动准备

1. 活动时间大约需要20分钟。
2. 活动场地室内、室外均可,但要有独立的两个空间。

活动过程

1. 用连续报数的方法,确定实际参与游戏的人数,要求为偶数。如出现奇数时,主持人也可作为一员参与活动。

2. 如以50个学生为例,1~25号学生排成一排,26~50号学生在1~25号学生中,寻找一个"中意者",两两成对。

3. "成对"的两个学生面对面站立,相互关注对方1分钟。1分钟后,1~25

号学生留在原地,26～50号学生离开原地,走到1～25号学生看不到的另一空间,所有学生在2分钟内对自己的外形做3个改变。

4. "成对"学生分别找出对方的3处改变。完成后,请26～50号学生留在原地,1～25号学生离开到另一空间,所有学生在现在的基础上分别做5个改变,5分钟完成。

5. "成对"的学生分别找出对方的5处改变。

6. 主持人请出有代表性的3对学生做全体分享。

温馨提示

1. 在寻找"中意者"时,要求学生最好寻找自己不熟悉者"成对",这样可以避免因彼此熟悉而轻易发现对方的"改变"。

2. 鼓励学生做出多于主持人规定的3处、5处的"改变",充分发挥想象力和创造力,设计出富于个性的"改变"。

3. 主持人要注意捕捉有创意的"改变",进行全体分享。对有些无法找到对方"改变"的情况,可以作为典型案例,全体学生共同寻找。

4. 对没有积极参与,没有做出相应"改变"的个别学生,主持人要及时暗示、启发、建议,让其投入游戏之中,避免影响参与者的情绪和伤害其自尊心。

活动实录

案例之一:小眉是个漂亮的女生,参与"寻找变化"的游戏时,她总是闷闷不乐地站在一旁。小霞主动找到她与其形成一对。第一次主持人要求小眉等人留在原地,小霞等人离开教室到走廊分别做出3个"改变",2分钟后,当小霞兴高采烈地回到小眉身边,希望看到彼此的3个"改变"时,发现小眉一点都没有变,甚至连站立的姿势都没有一点改变。小霞对小眉说:"你为什么没有'改变'?"小眉摇摇头,轻声地:"我没什么好变的。"小霞非常失落。

当主持人要求小眉等人离开教室到走廊去,小霞等人留在教室,分别做出5

个"改变"。小眉缓缓地走了出去,小霞犹豫着是否要去"改变",动作也变得迟疑不决。5分钟过去了,小霞还没有从犹豫中走出来,小眉也随着大家一起回到了教室。虽然旁边不时传来同学们兴奋的相互猜测声,但小霞与小眉两个人尴尬地站在那里,谁也没有做出"改变"。

分析指导：遇到这样的情况,主持人需要及时关注和调解。首先,发现小眉没有投入游戏,应该通过眼神、询问、拍肩等方式了解原因,在一时无法解决小眉的心理问题时,应该给予积极的暗示、鼓励和帮助,让其脱离影响情绪和行为的心理环境,理智地表现自己,不伤害小霞的积极性。

其次,要关注小霞的情绪,鼓励她的积极投入。暗示她用自己的情绪和行为影响小眉。

第三,小眉没有做出"改变",并认为自己没什么可"改变"的。针对这一情况,主持人也可以小眉为例,让全体学生一起设计"改变"的方式。大家为小眉提出了5种、8种、10种"改变"方式时,小眉终于说："谢谢大家,我明白了,能不能变,完全在于自己想不想变。"

案例之二：在"寻找变化"的游戏中,外向的小望与内向的小雷组成了一对。主持人要求彼此做5个"改变",5分钟后小望与小雷重新见面时,两人的感觉完全不同。小雷笑着对小望说："全世界都知道你的变化在哪里,太夸张了吧！"小望略带委屈地说："我不就是怕你看不出来吗？"小望看着小雷纳闷地说："你呢？你怎么一点不变啊？"小雷委屈地说："我怎么没变,你不仔细找找,瞎说！"两个人对对方的行为都难以接受。

分析指导：主持人来到小望与小雷之间,通过认真观察了双方的"改变",心里明白,小望确实是做了明显的甚至是夸张的"改变",但小雷是做了精心的"改变",只是比较细微和隐蔽。两人的"改变"是由各人性格与行为方式所决定的。外向的小望惟恐小雷找不到他的"改变",内向的小雷又惟恐小望一眼识破他的"改变",所以前者表现出直白和外露,后者表现出隐蔽和含蓄。不管形式如何、结果如何,他们追求"改变"的心意是相同的。通过游戏小望与小雷明白了各自性格的反差,给他们提高了相互学习、取长补短的机会和可能。

活动点评

整个活动是在轻松、快乐的气氛中进行的,学生们是以积极的心态和行动参与对自己的"改变"。每个"改变者"都是期待着"发现者"对自己关注和欣赏，"发现者"总是认真寻找着对方别出心裁的变化。

在双方寻找"变化"的过程中，出现了明显变化与隐形变化。有时两个人快速地找到了对方的改变，有时找了半天也无法找到。这与"成对"学生的思维方式及观察力有关。有的人外向、直白，惟恐别人找不到"变化"，也有的人含蓄、内敛，怕轻易暴露了自己的"变化"，所以就出现了有的人夸张地改变，有的人微妙地改变。游戏让学生发现了与自己思维方式不同的"变化"，从中受到启发。

游戏分别安排了两次"改变"，第一次要求学生做出3个"改变"时，大家都感觉容易操作，但选择的"改变"往往较为简单而"显而易见"。第二次要求学生做出5个"改变"时，大家会不约而同地"啊"一声，因为感觉有难度。但冷静思考后，都能做出大胆的、有创意的"改变"。甚至让人无法找出其"变化"所在。

学生们做出的"改变"有解衣扣、卷裤边、摘手表、换项链、戴眼镜、添围巾等比较明显的。也有脱袜子、左右鞋换穿、抹唇膏、喷香水、换戴眼镜、项链、围巾、换穿衣服、鞋子等比较隐蔽的。更有人做出改变口袋里盛装的物品、在手上拿一些不经意的小物品，如杯子、报纸、手机等，改变站立姿势或表情等更难以发现的"改变"。在不断创造出精彩的"改变"中，我们可以看到学生们的积极性和主动性。

游戏让学生们明白一个道理，社会在变，时代在变，每个人也在变。不是向着积极的方向改变就是向着消极的方向改变。我们要以"变"的心态，欣赏变化的现实；要以"变"的行动，应对变化的社会。我们在"变化"中成长，在"变化"中完善。

学生感言

- 在"寻找变化"的过程中，每个人都非常激动和兴奋，大家在欢声笑语中完成这个游戏。做完游戏，我感受颇深：每个人都应以变化的心态去看世界。世界是发展的，变化是永恒的，有些变化是显性的，一眼就可以看出来，比如外界环境的变化、人的外貌的改变；而有的变化却是隐性的，但有可能是质的变化，比如学生每天都在接受新的知识，每天都在不断地思考，不断地进步，不断地走向成熟。我们就要以一种变化的眼光来观察我们周围的人和事。

- 被别人发现变化是一件很快乐的事儿。比如你换了一件新衣服,或改变了发型,当别人夸赞你的衣服或发型漂亮时,你会非常高兴,你会觉得你在对方心中是有一席之地的,你是受到他的重视的,你有一种被别人尊重的感觉。尊重的需要是人的高等需要层次之一,正是别人的赞美才使得你这种受别人注意、欣赏或赏识的需要得以满足,你的身心就会十分愉悦,工作起来也更有干劲。既然如此,当别人出现变化时,你也应该能很快地发现这种变化,并适当地给出一些赞美。

专家心理评析

变化是世间永恒的主题。社会正在以火箭般的速度往前发展,永不停歇,它不会因你的保守落后而等你,也不会因为你不学也不会而可怜你照顾你,我们只能以变化的心态去适应发展中的万千世界。因此,我们每个人都要学会适度的自我改变,唯有如此,才能适应变化的社会,才能不断发展与成长。

"寻找变化"这个游戏改变了我们习惯的思维。很多时候,我们都认为"改变"不太令人接受,可实际上它却给我们带来了快乐。游戏过程中,有很多人挖空心思地改变自己:把领子竖起来,把裤腿卷起,把头发弄乱……总之,竭尽所能,而且怪态百出,但每个人又都兴高采烈,气氛非常活跃。可以看出,当自己的变化被别人关注到或被发现的时候,我们的内心其实是很开心的。因此,推己及人,在与人交往的过程中,我们也要学会用心关注他人,注意看到别人细微的变化,用欣赏的眼光看待他人的变化,让别人有被重视的感觉。这不仅有助于培养我们的观察力,也有助于我们人际关系的和谐,以便更好地适应发展变化的社会。

7. 一分钟价值

活动目标

1. 让学生意识到生命是由每分每秒组成的，热爱生命就要从珍惜每一分钟开始。
2. 利用好每一分钟，在有限的时间里创造出无限的价值。

活动准备

1. 活动时间需要20～30分钟。
2. 活动场地以室内为宜。
3. 准备秒表1只、白纸和笔若干。

活动过程

1. 将全体学生分为若干小组，每组5～6人，各组选出两名学生分别担任组长和记录员。
2. 主持人提出讨论的问题：一分钟能做多少事？

3. 小组学生讨论。
4. 全班学生交流分享感受。

温馨提示

1. 主持人应尽可能激发学生对一分钟价值的挖掘,让他们对日常生活学习中的一分钟重新认识。

2. 有的学生可能觉得这个话题没有什么意思,在讨论的时候不认真;也有的学生在心底里很不屑地嘀咕"不就是告诫我们珍惜时间吗",这个道理人人都懂,没有什么好说的。此时主持人要注意及时引导,把本次活动的目的和意图告诉学生,让他们通过这次活动中去反省自己在日常生活中对待一分钟的态度。懂得道理仅仅是第一步,把道理落实到自己的行动中,这才是真正懂得道理,也才能取得成功。

 活动扫描

活动实录

在活动分享的时候,很多学生都谈到了要珍惜时间。有一个学生与众不同,他认为,并不是生命里的每一分钟都有相同的价值,如有时一分钟内做出的重大决定可能影响一个人终生的发展,而有很多时候,一分钟碌碌无为;有时走在马路上,若不遵守交通规则的话,一分钟,甚至用不了一分钟一个生命就可能消失,而医院里的医生,也许争取了一分钟就挽救了一条生命。一分钟的辉煌可能需要用十年来准备,比如奥运会的跨栏。刘翔在雅典奥运会上能取得110米跨栏的冠军,用的时间不到一分钟,但这一分钟的辉煌是用多年的艰苦训练换来的。当然这许多年也是由很多个一分钟组成的。这许多年当中的每一个一分钟,虽然没有给我们带来什么辉煌的成绩,但确实是我们走向成功的垫脚石。不过,不论是辉煌的一分钟还是平淡的一分钟,我们都应该珍惜。

活动点评

活动开始后,当主持人让学生讨论"一分钟能做什么"的时候,有的学生

忍不住笑了起来，一分钟，这么短暂，这么微不足道的时间里，大概什么事情都做不成吧！也有的学生觉得小题大做，一分钟做不了什么事。有的学生比较沉闷，好像无从说起。这时主持人开始引导他们，如"一分钟可以快速浏览一份报纸，看看新闻标题，大体了解一些重大的新闻事件"等，在主持人的启发引导下，他们的思维开始活跃起来。有学生说"一分钟可以背诵10个单词""一分钟可以欣赏5～10个精彩的广告短片""一分钟可做50个俯卧撑""考试时，一分钟可以快速做完一道简单的选择题"。也有学生说"一分钟，可以发表简短的激情演讲；一分钟，在操场上跑300米不成问题；一分钟，能连着投篮六七次不成问题；足球赛中，关键时刻，一分钟内可以进一个球……"

　　一分钟能做多少事情？如果有耐心让每个人来说的话，可以得到无数的答案。尽管如此，一分钟能做的事情还是极其有限的。毕竟一分钟只有60秒，无论我们多么抓紧，它还是很快就会过去。但我们的生命就是由无数个一分钟组成的，如果我们珍惜每一个一分钟，学会将其化零为整，那许多个一分钟就能干出很多伟大的事情。这个道理虽然人人都懂，但能够将简单的道理一次次付诸行动，那就会不简单。

　　时间是构成生命的元素，珍惜时间就是热爱生命，学会主宰时间，并把它掌握在手中，你就会变得充实、成功和生机勃勃；倘若忽视每一分钟，浪费每一分钟，等待你的很可能是空虚、平庸和后悔，人生将失去乐趣，生命将失去活力。当然，我们要趁着现在年轻，抓紧时间学习，丰富自己，提高自己，让自己的生命更有意义，更为精彩。

学生感言

- 平时我经常浪费一些零碎的时间，认为浪费一分钟好像没有什么，浪费两分钟也不觉得心痛，可是当浪费许多个一分钟的时候，那些被浪费的时间累加起来好像就是一大块的时间，这时才发觉自己在平时浪费了很多时间，真是很可惜的。今后我再也不能因为时间短就觉得无所谓了，我的时间观念需要修正，要珍惜零碎的每一分每一秒。

- 我平时好像没有静下心来思考这样一个简单的问题："一分钟能干些什么呢？"今天的游戏让我意识到了，原来一分钟可以用来微笑，对他人、对自己、对生活。一分钟，可以用来看路，观赏美丽的花朵，感受湿润的草地，或者欣赏清澈的流水。一分钟,可以用来静静地倾听,或者歌唱。一分钟,可以紧紧握住他人的手,交一个新朋友。一分钟,可以感受肩负的责任,等待的焦虑,犹豫的悲哀,失望的无奈,孤独的凄凉,失败的痛苦,胜利的欢乐……人的生命就是由无数个一分钟构成的,只有过好每一天,过好每一分钟,那人生也就充实而有意义了。

专家心理评析

　　平时我们每个人都懂得珍惜时间就是珍惜生命的道理,但在实际生活中,浪费时间的现象却又随处可见。一分钟也就是60秒,这看起来简单而微不足道的一分钟,很多人都没有给予高度的重视。我们的人生其实就是由许多个一分钟组成的,平时觉得浪费一分钟不算什么,但若把平时浪费的一分钟累加起来,也是很长的一段时间,因此,我们要珍惜生命中的每一分每一秒。

　　一分钟,可以很短暂,也可以很漫长。考试结束前的那一分钟如此短暂;下课铃响前的那一分钟又如此漫长。一分钟或许不能做什么,但无论想做什么,都要付出无数个一分钟的努力。有句话说:"一分钟时间感觉长不长,要看你是在无聊地等待还是在做你喜欢做的事情。"由此我们想到,一分钟的时间长度是个定值,是我们暂时无法改变的,但我们可以让这一分钟过得有意义。不论是学知识还是休闲活动,只要你在一分钟里有收获,感觉有意义,那这一分钟就是有意义的。

　　同样,一个人的生命长度是不能由自己决定的,但这一辈子过得很有意义还是很无聊却可以自己决定。只要一个人有自己的人生目标和追求,在生活中感到充实和快乐,那他生命中的每一分钟就是有意义的,他这一辈子也就是幸福的、有价值的。

8. 集思广益

活动目标

1. 让学生树立求助意识，能够通过向他人求助的方式解决自己的难题。
2. 培养学生的关爱之心，乐意帮助别人解决难题。

活动准备

1. 活动时间大约需要30分钟。
2. 活动场地以室内为宜。
3. 准备若干塑料饮料瓶（漂流瓶）、信封和A4白纸。

活动过程

1. 将全体学生分成若干小组，每组4～6人。
2. 献策。
（1）每个学生可以自由选择，自己是使用漂流瓶还是使用信封。主持人将漂流瓶、信封和白纸发给每个人。

(2) 每个学生在白纸上写下自己最头痛、最想解决的问题(如学习问题、交往中的问题等,通过描述自己脑中对问题有一个明确的概念),然后把这张纸装在准备好的漂流瓶或信封里。

(3) 以小组为单位,把每个人的"求助信"在全班范围内"漂流",每个人为"漂流"到自己手里的"求助信"献策,并在策略末尾写上自己的名字。(注意:如果学生不愿意留下自己的名字,可以不留;尽量多的把"漂流瓶"传到不同的同学手里),最后,"物归原主"。每人不必拘于只献一计。

(4) 在小组内把自己收获到的"计策"进行交流。

3. 感谢。

向为自己提供可行又有效的方法的同学表示你的感谢。走过去—握手—说"谢谢你"(或者用你自己的方式)。

温馨提示

1. 署名问题。有的学生在寻求别人帮助的时候,由于害怕自己的隐私被暴露,不敢写其内心真正困惑的问题,所以主持人在宣布写疑难问题的时候,可根据实际情况,纸条上不一定要署自己的名字,这样可以让学生们心理上有一种安全感,有助于游戏求助问题的真实性。

2. 鼓励大家提出尽可能多的问题解决方法。在"献策"时应注意:提出解决问题的建议,任何想法想到了就写下来。不管听起来有多么荒谬,也不要"删改"任何解法,越多越好,类似于头脑风暴。

3. 为了调节气氛,主持人可请学生在自己收到的(或小组其他成员收到的)方法中评选以下奖项:

最佳方法——最佳创意奖。

最奇特方法——奇特方法奖。

最容易完成的方法——善解人意奖。

方法最多——"智多星"荣誉称号。

4. 如果时间充裕,主持人应该就这些"方法"和"建议"进行讨论,让学生能更好地知道提出解决问题的办法时应注意哪些方面,如何使自己的"建议""方法"更为有效。

活动扫描

活动实录

在活动中,有一学生求助:"很多人都喊我'小肥羊',我很苦恼,但不知道该怎么办?"原来,这个同学姓杨,因其长得比较胖,所以很多同学都喊他"小肥羊",虽然这个外号并不怀有恶意,但对当事人来说,他总感觉不舒服。恰巧,这个问题漂到了一个经常喊这外号的同学那里,他忽然觉得很不好意思,他以为很亲近的外号却给别人带来了伤害。所以,在"献策"分享交流的时候,他主动站起来,走到"小肥羊"面前,深深鞠了一躬表示道歉,并且他还向其他同学发出倡议,请尊重每一个同学,不要再给别人起外号了,更不要传播别人的外号。其他同学纷纷拍手赞成,"小肥羊"很是惊讶,也很激动,一时竟不知道说什么好,过了一会儿他才突然说道:"大家管我叫'小肥羊',虽然我听起来不舒服,不过,这其中也有我的过错,今后我打算每天坚持跑步,把自己的体重降下来。"大家听了都笑了。就这样,一个因外号而引起的烦恼在轻松的氛围内就化解了,这算是这次活动中的即时成果吧。

活动点评

俗话说"谦虚使人进步",能够向别人学习,求别人帮助自己解决难题,这是一个比较智慧的做法。

有一个故事,说有一个博士进入一家研究所,成为所内学历最高的一个人:正副所长都是本科生。有一天他和正副所长到单位后面的小池塘去钓鱼。中间休息时,正所长放下钓竿,"噌噌噌"从池塘水面上如飞地走到对面上厕所。回来的时候,同样也是"噌噌噌"地从水上"飘"回来了。博士生很好奇,但又不好意思问,害怕丢了面子。

过一阵,副所长也蹭蹭蹭地"飘"过池塘水面上厕所。

此时,博士生也内急了。这个池塘两边有围墙,要走到对面厕所非得绕十分钟的路,"我就不信本科生能过的水面,我博士生不能过",说完他就起身往水面上跨。只听"咚"的一声,博士生栽到了水里。

原来,这池塘里有两排木桩子,由于这两天下雨涨水,木桩子正好被遮掩在水面下。由于正副所长都知道这些木桩的位置,所以可以踩着桩子过去,而博士生却不知。

听完这个故事,大家不难看出,这个博士的问题在于他虚荣心太强,不好意思向别人求助,不善于向别人学习,所以才导致了他的笑话。因此,如果你自认为不是一个"诸葛亮",那就去找一些能够给你提些建议和方案的"小皮匠",谦虚地向别人请教,让我们从别人的启迪和智慧中解决自身遇到的难题,何乐而不为呢?

这个活动目的就是让学生学会求助,学会借助别人的智慧解决自己的问题。这种活动形式,跟许多学校中的"同伴心理辅导"类似,让同龄人解决自身的问题。在活动中,有的同学态度真诚,真切希望能得到其他同学的帮助,他们把自己的问题大胆地写在了纸上。有很多同学都提出了自己生活中的一些烦恼和困惑:"怎样提高做题的速度?""好朋友发生了误解,该怎么办?""做作业和踢球发生冲突时,一般该怎么处理?""课外阅读的量该怎么把握?"……也有的问题是目前很难回答:"谁能告诉我,高考什么时候能取消?"这类问题一般学生很难回答好,主持人则需要引导,给出及时回答,让学生明白,高考虽然有缺点,但作为一项选拔制度,有其合理性。目前每个同学的学习压力都很大,高考对每个同学来说都是巨大的挑战,但在压力面前,我们要做的是提高自己抵御压力的能力,而不是躲避压力。

有很多学生对求助的问题提出了很好的建议,他们结合自身的经历和经验,对求助的问题进行了详细的答复,他们觉得在解决了自身问题的同时也获得了一份友情。

有一位著名的哲学家说过:拿一个苹果和一个苹果交换,得到的仍是一个苹果。而以一种想法和另一种想法交换,得到的则是两种想法。生活中,每个人都会遇到一些很困惑的难题,每个人也都有解决不同问题的智慧。他山之石,可以攻玉,因此,集思广益不但可以创造奇迹,还可以帮助解决我们遇到的一些难题,帮我们战胜前进路上遇到的各种困难和挫折,增加我们对生活的信心和勇气。

学生感言

● 真没想到,在自己看来那么难的问题在别人那里竟然很轻松地就可以搞定。以前总是不太好意思问别人问题,现在想来这真是有点愚蠢。别人的智慧可以帮自己解决问题，这是多么好的事情呀。有时候，那点要强的虚荣心会给自己带来多大的损失呀，看来"死要面子"得不偿失。这次活动，让我真正学会了"不耻下问"。

● 看到别人脸上的感激之情，我心里乐滋滋的。其实，我也只不过是帮别人提供了一个我经常使用的学习方法而已。可能对他是新鲜的，对我早已是家常便饭。在不要自己多付出特别努力的情况下就可以帮助别人解决问题，这对自己来说应该不是很难的事，关键是自己要愿意帮助别人。这不仅给别人带来快乐，也给自己带来了快乐。有人说，帮助别人就是帮助自己。在生活中，就让我们多关心身边的同学，说不定，我们也会从别人身上受益很多呢！

专家心理评析

"集思广益"这个游戏除了让我们体会到集体智慧在解决问题中所发挥的巨大作用，还让我们认识到学会求助的重要性。实际上，把自己的难题放入"漂流瓶"中到处漂流就是想求助别人的帮助。

记得有个数学游戏题：假设可乐2元钱一罐，两个空罐可以换一罐可乐，如果你手中有6元钱，请问你最多能喝几罐可乐？对于这个游戏，很多人都说能喝5罐。但喝到5罐后，很多人就认为最后喝出的这个空罐没什么价值，扔掉算了。实际上，拓展一下思路，如果有向别人求助的意识，只要再向别人借一个空罐，两个空罐就又能换到第6罐可乐喝，把可乐喝掉后再把空罐还给人家，也不欠别人的。正是因为向别人求助，借了个空罐子，才喝到了大多数人都喝不到的第6罐可乐。

生活中，有人以向人求助为耻，总觉得向别人求助显得自己无能，有伤自己的自尊心。其实，向别人求助并不是丧失自我，也不会让自己变得软弱，更不是自我否定的理由，事实上它是我们解决问题困惑的一种方式。只要我们放下身段，真诚地大胆求助，相信就会取得意想不到的收获。

第八篇　心灵成长篇

人该如何活着？生命的意义是什么？生理的成熟与心理成长如何匹配？你思考过这些问题吗？

生命的成长是有限的，但心灵的成长却是无限的。成长是一个过程，每一个人的心灵成长的过程中，少不了心灵的困惑和彷徨，少不了无助和迷茫，但我们在成长过程中，逐渐学会认知、洞察、体验、感悟生命的意义。

当我们在强调要珍惜生命的时候，作为人类灵魂工程师的教师尤应关注学生心灵的成长。既要引导他们具有健康的、坚强的心理品质，也要防止他们稚嫩的心因"问题"而造成不必要的伤害，这样才能促进学生真正全面地健康成长。

在学生成长的经历中，培养与追求身心健康、人格完善、学业成功都是重要的主题，但我们也要让学生明白感恩的意义，感恩父母的养育，感恩老师的教诲，感恩同伴的包容，感恩社会的支持。学会感恩是良好的心理品质，也是心理成熟的标志。

通过游戏活动，相信学生对自己会有一个更加深刻的认识，他们的许多心理品质或多或少会发生一些微妙的变化。"搭建平台，促进心灵的健康成长"是本书众多团体心理游戏所要达成的一个目标，衷心希望这些游戏活动能让学生的心灵不再迷茫，不再困惑；也希望他们在自己的人生道路上让自己的心灵充满阳光，也为别人的心灵播洒阳光。

本单元设计的心理游戏，在思考与感悟方面可能会有一些深度，这主要是想唤起学生对自我意识、人际沟通、规则意识、竞争合作等内容的反思和感悟，让学生有更高、更远、更好的发展。

1. 走出舒适区

活动目标

1. 让学生体验改变习惯的困难及改变习惯的普遍反应。
2. 让学生意识到要不断挑战自己,明白改变自己的习惯是可能的。

活动准备

1. 活动时间大约需要25分钟
2. 活动场地以室内为宜。

活动过程

1. 全体学生面向中心围成一圈。
2. 主持人邀请学生自然地把手十指交叉相扣约5秒。
3. 主持人再邀请学生把手以相反的位置十指交叉相扣约5秒,感受和之前动作不同的地方。
4. 恢复垂手状态,主持人再邀请学生随自己的习惯自然地绕手。

5. 主持人再邀请学生以相反方向绕手,感受和之前动作不同的地方。

6. 恢复垂手状态,向学生提问:"第二次的十指相扣和绕手有什么感觉?为什么有这种感觉?改变习惯可能吗?什么因素可协助改变?"

7. 引发学生讨论如何改变不良习惯。

提问与讨论: 在生活学习中,有哪些情况要求我们打破自身的舒适区?我们的舒适区是如何产生的?如何拓展我们的舒适区?做完游戏后,人们之间处于一种什么样的状态?

温馨提示

由于"舒适区"是个很抽象的概念,所以主持人在讨论这个话题的时候一定要借助于一个具体的载体而不能空泛地讨论。最好结合跟学生生活、学习有关的事件,让学生有一种切身的体验和感受。下面提供的是游戏延伸训练:

※ 如果自己怕羞或不擅长人际交往,可以尝试多和陌生人打招呼和聊天,如假装问到某个地方怎么走,你会发现与陌生人交往并不是一件难事。

※ 放学回家时换一条路走,或换乘另外一辆公交车,虽然可能会费一些时间,但往往会有一些意想不到的发现,说不定会发现更近的路线。

※ 过去你只读小说、只听流行歌曲、只欣赏水彩画,没关系,从现在开始,你也读哲学书、听古典音乐、欣赏雕塑,从个人兴趣这样的小地方先着手,挑战自己过去不接触的东西,让生活多一点弹性。

※ 试着用左手写字、拿筷子、打球、取东西等,笨拙一点也不要紧,因为训练左手可以开发人的右脑。

※ 尝试一些从前不敢尝试的"新"事物或"新"活动(这个"新"是相对自己而言的,尽管别人可能已经觉得不再时髦);如平时不敢吃辣,今日不妨尝点辣的,说不定你会开始喜欢那种很爽很刺激的感觉;穿一些色彩、风格和你平日衣着不同的衣服,说不定它会给你带来一种新的感觉和情绪。

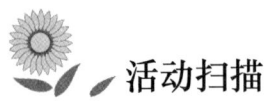活动扫描

活动实录

有个男生可能是由于父母对他保护得太好,所以非常胆小,他只喜欢跟同桌交往,害怕跟别人交往,跟人说话很容易害羞,自己感觉很孤独,可又非常希望自己有好朋友。在这个活动中,主持人帮他分析了存在的问题,他喜欢躲在自己的"舒适区"里而不愿意去跟新认识的人交流。要想摆脱目前的困境,他必须要打破原来人际交往的小"舒适区",不断扩大这个"舒适区"。特别是扩大自己与不同人交往的能力与感觉。主持人给他布置了一个任务,第一阶段3天,每天到超市买一点小东西,练习和收银员讲话。第二阶段3天,每天在放学后,在学校旁边问陌生人,到自己家所在的小区怎么走,练习和陌生人讲话。第三阶段10天,每天至少了解班内的一个同学,了解其兴趣爱好、能力特长等信息。第四阶段10天,每天到其他班级认识一个同学,了解其生日、爱好特长、性格脾气、理想志向等信息。

通过近一个月的训练,这个男生基本上克服了害羞的弱点,能很自然地和其他同学交往,交往的范围有了很大的改变。只要自己愿意挑战自我,敢于走出原来的"舒适区",就一定能不断进步成长。

活动点评

心理学中有一个概念叫做"舒适区",意思是所有人都活在一个无形的界线里,其中有自己熟悉的环境,与认识的人相处,做自己会做的事。总而言之,在界线内的我们感到很舒适。反之,当我们走出界线时,我们就会感到不舒适,很自然地想要退回到界限内。如果我们不刻意扩大自己的舒适区,个人的发展及进步就很慢,也无法发挥自己的潜力,过一个丰富多彩的人生。

人们最大的障碍就是被自己的"舒适区"框住了,无法突破。所以一个人成长的快慢,关键是看一个人是否愿意冒一些风险,尝试去做自己没做过或不拿手的事,从自己的"舒适区"中走出来,进而从这些成功或失败的经验中成长进步。尤其是在今天变化快速、竞争激烈的社会里,不尝试的危险比尝试的风险大许多。如果你也想过一个让自己拥有多彩多姿的人生,请走出自己的"舒适区",不要做一个拒绝冒险和成长的人。

学生感言

- 曾听说过一个温水中的青蛙的故事,说是当青蛙不小心掉进滚烫的水里面时,它会奋力一跳,死里逃生;而掉进一只温水的锅里时,青蛙感觉很舒服而就不愿意逃走,当水温越来越高时,此时青蛙虽然发现了危险,但已经没有力气逃生,最后只好命归黄泉了。我想每个人可能都有惰性,都有自己的"舒适区"。在"舒适区"里呆久了,人就缺少了进取心,就会变得停滞不前。这个游戏让我深深体会到:人要不断迎接新的挑战,不断改变自己,千万不要做温水中的青蛙。

- "舒适区"让我意识到自己存在的缺点和惰性。我喜欢睡懒觉。睡懒觉可能就是我感觉比较舒服的一个地方。我太拘泥于自己的"舒适区"而没有勇气改变自己,最后只能导致我现在变得越来越懒。不打破这个"舒适区",我想是不利于我的成长的,我现在要马上想办法来改变这个不好的"舒适区"。只要有恒心和毅力,我相信自己能行。

专家心理评析

"舒适区"对人有一种天然的吸引力,就像是地球的引力一样,因为喜欢舒服是人的天性之一。在"舒适区"内人们可以按照惯性行事、生活,人们会感到轻松,不会紧张;另一方面,人类对"舒适区"外的世界有一种天然的担心,因为区外充满了陌生与未知,充满了变化与挑战。

走出"舒适区",这是需要巨大的勇气和毅力的。很多人在学习和工作中总喜欢呆在自己原有小"舒适区"中而不愿走出来,可能就是由于自己贪图舒服,总是害怕承担过多的责任与痛苦,不敢面对太多未知的困难,也可能是知道这些困难但不愿克服,或是懒得改变。如果一个人老是在自己熟悉的圈子里打转,就永远无法扩大自己的视野,永远无法学到新的东西。只有跨出"舒适区"以后,才能使自己人生的圆圈变大,才能把自己塑造成一个更优秀的人。

人生最大的障碍就是被自己的"舒适区"框住了,无法突破,不敢主动挑战自己,不敢大胆创新。其实,走出"舒适区"并不难,难的是自己的决心。只有下定决心,始终保持改变的态度,才能快速地走出"舒适区",让自己变得更加独立和优秀。

2. 收获糖弹

活动目标

1. 通过给予赞美让学生发现他人的长处,取长补短。
2. 通过接受赞美让学生发现自己的优点,扬长避短。
3. 学会人际沟通的技巧,让学生掌握人际和谐的法宝。

活动准备

1. 活动时间大约需要15分钟。
2. 活动场地以室内为宜。
3. 准备漂亮的彩纸和笔若干。

活动过程

1. 将全体学生分为若干小组,每组5～8人。每个学生根据需要领取做"糖弹"的漂亮纸,在5分钟内,将对班内同学尽可能多的赞美的话写在纸上,做成"糖弹"。

2. 写好后,大家把"糖弹"送给想要赞美的人,直到把手中的"糖弹"全部送完后,才能打开自己收到的"糖弹"。

3. 在小组内交流自己收到的"糖弹",并把赞美的话读出来。

4. 在小组交流的基础上,做全体学生分享。

温馨提示

1. 每个学生收到的"糖弹"可能不一样多,主持人要关注收到较少的或根本没有收到的学生,所以主持人应事先准备几个"糖弹"备用。

2. 在制造"糖弹"时,主持人可以暗示学生们,赞美可以是浅表的,也可以是深层次的,最好是独特的。可以赞美熟悉的人、尊敬的人,也可以是初识的、需要鼓励是人。

3. 发射"糖弹"时一定要有目光的交流和真诚的回应。

活动扫描

活动实录

经过5分钟的准备,小明准备了5发"糖弹",但他却迟迟没有发射出去。看着同学们快乐地交换着"糖弹",他像是在等待。等待什么呢?是等待收获"糖弹"?还是等待发射"糖弹"?

"为何不行动啊?"主持人轻声地问。

"我还没想好呢?"小明不好意思地说。

他在想什么?

这个发射"糖弹"的游戏应该是非常轻松的,大部分的学生都会快速地将自己的"糖弹"发出去,并在发射的过程中收获"糖弹"。像小明这样感到窘迫的情况不是很多,但主持人是必须要关注的。后经了解,小明是个性格内向的人,平时与同学交往不多,所以与同学的关系一般。在交换"糖弹"时,他就担心收不到同学们的"糖弹"。手中的"糖弹"是写给一个他暗恋的女生,但又不敢送给她。这种收不到又送不出的情形使他紧张焦虑甚至痛苦。主持人假如能够了解这些细节,就可以在当时帮助他,让他学习交往的方法并感受到赞美的魅力。

活动点评

游戏把给人的赞美比做"糖弹",是大家乐意接受的礼物。但如何赞美是人际交往中需要学习和掌握的技巧。不合适的"赞美"可能就是嘲讽、吹捧,它不仅不"甜美"还会伤人。另外,当别人给你送来"糖弹"时,你的态度同样会使送"糖弹"人感到欣慰或者委屈。所以要学会以真诚的态度来接受别人的赞美,要学会微笑地接受,并由衷地感谢。

每个人打开自己收到的"糖弹"把它读出来时,整个团队的情绪会不断高涨,并形成相互信任、相互尊重的气氛。

每个人都需要别人的肯定,赞美就是将这种肯定由衷地表达出来。一定要抓好合适的时机,找准对方的闪光点,夸奖那些你认为是优点的,或者是你帮他发掘的优点。获得真诚的赞美,可以提高自信心和幸福感,有助于培养和谐的人际关系和促进自身的学习与工作。

学生感言

● 一颗"糖弹",一份肯定、一份喜悦。能得到别人的赞美是件十分开心的事。在活动中我们除了体验到那份快乐外,还感受到了另一份快乐——看着收到"糖弹"的人洋溢在脸上的兴奋。他们的幸福感染了我,我也为他们高兴。

我想这就是赞美的魅力所在——它是发自内心的心悦诚服的感受。正是这种感受使双方在情感上产生共鸣,并由衷地感到快乐。

● 活动后,我心情很愉快,那是一种直指人心纯粹的快乐。说一句赞美的话,给别人快乐的同时也让自己快乐。手上握着两颗"糖弹"激动万分,我还是有优点的呀!在别人眼中,我还是有价值的,这对于我这个不太自信的人而言是那么宝贵。有种太阳升起的感觉,在自己与他人的心中"种"了一个太阳,温暖的阳光是这样充溢胸襟。

● 我一直以为自己是不会被人赞美的,所以我也不想赞美他人。我的3张赞美卡分别写给了著名影星费·雯丽(《乱世佳人》中斯佳丽的扮演者)、妈妈和自己。说句实话,给自己的是怕收不到同学给的赞美而太难堪。但是我没想到的是竟然有人赠送本来就不多的赞美卡给我,那一刻我实在太感动了,都快哭出来了。

那时,我真感觉到了温暖,感觉赠卡给我的朱同学是一个"仙子"。我的心就一直柔柔的、软软的。我本来不愿意和别人接触的,这以后,我开始主动与同学说话了,我学着去赞美同学。赞美真的很重要,它给人带来的力量真是无穷的。

专家心理评析

美国著名心理学家马斯洛提出了人的需要层次理论,他认为人有5个层次的需要:生理需要、安全需要、爱与归属的需要、尊重需要、自我实现的需要。其中,尊重需要既包括对成就或自我价值的个人感觉,也包括他人对自己的认可与尊重,真诚的赞美是表示对他人的认可。因此,渴望得到别人的赞美与欣赏是人的一种最基本的精神需求。

"收获糖弹"游戏,让学生体验到赞美作为人际沟通的一种技巧,也是维持人际关系的和谐法宝。我们每一个人都希望得到别人的赞美与欣赏。那么同样,每一个人在生活中也应该善于发现别人的"优点"和"闪光点",学会欣赏、赞美他人,多向别人学习,这是寻觅知心朋友和真挚友情的重要秘诀之一,也是我们工作生活中不可或缺的能力。当然,欣赏和赞美别人也是有原则的,首先是发自内心的,真诚的,具体到位的,实事求是的。最好的赞美可以通过生活中的举例,用某件具体的事情来做代表,这样更具有指向性,让人觉得你说的是真心话。赞美别人千万不能过度,否则会让人不舒服,感觉有拍马屁之嫌。

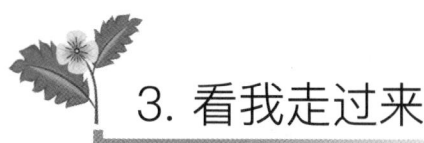

3. 看我走过来

活动目标

1. 在游戏中通过展示自己"走过来"的形象,让学生提升自信;
2. 激发学生的想象力和创造力,展示具有个性的自我形象。

活动时间

1. 活动时间大约需要20分钟。
2. 活动场地以室内为宜。
3. 准备一些球、花、书、报等能够表现生活、学习、运动等场景的实物,以及背景音乐。

活动过程

1. 主持人宣布:游戏是要求每一个参与者面对大家,从10米外"走过来"。
2. 在"走过来"时,可以运用各种道具,但不允许重复别人的表现方式。
3. 所有学生都走完后,评选出"最自信""最热情""最幽默""最佳创意"

"最具活力""最佳搭档"等奖项。

4. 集体交流,分享感受。

温馨提示

1. 游戏开始前要做好引导工作,给5～10分钟的创意设计与准备时间,鼓励每个学生投入活动,特别是对内向、自卑、胆小的学生,既要激励又要尊重,让其放下包袱,投入体验。

2. 为了避免部分学生因紧张而怯场,甚至拒绝参与,可以允许两人、三人一起组合"走过来",甚至提供面具。

3. 为了营造现场气氛,可以播放背景音乐,事先多准备一些道具供学生选择用,当学生"走过来"时全体学生可以鼓掌激励。在评选"最佳"奖时注意评选比例,以激励为目的。

活动实录

如何完成"走过来",对学生来说,既是表现个性、展示自我的机会,也是挑战自我,应对竞争的考验。可以简单、平庸、随意地"走过来",也可以精心、创意、自信地"走过来",选择前者还是后者,取决于一个人的态度,也取决于他的能力。真的要好好地"走过来"不是简单的事。

《天鹅》的音乐响起,小丽选择了芭蕾舞单脚旋转360°通过,赢得了大家热烈的掌声。

节奏感强的跳跃音乐传来,阿云用"青蛙跳"的方式蹦过了场,赢得了全场善意的笑声。

在《老鼠爱大米》的音乐声中,小张与小陈扮演的两只老鼠,各自背了一袋大米出场了,幽默、诙谐的表演令人捧腹大笑。最终被评为"最幽默"奖。

《灌蓝高手》的主题曲中,小高与小赵手捧篮球,一组双手扣篮的动作令大家赞不绝口,最终被评为"最具活力"奖。

小A、小B、小C三人组合的"美少女"队踏着"青春旋律"的舞步,边唱边跳地"走过来",场上每个人的情绪都被感染,不少同学也随之跳了起来。最终被评为"最自信"奖。

三名学生创作了小品《仙女散花》,其中两名学生一边捡去另一名学生丢下的杂物,一边对她教育,有误会、有冲突也有感动。不论是内容还是表演都受到同学们一致的好评,最终被评为"最佳创意"奖。

活动点评

这个游戏一般安排在学生彼此比较熟悉的阶段,他们的自信心、凝聚力都处于较好的状态。在大家具有积极参与、大胆创意和热情表现的愿望的基础上,主持人要求每个学生通过"走过来"的形式,表现出自己的自信、热情、开朗、幽默、健康、快乐等品质。学生非常投入,有独自一人表演的,也有双人配合、三人组合的。有人走过来、有人跳过来、有人跑过来、有人转过来、有人唱过来。原本内向、胆小的学生,在与同学的配合下,也顺利地"走过来"了。

"最幽默"奖是由"老鼠爱大米"的表演者获得;"最佳搭档"奖是由"舞狮"的表演者获得;"最具活力"奖是由"灌篮高手"的表演者获得;"最热情"奖是由"动漫秀"的表演者获得;"最自信"奖是由"青春旋律"的表演者获得;"最佳创意"奖是由小品《仙女散花》的表演者获得。

总之,学生们的"走过来"真是非常有创造力,在表现中寓于深刻的内涵。

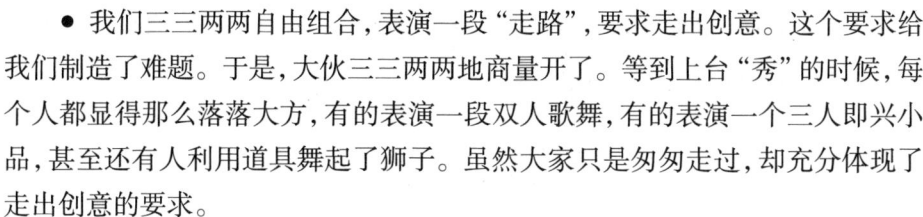

● 我们三三两两自由组合,表演一段"走路",要求走出创意。这个要求给我们制造了难题。于是,大伙三三两两地商量开了。等到上台"秀"的时候,每个人都显得那么落落大方,有的表演一段双人歌舞,有的表演一个三人即兴小品,甚至还有人利用道具舞起了狮子。虽然大家只是匆匆走过,却充分体现了走出创意的要求。

● 我是个比较内向的人,一般不喜欢在大庭广众之下讲话,更不要说是做表演之类的事。今天老师说:"让大家富有个性的,自信地走过去。"开始我好紧张,心跳得厉害,也能感觉到自己的脸微微发红。我不知道用什么方式从大家面前走过去。

我看到同学们兴奋地讨论着，表演着，有几个同学还夸张地扭过去转过来，引来大家善意的哄笑。一个、两个、三个……眼看着只剩2～3个同学还没有表演，我还是没想好怎么走过去。一个同学提醒我："大大方方、平平常常地走过去也是可以的啊！"我突然明白了，这应该是一个自然的过程，不需要作秀，也不是表演，自信、自然就是最好的。我终于抬头、挺胸地走了过去，听到同学的掌声，我知道自己成功了。

专家心理评析

所有人都知道怎么走路，可不是所有人都会"走路"。游戏中虽然大家只是匆匆"走"过，但有的人走出了创意，走出了自信；而有的人却心中充满了困惑和纠结：跳过去，太作秀；跑过去，太幼稚；蹦过去，太夸张；爬过去，太离谱，真不知道该如何挪过去。

面对"看我走过来"的游戏，如果背负着"别人会怎么看我"的包袱，往往会无法自信地迈开自己的双脚；但如能够放下自己的包袱，愿意接受他人的评价与帮助，还有什么"走"法不可以呢？当然，在"走"的时候，虽然我们不强调刻意，但也不要随意。因为每个人始终都存在一种对自我完善的精神渴望和追求。而相对于内心修炼，外表自信也是自我完善的重要部分。在外观中，日常的走路状态和外在仪表是衡量一个人有无气质的重要参考，低头走路、弯腰躬背、内八外八等走路体态都会影响自己的形象和心态。

心理学家研究表明，懒散的姿势和步伐会滋长人的消极心理，而改变人的走路姿势和速度可以改变人的心态和状态。因此，在我们日常的行走时，希望每个人都能抬头、挺胸，眼神正视别人，步子迈得有弹性，让优雅、自信的行走姿势彰显出自己的内在气质和精神风貌。

4. 规则意义

活动目标

1. 让学生树立良好的规则意识,在规则许可的范围内自由活动。
2. 让学生树立良好的责任意识,学会为自己的行为负责,为自己的生命负责。
3. 让学生认识并澄清自己的生命价值观,学会珍爱生命。

活动时间

1. 活动时间大约需要30分钟。
2. 活动场地以室内为宜。
3. 准备阅读材料每人一份和纸、笔若干。

活动过程

1. 将全体学生分为若干个小组,每组8人。
2. 发给每个同学1份阅读材料,读完材料后,请回答后面的问题。

3. 每个学生思考后，分别在各小组内作交流，记录员记录，最后总结出小组的观点。

阅读材料

有一个火车轨道，由于道路改道，原来的铁轨不用了，新的路轨建好并通车。在新修建的路旁，树了一块牌子，上写"严禁在此轨道玩耍"。有几个学生放学后来到了这里，有一个学生看到牌子上写着严禁在新轨道上玩耍，他就跑到了原来的旧轨道上去玩，而其他三个学生虽然也看到那块牌子，但他们不理会，仍旧跑到新修建的轨道上去玩。这时突然来了一辆拉煤的火车疾驰而过，速度太快，学生们已来不及从轨道上离开。假定这两个岔道口中间有个控制装置，可以决定火车往哪个方向开，也就是既可以沿着新的轨道也可以沿着原来的旧轨道开。

（1）如果你是控制员，你会把火车调到哪个方向？是原来的旧轨道还是新的轨道？为什么？说说你此时的心情。

（2）如果你是上面那个在旧轨道上玩耍的学生，你希望控制员把火车调到哪个方向？为什么？说说你此时的心情。

（3）如果你是下面那三个在新轨道上玩耍的学生之一，你希望控制员把火车调到哪个方向？为什么？说说你此时的心情。

温馨提示

1. 这个选择游戏看起来有点残忍，在活动中，有许多学生或许会逃避选择，这一点希望主持人有心理准备，有的学生会说在火车来临之前让学生们都走开，或者说生活中根本就不会出现这种事情。这实际上是逃避对问题的回答。

2. 主持人在主导游戏讨论时，要让学生充分讨论和争鸣，主持人也可以和学生对各自的观点进行辨析。在活动中，主持人应该尊重学生各自的选择。对学生回答中出现的一些问题，不能仅仅凭自己的经验而轻易判断对错，特别是当假定自己是在新轨道上玩耍的学生时。其实谁都不希望自己死，这不能说是学生自私，而是人的一种本能反映。

 **活动扫描**

活动实录

现在把几个学生在活动过程中的观点交锋和辩论的情况呈现给大家。

学生甲：如果我是控制员，我会让火车沿着新的轨道走。因为我觉得三个在新的轨道上玩耍的学生不遵守规则，所以受到惩罚是应该的，他们应该为自己的行为负责。如果让火车转向原来那条老的轨道，虽然损失的只有一条生命，但对于那个无辜的学生来说，他没有违法规则，却受到不应有的惩罚，这太不公平了。

学生乙：我反对甲的观点，我觉得生命是最重要的，虽然在新轨道上玩耍的同学违反了规则，但用一条生命换取违反规则的三条生命，代价要小得多。再说规则都是人制定的，没有了人，规则还有什么意义？

学生丙：我觉得乙说得有道理，如果我是控制员，我会让火车沿着原来那条老的轨道走。沿新轨道会损失三条生命，而沿老轨道只损失一条生命，减少损失总是好的。那如果我是那个在原来老轨道上玩耍的学生，我的内心当然是希望火车往新的轨道上开，说实话我也怕死。但如果现实中真遇到这种情况时，我会选择火车向老轨道上开，因为我愿意用我一个人的生命换取三个人的生命，虽然他们违反了规则。

学生丁：我不赞同乙的观点，违反了规则就应该受到惩罚。如果仅仅以三条生命的价值大于一条生命的价值作为借口，那是非常不公平的。这样做实际是鼓励了犯错误的少数人，会导致更多的人违反规则，将会造成更大的社会混乱。假定一个开客车的司机，他平时不遵守交通规则而不受到惩罚，一旦养成了习惯，说不定哪天损失的是几十条人命，到那时，违反规则的代价会更大。

参考资料：一个震惊了整个德国的动人故事

前不久，德国一家电视台出高价，开展征集"十秒钟惊险镜头"的活动。许多新闻工作者为此趋之若鹜。最后一个名叫"卧倒"的镜头以绝对的优势夺得了冠军。拍摄这10秒钟镜头的作者是一个名不见经传的年轻人，几个星期后，获奖作品在电视的强档栏目中播出。10秒钟后，每一双眼睛里都是泪水。德国在那10秒钟后足足肃静了10分钟。

镜头是这样的：

在一个火车站，一个扳道工正走向自己的岗位，去为一列徐徐驶来的火车扳动道岔。

这时在铁轨的另一头，还有一列火车从相反的方向开近车站。假如他不及时扳道，两列火车必定相撞。这时，他回过头一看，发现自己的儿子正在铁轨的那一端玩耍，而那列开始进站的火车就行驶在这条铁轨上。

是抢救儿子，还是扳道避免一场灾难——他可以选择的时间太少了。

那一刻，他威严地朝儿子喊了声："卧倒！"

同时，冲过去扳动了道岔。一眨眼的工夫，这列火车进入了预定的轨道。另一边，火车也呼啸而过。车上的旅客丝毫不知情，他们的生命曾经千钧一发，他们也丝毫不知道，一个小生命卧倒在铁轨边上——火车在轰鸣着驶过，孩子丝毫未伤。那一幕刚好被一个从此经过的记者摄入镜头中。

后来，人们才知道，那个扳道工是一个普普通通的人。他唯一的优点就是忠于职守，没误工过一秒钟。而更让人意想不到的是，他的儿子是一个弱智儿童。他曾一遍一遍地告诉儿子说："你长大后能干的工作太少了，你必须有一样是出色的。"

儿子听不懂父亲的话，但在生命攸关的那一秒钟，他却"卧倒"了——这就是他在跟父亲玩游戏时，唯一听懂并做得最出色的一个动作。

（摘自：《上海一周》，Steve 转帖，2004年1月7日）

活动点评

这个活动类似西方的道德两难问题，虽然有点残酷，但在每个学生的心灵中所引发的思考和震撼却是强烈的。在活动过程中，许多学生都敢于表明自己的观点，并展开了激烈的辩论。

学校和社会都会有各种规章制度，有的学生不喜欢受到规则的约束，也有的学生随意破坏规则却不愿意承担责任，这对于一个人今后步入社会是非常不利的。生命和规则之间的较量，对某个个体而言，生命是最重要的，但对于社会而言，规则比生命更重要。

之所以设计这个游戏情境，是让学生明白，我们每个人都应该为自己的行为和生命负责。只有当一个人把规则、责任与生命联系在一起时，他才会真正意识到遵守规则与肩负责任的重要性。因此，在平时的日常生活中，每个人都应该遵守学校和社会的各种规章制度,养成良好的规则意识,在规则的许可范围内行使自己的自由和权利,那才是对生命最大的珍惜和尊重。

学生感言

- 这个活动让我出了一身冷汗。虽然现实生活中发生类似事件的概率很小,但还是不能心存侥幸。在遵守规则方面,我觉得自己平时做得就不够好,有时为了贪图快那么一点时间就闯了红灯,有时走路时偶尔也会乱穿马路,虽然看起来是小事,但现在看来,这是很大的事。每个人都要为自己的行为负责,我以后一定严格要求自己,做事不能想当然。正如在讨论中一个同学所说的:"自己做错了事,就应该承担责任。避免这类悲剧的最好的方法就是不要违反规则,做事情之前,都要想好,要为自己的行为负责。"

- 有人说"规则是一种约束,也是一种保护",这句话很有道理。生命是很脆弱的,所以我们要好好保护它。有时我也很讨厌学校有那么多的规章制度,现在忽然觉得,这些规章制度是一种安全的保障。没有了这些制度,学校也许就变得混乱不堪。看来,遵守规则并不都是令人讨厌的,有时也是一种自我保护。

专家心理评析

美国儿童发展心理学家劳伦斯·科尔伯格曾提出了著名的儿童"道德发展阶段理论",认为儿童的道德判断有三种不同发展水平,每一水平又分两个阶段。他提出了用"道德两难法"对儿童进行思想道德教育。"道德两难法"即道德两难故事问答讨论法,就是在道德两难故事讨论中,启发儿童积极思考道德问题,从道德冲突中寻找正确的答案,以有效地发展儿童的道德判断力。

"规则意义"游戏其实是个道德两难问题。虽然有人说,生活中类似轨道选择的两难问题很少出现,但不可否认,在生活中,每个人都难免要面对规则与情感的抉择,特别是遇到一些两难问题情境的时候,很多人往往会十分纠结,不知该如何是好。虽心在其间徘徊,即使十分痛苦,最终还是要做出决断。亲情、友情与爱情,规则、公正与公平,如何取舍、如何选择,都要衡量利弊,认真思考。这些都是我们人生经历中必须面对的考验。

规则是人类社会一起制定、通过，然后一起遵从执行的法则。在当今社会，有许多法律和规则的制定都是出于对人生命的尊重，但它的生命力却取决于民众的敬畏程度，因此，我们每个人都要在内心深处塑造对于规则的敬畏与信仰。敬畏规则不是对生命的畏惧和避让，而是对生命的欣赏和赞美，更是对生命的珍爱和善待。只有养成良好的规则意识，在规则的许可范围内行使自己的自由和权利，那才是对生命最大的珍惜和尊重。

5. 寻宝记

活动目标

1. 通过合理分工、积极配合、发挥特长，培养学生团队协作精神。
2. 让学生开拓思维、激发想象力，富有创造性地完成任务。

活动准备

1. 活动时间大约需要20分钟。
2. 活动场地室内、室外相结合。
3. 为每组准备一份"寻宝清单"、一个塑料大托盘。

活动过程

1. 主持人将全体学生分成若干个组，每组8人，各组推荐一名学生担任组长，组长领取塑料托盘一只。

2. 要求各组成员在10分钟内找到下列物品，放在托盘里交给主持人验收。

一把雨伞	一支钢笔	一块手表
一块鹅卵石	一把牙刷	一颗图钉
一把剪刀	一根白发	一片树叶
一条皮带	一份学校的介绍	一把小刀
校长或副校长签名	一枚五分的硬币	一只苹果或香蕉
一包餐巾纸	一枚纽扣	一只发卡
一枚缝衣针	一根鞋带	一顶帽子
一张小组成员的合照	一本《读者》杂志	一只乒乓球

3. 各组派一个学生介绍最精彩的"寻找过程",时间2分钟。

4. 评出"优胜寻宝队"。

温馨提示

1. 要尽可能地鼓励小组成员获取"寻宝清单"上的物品,如果时间不够可以适当延长。

2. 要关注小组成员之间的分工,是否调动了每个人的积极性。

3. 主持人要敏锐地捕捉以下信息:对难以完成的任务,小组的决定是什么?主要策划人员的创意是什么?寻宝经历中给你的启示是什么?抓住典型做好点评。

活动实录

全体学生分成5个组,每个组都选举产生一个组长,当主持人下达了"寻宝"指令后,三个组的同学"闻风而动",立刻开始寻找清单上的物品。3分钟后,一个组的几个组员一碰头,说:"我们怎么找的是一样的啊!"因为他们没有分工,所以找来的都是一些比较容易获取的物品,如:一块手表、一支钢笔、一根鞋带、一把小刀、一包餐巾纸等。

另一个小组的组长特别有统筹意识,接到指令后,他对小组成员说:"大家看一看,哪些物品获取最费时、最困难?""校长签名""五分硬币""小组合影"。"好,我们分工吧!一人去校长室,做两件事:校长或副校长的签名和一份学校的介绍。一人去银行兑换一枚五分的硬币,并且回来的路上捡一块鹅卵石、一片树叶。一人去学校保管室找一把剪刀、一颗图钉、一把小刀、一支钢笔、一只乒乓球。一人去寝室找一把雨伞、一把牙刷、一只苹果或香蕉、一顶帽子。一人去图书馆借取一本《读者》杂志和管理老师头上的一根白发。一人去小卖部买一包餐巾纸、一只发卡、一枚纽扣、一枚缝衣针。一人在原地取自己身上的皮带、鞋带、手表。我去学校信息中心借相机,大家8分钟内回来,我们拍集体照。"明确任务后,8个成员根据自己的特长能力领取了任务。10分钟后,该小组出色地完成了寻宝任务,当之无愧地获得了"优胜寻宝队"。

活动点评

主持人给出的"寻宝"物品,一部分是比较容易获取的,另有一些是难以获取的。这是为了检验小组成员的合作精神、拓展能力。有些物品看似在短时间内是不可能获取的,但如何发挥了人的主观能动性,那潜力也是无穷的。

一块手表、一支钢笔、一根鞋带、一条皮带、一把小刀、一包餐巾纸可能信手拈来,一块鹅卵石、一片树叶、一把雨伞、一把牙刷、一本《读者》杂志、一顶帽子稍做努力也是可以办到的。但一枚五分的硬币、校长或副校长的签名、一张小组成员的合照等可能不是每个组都有能力获取的。这不仅仅取决于时间和精力的付出,可能更需要智慧和创意。

最后评选"优胜寻宝队"时,要综合获取物品数量的多少、获取物品的难易程度及获取过程中的精彩程度等方面的要素,要注重团队的创意与合作。

学生感言

● 一开始拿到纸之后,我们必须派出几个人去宿舍区,因为有些东西一定要到生活服务处去拿,这就考验我们与生活辅助老师的协调能力。

之后收集一些硬币和球类的东西,要向小店和器材室换或借,这必须有很强的沟通能力,才能说服老师和店员。至于校长的签名更要考验我们的勇气和说服能力,这毕竟是很难的。拍集体照比较困难,画出来的"全家福"也不行。

"寻宝记"游戏很有趣,考验了我们团队之间的配合能力与各自的责任心。

● "寻宝记"的游戏似乎很简单,可也发现了不少问题。刚开始大家都很迷茫,一时不知所措。后来渐渐找到了一些容易找的东西,于是大家都冲出教室去找更难找的东西。如到小店去买乒乓球、去校外捡鹅卵石、去办公室借《读者》、找同学借剪刀……忙了一圈回来,却发现大家都找了相同的东西。

其实,找东西大家都会,只是我们要首先分工,然后合作,这样才能够出色地完成任务。

专家心理评析

在我们的工作生活中,团队合作精神与能力是一项非常重要的人格品质。无论是"寻宝记"游戏活动还是日常的学习与工作,很多时候都需要团队成员之间的沟通与合作,唯有如此,才能完成我们预期的甚至超过预期的目标。游戏中有学生被分配的任务是找帽子、皮带、扣子与鞋带。当他费劲周折找到帽子、扣子与鞋带的时候,最后还缺一根皮带,自己的腰上就有,但抽掉皮带他会因"寸步难行"而"狼狈不堪",如果抽调自己身上的皮带,他将会面临双手提着裤子的窘态。但当主持人说"时间到"的时候,他毫不犹豫地抽出皮带交给组长,最终在大伙的笑声中,他们组迎来了获胜的好消息。如果不是他在最后时刻果断地自我"牺牲"奉献,他们组就很难获胜。

团队的力量离不开个体的努力,但作为最基础的组成单元,每一个成员付出多少的努力,将直接决定着团队最终力量的大小。尽管团结的合力并非是简单的线性累加,但只要每个人都目标一致,团队内部通过合理分工,对目标任务进行科学统筹安排,成员之间积极配合,每个人都发挥出自己的主动性和创造性,全心全意将自己的能量发挥到极致,那么团结的力量必将强大无比,团体的任务目标也必将成功实现。

6. 心灵电波

活动目标

1. 让学生学习等待与"聆听"来自他人的"心灵电波"。
2. 让学生体验"心有灵犀一点通"的感受。

活动准备

1. 活动时间大约需要15分钟。
2. 活动场地以室内为宜。

活动过程

1. 全体学生围圈而坐,左手手心朝上,右手手心朝下并搭在相邻者左手的手心。
2. 大家闭上眼睛,静静地等待左手相邻者发出的信息——在手心里轻轻点击,收到信息后立即传给右手相邻者。
3. 让学生比较每一次信息传来时的速度、强度和感受。

4. 主持人点评"心灵电波"的情况,学生集体交流分享。

温馨提示

1. 环境要求安静,避免噪声干扰。

2. 如果参加游戏的人数较多时,可以围坐两圈或同时发出两个波源进行。

3. 在游戏开始前要做好静心准备工作,保证学生能够用心去聆听、感受来自心灵的电波。

4. 出现断波、多波不用马上中止,让大家有所感觉,游戏结束时应该让学生真正体验到"心有灵犀"的感觉。

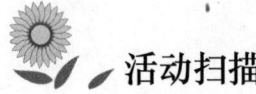

活动实录

54个学生围坐在一起,是个很大的圈,游戏操作不方便。一个"波源"发出要好久才能回到起点,所以不仅影响游戏的时间,还影响参与者的感受。因此主持人可以采取两种方法,一种是把54个学生围成大圈、小圈两圈同时进行。另一个办法是主持人在等间距的地方再送出一个"波源",两个"波源"同时进行。但后者易出现的问题是,由于"心波"传递的速度快慢不一,会出现"撞波"和"缺波"的情况。

由于部分学生思想不集中会出现"失波",也就是别人把信息传给他,他却忘了传出,结果后面就再也等不到"波"信息。遇到这样的情况,主持人可以通过轻轻敲击当事人的肩膀给予暗示。在集体交流时请其谈谈当时的原因和感受。

经过几次练习,"心灵电波"的传递变得非常顺利,每个人都产生了一种心理感受:

- 静心等待"心波"的到来,接收的同时以最快的速度送出;
- 后面的人都在等着这个"心波",想着不要在我手里延误了时间;
- 再一次收到传来的"心波",心里有一种兴奋与快乐感;

● 所有学生之间好像产生了一条无形的"心链",彼此间有了"心有灵犀一点通"的感应。

活动点评

游戏开始时由于有部分学生没有做好准备,所以导致在"心灵电波"的传递中出现断波或多波现象。他们没有耐心去等待和"聆听"来自他人的"心灵电波"。等了一会儿没有收到"心波",就认为肯定他们出问题了,所以就自作主张发出"心波",结果造成了混乱。

遇到这样的情况,主持人让大家睁开眼睛想一想、议一议,主持人只发出了一个"波源",为什么大家接收到的会是几个?问题出在哪里?问题澄清后,再一次闭上眼睛开始第二次的体验。

每个人的心静下来了,共同关注着"心灵电波"的传递,接到信息的同时立即发出,这不仅仅是为了加快传递速度,更重要的是已经成为一种责任感。1圈、2圈、3圈……发现传得越来越快,几十个人之间有一条无形的"心链"维系着,产生一种"心有灵犀一点通"的感觉,此时的群体就成了集体。

学生感言

● 这个游戏蛮神奇的,主持人说:"闭上眼睛,静静地等待'心灵电波'的到来。"我一直在等,但等了好久,"心灵电波"迟迟未到。不知道是哪儿出了问题?我想一定是"断波"了,为了不让后面的同学失望,我擅自发出了一个"电波"。正在为自己的决定暗暗得意时,我却接到了上家传来的"心灵电波"。看来自己太心急了,因为我的擅自决定,扰乱了正常的传播顺序,真是"好心办坏事"。接下来的"心灵电波"似乎来的特别快,老师忙喊停,我们睁开眼睛,经核实,是出现了"多波"现象,看来与我想法相同的人还真不少呢。

● 我很喜欢最后的那个感觉,即无形中的一个"心灵电波"在我们中间快速地传动。我思想集中,收到上家传给的"心波",马上以最快的速度传给下家。我觉得这是一种责任,假如自己慢一拍,整个传动就会受影响,假如人人都尽一份责,"心波"的传动就无法估量。

传动越来越顺利,越来越快,我们的心情也越来越轻松和愉悦。

专家心理评析

"心灵电波"是一个很好的静心体验游戏,它扫除了我们日常交流中语言表达的障碍、听力的障碍等,让参与的同学通过感受"心波"来集中注意力,学习等待与"聆听"来自他人的"心灵电波",并能准确准时地发出,形成一个心心相印的"心力场",让人体验到"心有灵犀一点通"的美妙与默契。由于"心波"传递的速度快慢不一,出现"撞波"和"缺波"的情况,要避免这种情况,需要参与者要用心聆听,积极回应。

生命是一个过程,需要我们细心地去体会,在这个过程中不要急于求成。浮躁的年代,每个人都行色匆匆,往往都不愿意静下心来聆听彼此,就是在交谈上,有时也容不下言语的缓缓之势,却不知,有多少动人的美好都被那浮躁的内心所抹去。即使世界再嘈杂,我们也不要忘了抽点时间去用心倾听一切美好的人事物,学会倾听内心的呼唤、他人的感受和大自然的声音,同时对待事物要有耐心,学会等待别人的回应,学会等待美好事物的出现。

7. 感恩父母

活动目标

1. 让学生加深对自己父母的了解,感激父母的养育之恩。
2. 让学生把感恩意识融入到自己的日常生活之中。

活动准备

1. 活动时间大约需要25分钟。
2. 活动场地以室内为宜。
3. 准备歌曲《感恩的心》,为每个同学准备一份《我所了解的父母》的问卷。

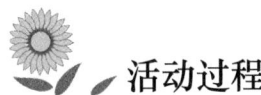

活动过程

1. 给学生五分钟的时间,让学生填写下面的空白处。(播放背景音乐《感恩的心》)

我所了解的父母

爸爸的生日_____	妈妈的生日_____
爸爸最喜欢吃的食品_____	妈妈最喜欢吃的食品_____
爸爸所穿鞋子的尺码_____	妈妈所穿鞋子的尺码_____
爸爸的兴趣爱好_____	妈妈的兴趣爱好_____
爸爸年轻时的理想_____	妈妈年轻时的理想_____
爸爸最得意的一件事_____	妈妈最得意的一件事_____
爸爸最后悔的一件事情_____	妈妈最后悔的一件事_____
爸爸的最大优点_____	妈妈的最大优点_____
爸爸对我的期望_____	妈妈对我的期望_____

2. 学生填写完后，让一部分同学站起来分享他（她）对父母的了解。

温馨提示

1. 如果有条件的话，最好找几个学生家长亲临现场，和自己的子女互动，效果可能会更好。

2. 在游戏分享的时候，一定要向学生说明要本着真诚认真的态度。有的学生不知道自己父母的生日，又害怕同桌或周围的同学看不起自己，就随便填一个生日数字。对于其他问题，个别学生可能觉得是自己家的隐私问题，不愿意回答，此时主持人就不要强求学生回答。

活动扫描

活动实录

有一个住宿生，平时很少和父母沟通，他跟父母说得最多的有三句话："我回来了""我走了""给我钱"。当让他和大家一起分享他对父母的了解时，他只说出了一项，父母的生日他记不住，只知道爸爸喜欢吃辣酱，妈妈喜欢吃核桃，其他一概不知，引得其他同学哄堂大笑。虽然主持人也吃惊于这个学生对父母的了解甚少，但还是表扬了他的诚实。他和父母的关系不好，主要是因为抱怨父母对自己要求高,他很反感父母,不愿意和父母说话。在同学分享的时候,有一个女生,当主持人让她谈谈对自己父母的了解时,她始终不说话,眼泪却流了下来。原来她的父母在一次车祸中双双丧命,她现在就跟着爷爷奶奶在一起。教室里的气氛一下子沉闷了起来。过了一会,这个女生哽咽着说:"我很羡慕大家都有健在的父母,无论父母怎么样,只要父母健在,都可以感受到亲情的幸福。如果父母不在,就什么都没有了。我真心希望你们都能感受到父母的爱意,体会父母的恩情,有父母在就是一种幸福。"当时,很多学生都流泪了,那个住宿生也一言不发,好像在思考什么。两个星期后的一天中午,在食堂餐厅吃饭的时候,那个住宿生的班主任向主持人表示感谢,主持人莫名其妙,原来,在那次"感恩父母"的心理活动课以后。那个住宿生在周记里向班主任老师提到在心理课上体验"感恩父母"游戏的事,那个失去双亲女孩的话让他意识到自己的自私,他表示出愧疚,他希望自己能和父母尽快改善关系,做一个有孝心的儿子。昨天他的父母给班主任打来电话,说儿子现在能和他们谈论学校里的事了。前一个星期六,儿子还破天荒地帮妈妈洗碗和打扫卫生,让妈妈感动得不知道如何是好。

但愿有更多的学生理解父母,用行动感激父母的养育之恩。

活动点评

做这个游戏的时候,许多学生都能准确填写表格中的一些问题,如父母生日、兴趣爱好、喜欢吃的东西等。但还是有很多学生对一些问题回答不出来,如父母年轻时的理想,父母最得意、最后悔的事等。总体上,女生对父母的了解要胜于男生。

子女对父母的了解,不应仅仅包含对父母一些基本信息的了解(如父母生日、鞋子尺码等),更应该包含一些深层次的问题(如父母年轻时的理想,父母最得意、最后悔的事等)。有的学生平时习惯于接受父母对自己的关心,而对父母缺乏必要的关心和了解。有很多学生不知道自己父母所穿鞋子的尺码,也有的学生连自己父母的生日都不知道,更有很多学生缺乏跟父母的交流,缺乏对父母深层次的了解,对父母年轻时的理想不清楚,对自己的父母人生历程中很得意和很后悔的事情全然不知,甚至连父母对自己的期望也没有搞清楚。

这个游戏提醒了学生,关心父母、爱自己的父母,不能仅停留在口头上,感恩父母首先应从了解沟通开始。

学生感言

- 本以为平时对老爸老妈很了解,但在这次活动中,我发现除了知道父母的生日外,其他方面我几乎都不清楚,这让我感到很羞愧,我只是一厢情愿地认为了解我的父母,其实是我太主观了。我以后要多和父母聊聊天,走进他们的精神世界。

- 我平时很讨厌妈妈的唠叨,虽然妈妈对我十分了解,但我对妈妈却感到似乎有点陌生,只知道她从小照顾我,等我大了的时候整天唠叨我。这次活动让我发现,我只是把妈妈当作一个照顾我的保姆,我没有认真地了解妈妈,没有关心她。我不知道妈妈最后悔的事情是什么,但我现在知道了我最后悔的事情是没有关心妈妈。

专家心理评析

人的一生要想活得幸福,走得更为长远,有一项能力必不可少,那就是感恩能力。感恩不仅是我们中华民族的一项优良传统,也是做人的一项优良品德。现在,对于感恩,人们也毫不吝啬自己的语言,很多人经常将感恩父母、感恩家人、感恩帮助过自己的人经常挂在嘴边,写在网上,写在微信里。但感恩并不是为了应景,不是从众和赶时髦,不能只停留在口头上,而要表现在行动中,内化在思想里。

"谁言寸草心,报得三春晖。"从我们从呱呱坠地起,父母便无私地哺育着我们。"感恩父母"游戏就是让学生通过对父母的了解,来增进亲子之间的关系和感情。虽然游戏很简单,但确实意义非凡。在成长的岁月里,父母一直为我们扬帆护航。父母的生育之恩、养育之情需要我们终生感恩铭记。当然,对父母的感恩不仅仅局限于物质上的表示,也表现为给予父母精神上的关心和关爱。多陪伴父母,多帮父母做点力所能及的家务或其他事情,多和父母沟通,相信父母会感受到你的一份孝心和感恩之心。

"感恩父母"提醒我们对待生命需要饮水思源,这也是我们人性良知之本。

8. 命运之牌

活动目标

1. 让学生学会接纳自己,懂得珍惜现在所拥有的资源,感知幸福。
2. 让学生懂得改变命运掌握在自己手中。

活动准备

1. 活动时间大约需要30分钟。
2. 活动场地以室内为宜。
3. 准备写有不同内容的小纸牌若干(纸牌内容附后)和轻音乐。

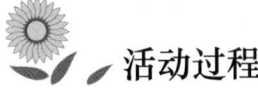

活动过程

1. 主持人指导语:由于受到出生环境等各种因素的限制,每个人的命运是不同的。有的学生可能对自己的家庭环境不满意,有的学生可能对自己的长相不满意,也有的学生可能对目前的自己不满意……

假定每个人能够获得第二次生命,每个人的命运可以重新选择,那我手中有很多纸牌,每张纸牌就是命运的一种重新安排,它所包含的资料就是你新的生活资料,从现在起,你就是纸牌上的这个人。设想一下你处在这种情况下的命运,再看看自己目前的处境、位置与假设的第二次人生选择的处境相比,有什么不同?

2. 主持人把纸牌放在一个盒子里,让学生随机抽取一张,不得更换。

3. 交流全新的"自己",并询问是否满意纸牌上的"自己"。生命只有一次,你该怎样面对已经拥有的生活?

附:纸牌的内容

(1) 自己不幸患了重病,家里没有钱治疗。

(2) 因家中意外发生火灾,脸部被大火烧伤,留下了一个很难看的伤疤。

(3) 家中父母离异,经济困难,读书条件很差。

(4) 出生在西部一个贫困山区里,父母无力供养自己读书。

(5) 父母不幸患有重病,治疗花费了很多钱,家庭经济紧张。

(6) 父母下岗,家庭经济困难,不能支付目前的学习费用。

(7) 与周围的同学人际关系很紧张,很不受大家的欢迎。

(8) 自己患有小儿麻痹症,生活很不方便。

(9) 自己小时候因中耳炎治疗不好而变聋。

(10) 自己一家三口挤在一个10多平方米的老房子里,居住条件比较艰苦。

(11) 自己的一只眼睛因意外事故而失明。

(12) 自己的一只腿因在一次车祸中受伤严重而被截肢。

(13) 自己在一个条件较差的普通学校里读书。

(14) 自己相貌普通,在班级里不引人注意,学习等各方面情况都一般。

(15) 自己学习成绩优秀,但人缘很差,不受老师和同学欢迎。

(16) 自己的妈妈对自己太唠叨,对自己管得太多,让自己不舒服。

(17) 以前家里很富有,现在却因意外事故而陷入经济拮据状态。

(18) 出生在一个普通的工人家庭。

(19) 自己目前的学习成绩很差,经常被一些同学看不起。

(20) 自己患有口吃,常被同学模仿而引起大家的嘲笑。

(21) 因自己太胖,大家经常以此"开涮",并且给自己起了不太好听的绰号。

（22）自己身高低于同龄人平均身高20厘米。

（23）自己学习成绩在班级最后，努力用功后效果仍然不明显。

（24）自己除了学习外，其他业余爱好基本没有。

（25）自己是个塌鼻子，影响了容貌。

（26）自己患有先天性心脏病，很容易疲劳。

（27）自己在高一年级结束时取得全国物理竞赛一等奖。

（28）自己被评为十佳"校园明星"。

（29）自己出生在一个贫困山区的农民家庭里。

（30）自己的家人中有人因意外而不幸遇难。

（31）走路时因不小心而被车撞，头部严重受伤。

（32）自己的父母对自己要求很严，很专制，很不自由。

（33）家庭经济条件好，但父母对自己缺乏关爱，不喜欢自己。

（34）自己经常受到别人的欺负，心理抑郁。

温馨提示

1. 若有学生对自己抽取的纸牌不满意要求更换，主持人可准备更差的纸牌，让图片显示比原牌更糟糕的生活状况，询问是否愿意更换。在活动过程中，有的学生可能不太严肃认真，主持人要及时给予提醒。

2. 对于纸牌的内容，这里只给出一些参考，主持人在使用时可根据学生的实际情况自己设计一些内容。设计的内容大都是不尽如人意的，主要是想让学生意识到，虽然我们每个人都无法选择我们的出身，我们的家庭，或许我们对目前的环境不一定很满意，但无论如何，我们都应该珍惜自己的境遇。

3. 由于这个活动的内容中有可能真的涉及学生的伤心处，如家庭离异的学生，身体外貌略有欠缺的学生，所以主持人在游戏之前应该先跟一些学生交流沟通，取得学生的同意。游戏之前，主持人要说明游戏活动可能会给某些学生带来负面效应，在此先表示歉意。

活动扫描

活动实录

在活动中,有个女生抓到了纸牌后脸上一直忧郁着,当其他学生都开始讨论交流时,她保持沉默,不怎么讲话。看到她那不快的表情,主持人想她肯定是遇到了什么伤心事。当主持人在学生中间来回走动的时候,偷偷地看了一眼纸牌上的文字:家中父母离异,经济困难,读书条件很差。一节课很快过去,主持人本想让她谈谈自己的感受,她拒绝了,不愿意谈。主持人尊重她的意愿,没有勉强。活动结束后,主持人打算去找她谈谈,看到底是怎么回事。结果是她先来找主持人交谈了。她问:"人的命运是不是事先安排好的?"主持人当然否认。她拿出那张纸牌,很难过地说:"那我今天怎么这么巧,我抓到的这张纸牌怎么跟我的实际情况一模一样。我怎么就不能抓一个稍微好一点的呢?连随手抓纸牌都这么准,这是不是命中注定我就是这个样子?"主持人给她解释了纸牌内容的设定情况,是考虑了生活中出现的各种可能情况,她的纸牌内容与她目前的处境或许真是一种巧合,并不是命中注定是很悲惨的。生活总是在变化的,人的命运也可以变化,只要自己能接纳自己,不被眼前的困境和痛苦所击败,可以用自己的智慧重新去改变命运,因为命运实际上是掌握在自己的手中。

活动点评

做这个游戏的时候,只有少部分学生对自己选择的处境表示满意,大多数的同学对自己的新选择不满意。他们觉得自己目前的处境要比新选择的好得多。实际上,现实生活中有很多人生活条件不佳,无论对自己目前的命运处境有多么不满意,但你都不一定是最糟糕的。抱怨不能解决问题,因为,不论是苦是甜,是喜是忧,是成功还是失败,都是我们自身的真实。最好的做法就是接纳目前的命运,珍惜自己拥有的生活,活在当下,用今天的努力去开创自己的明天。

学生感言

● 我经常为自己的父母是普通工人而感到自卑,有时候感叹,为什么我不能出生在一个富裕的家庭里。在这次活动中,我抽到的纸牌内容是:"出生在西部一个贫困山区里,父母无力供养自己读书。"如果命运真是这样的话,则那个处境比我现在还要惨。如果不能读书,我简直无法想象自己会是什么样子,现在至少父母还供得起我读书。看到同桌抽到的纸牌内容是"自己患有小儿麻痹症,生活很不方便",我真是庆幸父母留给我一个健康的体魄,想到这里,忽然觉得平时的那种自卑感是多余的,原来自己还是很幸福的嘛。

- 我一直嫌自己的妈妈太唠叨,但当我抽到的纸牌内容为"自己的家中父母离异,经济困难,读书条件很差"时,我觉得如果命运真是那样的话,我会比现在更可怜,我宁愿忍受妈妈的唠叨也不愿意生活在一个离异家庭里。虽然嫌弃妈妈唠叨,但毕竟我有一个完整的家庭,有关心我的父母,况且我家经济条件还是不错的,感谢上天,原谅我的烦恼吧,我会好好珍惜现在的生活的。

专家心理评析

"曾经有一份真挚的爱情摆在我面前,我没有珍惜,假如上天再给我一次机会的话,我愿意对她说,我爱你,假如非要给这份爱情加上一个期限的话,我希望是一万年。"周星驰和朱茵主演的经典电影《大话西游》中的这段台词,让人记忆深刻。这一台词解释了我们日常生活中一个令人遗憾的现象,就是人们对于自己已经拥有的东西(包括亲情、爱情、荣誉、地位、健康等)往往不太懂得珍惜,一旦失去才知其珍贵,此时已是追悔莫及。也有很多人总是羡慕别人的生活,总是看不到身边的美景,总是认为美景在远方;还有的人会盲目地去和别人比较,徒生很多烦恼,从而让自己生活在无谓的痛苦之中。

"命运之牌"游戏,让我们明白了最好的风景就在自己身边。与其羡慕别人所拥有的,不如珍惜自己所拥有的。也许你现在所拥有的一切,正是别人梦寐以求的东西。"人有悲欢离合,月有阴晴圆缺",也许人生本来就是不完美的。接受这种不完美,不要总是抱怨,而要学会知足。珍惜身边的每一处风景、遇到的每一个人。因为只有懂得感恩知足,我们才能够体会平凡生活当中的小幸福,不过分去羡慕别人所拥有的,也不会自暴自弃,而是珍惜自己目前拥有的一切,让自己更加幸福快乐。

图书在版编目(CIP)数据

团体心理游戏案例精编/杨敏毅,鞠瑞利著.—上海:上海科学普及出版社,2021(2022.10重印)
ISBN 978-7-5427-8006-5

Ⅰ.①团… Ⅱ.①杨… ②鞠… Ⅲ.①心理健康—健康教育—中学—教学参考资料 Ⅳ.①G444

中国版本图书馆CIP数据核字(2021)第129455号

策划统筹　蒋惠雍
责任编辑　蒋惠雍　何中辰
装帧设计　赵　斌

团体心理游戏案例精编

杨敏毅　鞠瑞利　著

上海科学普及出版社出版发行
(上海中山北路832号　邮政编码200070)
http://www.pspsh.com

各地新华书店经销　上海商务联西印刷有限公司印刷
开本 787×1092　1/16　印张 20　字数 165 000
2021年7月第1版　2022年10月第2次印刷

ISBN 978-7-5427-8006-5
定价:39.00元

本书如有缺页、错装或坏损等严重质量问题
请向工厂联系调换
联系电话:021-56135113